知识生产的原创基地

BASE FOR ORIGINAL CREATIVE CONTENT

颉腾文化

JIE TENG CULTURE

能量密码

带你过上幸福生活的心理之道

[美] 苏・莫特（Sue Morter）著
傅超波 译

THE ENERGY CODES

The 7-Step System to Awaken Your Spirit, Heal Your Body, and Live Your Best Life

华龄出版社
HUALING PRESS

图书在版编目（CIP）数据

能量密码：带你过上幸福生活的心理之道 /（美）苏·莫特著；傅超波译．-- 北京：华龄出版社，2022.4

ISBN 978-7-5169-2207-1

Ⅰ．①能… Ⅱ．①苏… ②傅… Ⅲ．①潜能－研究 Ⅳ．① C963

中国版本图书馆 CIP 数据核字 (2022) 第 119574 号

北京市版权局著作权合同登记号　图字：01-2022-1227 号

策划编辑　颉腾文化　　**封面设计**　Colin
责任编辑　貌晓星　李梦娇　　**责任印制**　李未圻

书　　名　能量密码：带你过上幸福生活的心理之道
作　　者　［美］苏·莫特　　**译　　者**　傅超波
出版发行　华龄出版社 HUALING PRESS
社　　址　北京市东城区安定门外大街甲 57 号　　**邮　　编**　100011
发　　行　（010）58122255　　**传　　真**　（010）84049572
承　　印　北京市荣盛彩色印刷有限公司
版　　次　2022 年 8 月第 1 版　　**印　　次**　2022 年 8 月第 1 次印刷
规　　格　880mm × 1230mm　　**开　　本**　1/32
印　　张　9.75　　**字　　数**　197 千字
书　　号　978-7-5169-2207-1
定　　价　69.00 元

对苏·莫特博士和《能量密码》的赞美之辞

《能量密码》为我们带来了深刻的见解和精湛的技艺，颇为实用。它将科学与精神世界出色地融合在一起，揭示了人类的真相及其深层内涵。我强烈建议阅读这本了不起的著作，苏·莫特博士将为你的生活提供指导，并发挥你的潜力。

——杰克·坎菲尔德

"心灵鸡汤"系列共同作者及《成功法则：从你所在到你想要》作者

我刚发现了这本书，它发扬了半个世纪以来，最好的心灵鸡汤类著作中的超自然见解和奥妙智慧。心灵知识是一回事，而心灵工具则是另一回事。这是一本震撼人心的、一针见血的、出类拔萃的著作。

——尼尔·唐纳德·沃什

《纽约时报》畅销书《与神对话》作者

在这本非凡、震撼的著作中，苏·莫特博士在科学、灵性和真我之间架起了桥梁。她多年的研究、调查和实践将为你和你的生活带来永久的改变。这些实用、有效的方法能治愈你的心灵、身体和现实。我已经爱上了这本书。

——乔·迪斯潘扎博士

《纽约时报》畅销书《你就是安慰剂：让思想不再沉默》作者

简单来说，苏·莫特是个相当了不起的人物。当你在听她授课或向她求医问药时，你就会发现她对神圣的真相的洞察力、整合和显化是多么的精妙。在本书中，她巧妙地将灵性和科学融合在一起，使之能够改变一个人的生活方式。

历经数年沉淀，才能诞生出如此真实、清晰的一本书。

——迈克尔·伯纳德·贝克维思

爱加倍国际精神中心创始人，《精神解放》和《生活愿景》作者

很长时间才会出现如此真实、清晰的一本书，简直是天才之作，能改变一个人的生活。《能量密码》就是这样。这本莫特的亲身力作，帮你了解自己的真相，打造长久的幸福，获得理想中的健康，实现奇迹般的生活。

——马西·史莫夫

《纽约时报》畅销书《无缘无故的快乐》和《女人的心灵鸡汤》作者

此书将为你揭秘，为何满腔热忱，拥抱能量——灵性自我——是最重要的事情。阅读必备！

——加内特·布雷·艾特伍德

《纽约时报》畅销书《激情测试》作者

绝妙又有亲和力，《能量密码》充满了震撼的、深刻的、变革性的原则和实践，既易于理解又富有现实意义。苏·莫特博士是一位非凡的启蒙者，她弥合了天堂和凡间之间的差距，并引导我们成为自己的创造者。我强烈推荐这本书！

——阿尼塔·木阮尼

《纽约时报》畅销书《渴望自我》作者

苏·莫特博士是一位激励人心、有独创精神的保健医生。她从一种更全面的角度来看待健康，专注于身体内相互影响、相互联系的能量系统，包括灵魂的角色以及能从根本上转移能量的某些力量。在《能量密码》中的七个原则中每天选择一个，享受一下这种能量为你带来的光芒四射的健康与和谐吧。

——利安·麦克塔格特

国际畅销书《田野》《意图实验》和《八的力量》作者

随着人类健康和意识的不断转变，苏·莫特博士的《能量密码》在跨学科的基础上为理疗方法开辟了新天地。她将瑜伽艺术与呼吸、意念和冥想融合在一起，带领读者进入最伟大的康复体验——将心灵提升到新的高度，发现真正的自我和使命。

——詹姆斯·雷德菲尔德

《纽约时报》畅销书，《天体预言》作者

医学免责声明

本书包含作者的观点和想法。它旨在为出版物中的主题提供有用的信息材料。作者和出版商不得从事在书中提供医疗、健康或任何其他类型的个人专业服务。读者在采纳本书中的任何建议或从中得出结论之前，应咨询自己的医疗、健康或其他合格的专业人士。

作者和出版商特别声明，对于因使用和应用本书任何内容而直接或间接导致的任何责任、损失或风险，无论个人还是其他方面，都不承担任何责任。

一些名称和识别特征已被改变。

为我的母亲和父亲。

马乔里·露丝·基布勒·莫特（Marjorie Ruth Kibler Morter）和米尔顿·西奥多·莫特博士（Dr. M. T. Morter Jr.）。

我从我的灵魂深处感谢你们。

愿我们梦想永存……

吉尔·伯特·泰勒博士代序

我时不时地就会碰上一位经历和信仰能与我产生极大共鸣的生命旅人，以至于我手舞足蹈，吟唱一番。和苏医师的第一次见面便让我欢呼雀跃。能跟这样一个和我以同一种方式感知世界、感知大脑脉络的人对视，真可谓一种享受。

2008 年，我的《左脑中风，右脑开悟》（My Stroke of Insight）成为有史以来第一个在互联网上疯传的 TED 演讲。那次演讲引起了全世界数百万人的共鸣，不单因为我是哈佛大学的脑科学家，并且在经历了严重的脑出血后完全康复，还因为我们具有神经学层面上科学和灵性关联的一些经验。

正如路易斯·巴斯德（Louis Pasteur）所言，幸运之神总是眷顾有准备的人。就像我是有着相应的背景和教育，从脑出血经历中洞悉大脑的合适人选，苏医师是从能量医学、冥想、启发和显化的非凡经历中凝聚智慧的最佳人选。

苏医师的父亲米尔顿·西奥多·莫特博士（Dr. M. T. Morter Jr.）是一位受人敬重的脊骨神经科医生。他探索并定义了生物能量学领域的许多前沿性原则，开创了生物能量同步疗法（B.E.S.T.），有着刺激身体自然愈合的作用。对他来说，这种对生物能量训练的追求不仅是直觉的认知，而且是临床的实证。

苏医师耳濡目染，生物能量对她来说已经成为一种觉醒，一种深刻的认知。以传统的脊骨神经科为基础，经过上万小时的临床实践，苏医师已经成为新兴量子医学领域的领军人物。我之所以对苏医师了解得这么透彻，是因为在她的帮助下，我受伤的大脑得以重新恢复平衡，并获得了痊愈。在接受了苏医师的治疗后，我感觉自己像是在中风后的 17 年里，第一次体会到了安心踏实的感觉。

我们的社会要求每一种正在发展的科学都必须接受挑战，并适时接受现实的检验。虽然传统科学要应用科学的方法——根据其定义，测试结果要呈现线性的发展趋势，而且结果要能被复制。但无法解释的治疗奇迹仍时有发生，因为我们周围的世界并非完全遵循线性的发展规律。

著名的神经科学家正运用创新的方法，帮助我们更好地理解非线性治疗方式的成功案例背后所依据的生物学原理，身处在这样一个时代，着实令人激动。

在我的 TED 演讲接近尾声时，我坦言自己之所以能从那次严重的脑出血中恢复过来，是因为我似乎看到了另一个世界，那里的人美丽、和平、和善、有爱，他们知道自己在任何时候都有能力去成为自己想要成为的人。苏医师就是这样的人，她的使命是帮助其他人也成为这样的人。

用我的话说就是，平静就在一念之间。通过有意识地运行整个大脑的回路，我们有能力体验到内心深处的平静。接下来，苏医师将介绍一些技巧，让你也能做到这一点。对于这份送给整个人类的礼物，我深怀感激。

愿你享受生命的旅程！

吉尔 · 伯特 · 泰勒博士（Jill Bolte Taylor, PhD）

引言

我双眼紧闭，坐在一个黑暗的舞厅里，和周围数以百计的人同时在冥想。突然我发现自己似乎失重了，悬浮在高空，仿佛被一种强烈而炽热的光芒吞没。我可以感受到自己的庞大，我能环视四周。这光线如此明亮，简直十倍于我在沙漠中所见的最明亮的一天。我开始察觉不到自己的身体，我甚至觉得自己变成了一束晶莹的光。我在用心灵的眼睛注视浩瀚的世界，我知道，那就是我。我就是宇宙本身及其所带的一切。我就是弥漫在宇宙中的光芒，如此灿烂，而又包罗万象。我可以看到我脚下弹珠大小的地球。我的每一次呼吸都让光成为一种爱的存在，流经我的身体，射向地球。我巨大的身躯，已和世间万物融为一体。

这种经历完全震撼了我的世界！

当我还是个小孩子的时候，就听到父母在饭桌上谈论“能量”这个东西。万物皆为能量，人类就是由能量组成的。我的父亲是“能量医学”的先驱，也是一名杰出的脊骨神经科医生，作为该领域的传奇人物，在国际上享有盛誉。耳濡目染之下，我总是围着他打转，祈望能获得他的赞赏。成年后，我在他的保健所与他并肩工作，并参加他的研讨会。我从父亲的一名观察者转型成为他的合作伙伴。在我拿到脊椎按摩师执照后，我和父亲一起度过了许多有意义的时光。我和父亲身上都有一种对人类的奉献情结，能用我们的能量方法帮助到他人，我们感到由衷的高兴。

但是，即使接触了这么多有关能量的概念，我也从来没有了解过这种浩瀚广博的能量。在这次个人体验之后，我的现实生活着实发生了变化。能量这一概念突然有了更多的、更深刻的意义。刹那间，我明白了自己到底是谁：一种纯粹的、智慧的能量，炽热而富有生命力。它是平静的、永恒的，超越了时间和空间。它是聪慧的、绝对的、自然的。我不缺乏任何东西，也不渴求任何东西。我是完全的、彻底的、精妙完美的存在，这就是我的家。它比所有的现实都更真实，是我唯一想要到达的彼岸。

这与我曾经的生活形成了鲜明的对比。在此之前，有时候生活对我来说简直是一种折磨，即使生活一帆风顺，我也觉得心惊胆战，每件事都让我疲于应对。从某种程度上来说，我每天都像是被派到战场的小兵一样，为了生活而攻坚作战。作为一个孩子，这种感觉让我有了一种无力感、羞怯感，总是让我感到恐惧和不安。足足有两个夏天，我只是在场边观看垒球比赛，因为我害怕在球场上“犯错”。当我终于站起来拿起球拍时，我打出了全垒打。我认为这就意味着，在上场前要尽可能地多观察、学习，否则很容易搞砸。在中学时期，我总是通过优异的成绩来获得安全感，总是做“正确的”事来得到别人的赞赏，成为别人眼中的“好人”。我是啦啦队队长，参加体育运动，成绩优异，在州戏剧比赛中赢得了“最佳女演员”的称号。在别人眼里，我是“最受欢迎的”，也是“最可能成功的”。尽管我通过种种努力，已经得到了相当多的肯定，但是仍旧害怕自己做得不好，而且这种恐惧从未减少。更多时候，我简直是害怕极了。

到了 30 多岁，在完美主义和奉献精神的驱使下，我已经成为自己心中最好的医生、合格的公民和友善的朋友，但我已然厌倦。虽然我取得了职业和金钱方面的成功，但我依旧缺乏快乐、爱、成就感和真正的自我意识。我的身体也饱尝痛楚，特别是几乎每天都受到偏头痛的折磨，这让我每日都显得无精打采，更不用说去工作了。我常常问自己：这就是我真实的生活吗?

然而有一天，我内心的某根弦绷断了。虽然我的世界观里从未有过上帝，但我现在已经绝望到愿意舍弃从前的行为方式，向外界寻求帮助了。那天晚上，我走到阳台上，抬头望着天空，几乎以命令的口吻说："我是彻底弄不明白生活到底是怎么一回事了，你倒是给我看看！"

就在我向生活投降那一刻，转变发生了。我瞬间感到轻松了许多，接下来的生活也得到了改善。一系列偶然的事件随之而来——人们开始邀请我去冥想静修会，邀请我参加研究意识和开悟的讨论，并给了我一些有关颠覆以前生活方式的书籍和指导。自从上了冥想课，我的意识渐渐觉醒，我对真实事物的看法也随之改变。不久之后，我有了那次在舞厅的深刻体验，这将我从生活的痛苦和挣扎中永远地解救了出来。

我想，你也曾经历过疲惫不堪的挣扎和痛苦，因此能体会到我的这些经历。也许失恋过，没有找到永恒的爱情；也许遭受过疾病或痛苦，经济困难或压力，梦想破灭或失望。苦难有很多种：自卑、愤怒、悲伤、憎恨或后悔；无法放下过去、活在当下；内疚或是羞耻，无法创造最想拥有的生活；焦虑、抑郁、损失或虐待；真我的丧失。

我对你经历的这些感受和状况如此笃定，是因为我们人人都有。生而为人，这些都是要经历的东西。一个不凡的事实是，我们这个物种，正在不断进化，超越这一点。总体而言，我们正处于人类意识取得突破的边缘，从一种痛苦的、渺小的、不安的角度来看待我们熟知的那个自我，这并不是我们唯一的选择。第二种选择悄然而至——我们实际上可以充分地认识到自我的伟大之处，然后在这一角度下对待生活。

我将在《能量密码》这本书中与你分享，如何系统地转换这种更有价值的观点，并为你展示一个更快乐、更成功的自己。此时此刻，它就可以为你所用——与我那天在舞厅认识到的自我别无二致。这个再熟悉不过的自己，就是真正的自我，也是真正的你。因为这不仅仅是我的真理，也是你的，是大家的。

最重要的是，我们不仅可以在冥想时通过自发的突破不时地感知这个真我，还可以在实际的日常工作和生活中，以一种可靠而又持续的方式认知自我。这就是我在《能量密码》中所做出的承诺。在《能量密码》中，你要学习的不是偶尔达到那种高深的境界，尽管这听起来已经足以让人兴奋，但《能量密码》要远远比那更令人神往，意义更加深远。在做这些练习时，你只需要做出一种改变，来让任何事都变得更好。也就是，你只需采取一种措施，就能让过去所有的问题烟消云散。

难以置信？听起来神乎其神？我可以向你保证，千真万确。当你以《能量密码》中的角度去看待生活时，它会变得有意义，还会变得充实。每一天都带着目标，充满了激情。你的健康状况将得到极大的改善，病症得到了解决，感到精力充沛、生机勃勃。对所有的疾病、疼痛，你都有一种简单而有效的方式来处理。你会头脑清晰，积极向上，充满了力量，并且这一切都将与你的余生深刻地联系在一起。自爱和自我价值将是你内心持续的一种状态。活出完全的自我，而不仅仅是理性的、受外界影响的状态。你能根据内心深处无穷的智慧做出选择。每一次努力都是一次刺激的冒险，而你才是创造力的主宰。你是生命的创造者，能有意识地表现出你真正喜爱的东西。生活就像魔术，充满了奇迹、敬畏和信任。

我之所以确信是因为我每天都是这样生活的，而且我已经帮助了成千上万的人这样做。2001 年，有了在舞厅中的经历，即意识地觉醒后，效果立竿见影，生活中长期存在的问题突然间就解决了。事实上，我再也没有把麻烦看作是麻烦了。我轻而易举地就理解了，任何挑战都有利于自我的进化和觉醒，为我们的最高利益服务。我在生活中也变得更快乐、更健康，过去的郁结、烦闷一去不复返。许多疾病自发痊愈了：偏头痛消失了；几个月内，我出生时就有的脊柱侧弯也矫正了——现在已经完全好了。在接下来的几年里，身上的两处压缩性骨折（两臂各一处）和脚踝扭伤等伤痛在没有接受传统治疗的情况下迅速得到了修复。我不再被完美主义所束缚，开始与生活合作，感到无比的轻松。我不再焦虑，顺其自然，不再需要通过改善我所接触到的一切来证明自己；相反，我注意到一切事物的内在都是完美无缺的。我的目标是完满，而不是成功，但成功往往随着完满而来。

在我没有新增业务的情况下，病人增加了，困难病例也解决了。病人痊愈后就会向家人和朋友介绍我。新的员工会来找我，而不需要我去找他们。州长办公室让我去担任执照委员会（印第安纳州脊骨神经科医师委员会）的一个职位，并邀请我在专业会议上发言。我生活的各个方面都轻松地渐入佳境。

我对生活中这些积极的变化感到非常兴奋，一次又一次地希望能够重温那次非凡的体验。更重要的是，我想能一直保有这种体验。这变成了我的一项任务——不仅仅是为了我自己，也是为了让其他人能感受到真我的存在，并能得到颇多的收获。在接下来的几年里，我活生生地把自己的生活变成了一个实验，我发现了许多东西，并与他人分享了这些新发现。不久之后，每个参与进来的人都收获了惊人的效果。我意识到，这是一项重要的、巨大的发现，甚至是革命性的发现。事实上，对我来说，这实现了人类生活的全部目的。

自从我们在地球上生活开始，作为精神个体，我们就一直在想方设法触碰真实的、无限的本性（即灵性自我），并花费了生命中的大量时间试图超越狭小的、有限的、充满恐惧和痛苦的自我（我们的自我或保护性人格）。在我把这种方法（你将在本书中学到的早期版本）用在其他人身上之后，他们像我一样，逐渐找到了属于自己的突破点。因此我意识到，我即将找到一把能开启所有人潜质的钥匙。人们开始分享自己冥想的效果，不仅仅是简单的思想放松，抑或是平静状态下注意力的集中。他们开始体验到扩展的现实，用内心的慧眼去观察世界，并获得了更深层次的智慧。他们还说，自己不再倾向于争论，而是从更高的角度，发掘使每个人都受益的解决方案。他们发现自己更容易去爱，更加宽容，更有同情心，更通情达理。而且，在情感和身体上，他们也得到了康复。

我偶然发现了一个关于如何认识自我的方法，也知道只有虔诚的瑜伽冥想者才能做到这一点，但我认为，我们注定要过这样的生活——这是为我们所有人准备的，仅需知道其中的方法即可。

发现能量密码

幸运的是，我的那次经历在我的身体和思想上都留下了不可磨灭的痕迹。那天在舞厅，我的思想回到身体里的时候，我仍然能够回忆起一些错综复杂的体感，我知道重温这种感觉的方法是在我的身体和意识中重新塑造那种特征。集中注意力的特定方式，缓慢而有意识地呼吸，集中在身体核心的强烈感觉，虔诚的态度，亲密的、温柔的、爱的存在，这些都是不可或缺的部分。我回忆并仔细检查经历的每一个细节，然后试图重新创造这些细节，并观察在这样做的时候，意识中显示出来的东西。

我会在晚上进行漫长的，有时甚至是通宵达旦的冥想，然后在白天与病人交流，将我在昨天晚上的内心旅程中学到的东西付诸实践。每一次，我都仔细记录能使我的身体和心灵进入或接近那种状态的情形，直到我能够随意地重新创造这种状态。

渐渐地，在一次又一次研讨会上，在一个又一个病人身上，我破解了能让我和其他人挖掘真我的方法。在这个过程中，诞生了一系列改变生活的原则和做法。我只保留了最有效的方法，编纂了能让我们生活在灵性自我中的步骤。由于这些都与感知、锚定和增加我们身体内的基本能量有关，我将其命名为“能量密码”。从那时起我就开始研究，通过研究，我发现古代文献和现代科学都验证了这些东西。这些密码既全面又相互依存，最重要的是，任何人都可以轻松使用。

我们都有能力将自己唤醒到更高的层面，并发挥自己的真正潜力，享受最佳的健康状态，这是生活的基本条件。事实上，这也是我们人生目标的一部分。享受人间天堂，就是去了解、去体验，最重要的是，生活在这种状态之下，而不是隐居在冥想之中。现在，这是我们真实生活的目标。

你需要的知识就在你手中。本书将用简单的措辞，为你阐述能量密码。千千万万人的生活将因此而改变，相信你也一样。

发现你的伟大之处

你将看到的，以及我想要与你分享的，更多的是对你来说，什么是正确的、好的、真实的，而不是我在学校学到的关于就诊和看病的东西。无论病理学还是预防科学，我们往往关注错在哪，如何改正，但我要给你们分享的有所不同。我给大家的，更多的是关于你是谁，你是由什么组成的。它将为你展示如何在身体上、精神上和情感上治愈自己，也会告诉你如何发现自己的伟大之处以及认识到一个深刻的真理，即你自己无错可言。我希望你能从深层次上体验到这一点，并学会如何进行表达，然后将其运用到你的每一天。

这比你在生活中的其他任何成就都重要得多，包括赢得奖杯、打破纪录、减肥成功、顺利晋升等。一个简单的内在成就比什么都重要，即唤醒你的真我。也许这看上去很神奇，但这一事业是我们人类意识的最前沿的领域。

它并不是新的东西，几千年来，全球各地的人们都曾问过这个问题。现在的许多人在某些时候，也会对“我们是谁”、“我们为什么会在这感兴趣”。

将能量作为药物的历史最早可以追溯到古埃及，他们曾使用象形文字来描述能量是如何为身体疗伤的。古代基督教徒使用“按手疗法”来达到治疗效果。五千多年前，古印度的《吠陀经》最早记录了人类的潜能和发展，描述了在体内移动能量，引起共鸣，促进康复，唤醒更高的意识。这些并不是想象中的“魔法”，它们的基础（现在也是）是——我们就是能量的生命体。

如今，科学研究正在逐步揭示自古代的从业医生以来就知道的东西。科学正在证明人类能量场的存在，这个场就像我们的身体皮肤一样真实、敏感，它极大地影响着我们的身体。我们发现，人类 DNA 是通过能量场获得了行动的指令。举个例子，我们在布鲁斯·利普顿博士（Dr. Bruce Lipton）的研究中看到了这一点，他在斯坦福大学医学院工作时，揭示了生物体的变化是由身体中的基因激活引起的，而这一刺激来自细胞壁，而非人们认为的细胞核基因编码。这表明，来自细胞的信息，包括思想和情绪，会在细胞表面产生特定的能量流动，进而决定细胞要“做什么”。

这一发现对科学的一个新分支——表观遗传学做出了重大贡献。它基本可以证明，对于健康来说，环境比基因更重要。这种环境的产生，是由于我们个人的思想和行动导致了化学分子的产生和运动，反过来又激活了 DNA 和整体细胞的功能。换句话说，我们的想法和行为都能影响到体内的能量，进而才有可能实现身体的康复和痊愈。

有了这些新的突破，恢复并保持体内的能量就变得越来越重要。要发掘真正的潜力，我们需要在大脑和身体中建立回路，使我们能够在生活中成为有意识的能量生命体。如果能做到这一点，我们就能治愈身体的每一部分，并巧妙地创造非凡的生活体验。

生长在我们这样的家庭里，个人的见解是否有科学依据是很重要的，对于我这样的科学家来说，每一条涌入的科学证据都能验证我的经验，让我很是高兴。它帮助我的头脑追上我的内心、直觉和更深层的智慧所知道的东西。幸运的是，现在的科学在弥合可见的物质世界和不可见的直觉、注意力和灵性世界的鸿沟方面进展迅猛，我们在知道并相信这种知识之前，就已经体验到了。

如今摆在我们面前的问题是：我们需要多长时间才能把有关本性的探究作为优先事项，并能为自己解惑？才能意识到了解并生活在真实的本性中才是最重要的？答案是：往往要等到痛苦难以忍受的那一天，我们才会开始环顾四周，询问生活中还有没有其他的东西。但我要说的是，为什么不现在就培养生活在真我中的兴趣呢？这样就可以在余生庆祝有史以来最伟大的成就。这本书将一步步引导你实现这一目标。

关于这本书

在第一部分“一种看待量子翻转的新方法”中，你将为自己的转变打下基础，即从被恐惧的生活所限制转变为生活在无边无际的、完整的真我之中。这一部分也为如何与自己和外部世界打交道奠定了基础，这样你就可以挖掘潜能，创造真正想要的生活。有了第一部分的基础，你就可以做好准备工作，你将进入“灵性自我”。

在第二部分“一种全新的存在方式——能量密码计划”中，你将学习七个能量密码，开启你体内所需的电路，使你能够生活在灵性自我之中。这些密码提供了一个完整的系统，用于治愈身体的不平衡，唤醒自己真正的伟大之处，以及最重要的是——过上奇妙的生活。我会以简单明了的方式，告诉你如何表达你的真我，并创造你真正喜爱的生活。

无论这是你第一次使用能量作为药物，还是你对此已经非常熟悉，能量密码的革命性方法为你提供了独特的见解和方法，即将改变你和你周围人的生活。

在第三部分“一种新的生活方式——具象生活”中，我们将探讨如何将能量密码融入日常生活，以及这种新的生活方式最终会如何放大你对世界的贡献。

虽然这本书是一个强大的转型工具，汲取了量子物理学、神经生物学和能量医疗等知识，但我努力使它们变得更加通俗易懂，能为你所用。从过去的结果来看，你只需几个月，甚至几周的时间，就可以成为一个全新的自己——更健康、更快乐、更有力量。但前提是你要学以致用。时不我待，我在此正式邀请你，接受它，我保证，将来的你会感谢现在的决定。

准备好了吗？开始吧！

目录

第一部分　一种看待量子翻转的新方法

第二部分　一种全新的存在方式——能量密码计划

第三部分

一种新的生活方式——具象生活

第一部分

一种看待量子翻转的新方法

第一章

01

觉醒计划 从痛苦走向幸福

“万事万物皆为能量……包括这个讲台也是能量。”我在演讲中经常会这样说，然后再用笔轻敲一下身旁的木质讲台的表面。这两个实体碰触到一起，就会发出“咔嗒”声，我也会听到在观众的脑海里响起“咔嗒”声。

这些演讲让人们深入了解了这样一个最为重要（对许多与会者来讲，也十分惊讶）的事实：隐藏在我们有形的肉体之内的，是我们人类纯粹的、智慧的、清醒的能量，这和宇宙中其他万事万物并无二致。我们往往不会认为我们走过的地板、使用的设备，或者我们遇见和来往的人都是由能量组成的，但这些确实都是。

而且，更为重要的是，我们也是。我们的五种感官感知的物质世界，实际上就是能量，由于这些能量被压缩得十分紧密，所以最终我们都可以感知到。我们把这种压缩的能量称为“物质”，但实际上这些物质与其他类型的能量——光波、声波或思想——并无区别。

我的父亲是能量医学的先驱，在这样一个父亲身边长大，耳闻目睹，我见证了许多事情，这些事实都一一被证实，从本质上来讲，我们就是能量。在漫长的职业生涯中，我的父亲米尔顿·西奥多·莫特（M.T. Morter Jr.）博士先后在两所脊椎按摩学院担任过院长。他作为一名研究人员和教育家，与全世界成千上万的病人和从业者有过合作，始终走在时代前沿。但是，尽管我的发现常常令我兴奋不已，但在和我父亲一起工作的这些年里，我所看到或听到的，并没能让我知道或者体验到作为一种能量存在的全部现实及其含义。直到那次我自己深刻地体会到我是一个充满能量的生命，我才从内心深处了解到我到底是什么，我到底是谁——我们都是谁。

我们都是能量。我们的物质、意识和思想都是能量。我们的血肉之躯是能量。我们是由纯粹的能量整合而成的一种多维存在。我们对这一真理的了解程度，会决定我们在多大程度上生活在痛苦抑或是幸福之中。

在我觉醒之后，我才意识到我对我们到底是谁、我们到底是什么有了更新的认识，这些认识中有一些方面在我父亲的作品中没有提到过。学习在纯粹的意识层面上掌控自己，在这个看不见的"精神"能量层面上由内而外地去探索生活，对我来说是一种全新的体验。所以我将目光投向古老的东方传统，转而去向在那里修行的意识大师寻求答案。最终，我离开了家族企业，独自去传授我所经历和践行的深刻真理。我觉得父亲能够理解我。他说他真的理解我，因为他开始他的医疗保健事业时，也做过同样的事情，他也曾脱离家族的事业。但他对我离开家庭的这一决定还是深感失望，他不太赞同我的某些选择。但从总体上说，我们就像是一枚硬币的两个面，我们都在致力于治愈世界各地的人们，并赋予人们力量。

父亲去世时，我 51 岁。在他弥留之际，我就在他身边，握着他的手。我不想让他离去：他是我的偶像，我的英雄，我的导师。

他开发的一些基本技巧，我现在仍在实践中使用。我们分享了很多很多，即使我们再也无法并肩工作。我真的无法想象没有他的生活会怎样。

父亲对我说的最后一句话是：“我从心底里爱你。”“我也爱你，爸爸。”我低声对他说。

父亲去世两周后，我在科罗拉多州主持一个为期三天的女士静修会。就在我要走上舞台开始静修第一阶段的前20分钟，我收到了哥哥泰德的一封电子邮件，邮件上面简单地写道：“这是爸爸的遗嘱。”由于我母亲几年前就去世了，爸爸的遗嘱将确定他们的所有财产如何分配。

我从头到尾读完邮件，倒吸了一口凉气。除了出售父母房产所得的一份由我继承，父母的其他遗产都将由我的两个兄弟继承。

他不再爱我了吗？我很不解。我做了什么，竟然让他对我如此绝情？我摸索着找到离我最近的一把椅子坐下，泪水奔涌而出。好几分钟过去了，我就呆坐在那里，不停地摇头。怎么会这样呢？我感觉一切都成为了泡影。我怎么才能在这么短的时间内恢复理智，上台去主持这个项目呢？

并不是说我想要更多金钱或者物质一类的东西，虽然没法继承母亲的茶杯和画作对我来说确实是一个不小的打击。我只是悲伤于从父亲的遗嘱中被除名的感觉，这种感觉就像是他们最为无情地抛弃了我。我们一起工作，一起探索，一起创造了那么多成就，我耗尽了所有青春岁月，一直渴望得到他的认可和关注，后来又花了很多年，走了数千里路，来传授他的著述，尽管这样做就意味着我要放弃自己的修行。而这一刻，我感觉他已经不再支持我所做的一切。这种深深的痛苦，令我无法忍受。

“准备好了吗，苏博士？”一个声音把我拉回现实，提醒我马上就要登台了。现在我怎么再去指导别人，去当别人的老师呢？我仍然心存疑虑。然后我想起了我所做的工作，还有我所传授的真理。我必须振作起来——从精神上、情感上振作起来，最重要的是要从能量上振作起来。我必须重新调整、重新整合我“支离破碎”的能量，这样我才能回归本体，继续完成我在这个世界上的使命。所以我立即做了一件我花了15年时间去发现和传授给别人的事情——我使用了能量密码。

我的身体首先平静下来，一种安全平和的感觉冲刷着我的全身。我的心灵也随之平静下来，轻轻地降落在坚实的自我意识之上，那感觉就像一个温暖的光球，在我体内越来越大，越来越明亮。突然间，我意识到我并没有因为这件事受到伤害。一切都会好起来的。我的经验告诉我，在一个更大、更完整的背景之下，之前看似毁掉一切的事情最终会使我受益。

最重要的是，我又一次感受到了父爱的真理。我终于知道，把我排除在他的遗嘱之外并不是背叛。我可以把这件事当作爱的礼物，这件礼物会在最完美的一刻展现给我。

一想到能从新的视角去看待这件事，我的心情就变得明朗了起来。在我的内心深处，我感到自己被赋予了力量，充满活力。我迫不及待想要登上舞台，去做我每年都会花250天以上时间去做的事情：和大家分享我们如何发现真正的自己，我们如何更有意识地去改变自己生活的方方面面，去做那个自己想要的自己，奇迹般地改变我们的生活。

周末马上就要过去了，我继续运用能量密码，保持冷静、充满关爱的状态，并努力感受自己的存在。接下来的几周、几个月，一旦和父亲遗嘱有关的负面想法或情绪再次出现，我就会再次使用能量密码，不仅解决了这些问题，而且使我从中受益匪浅。我对这件事中的每一个人更加同情，也更加理解，最终甚至看到了这件事发生的原委，还有这件事背后更大的目的所在（稍后我会与你们分享）。

现在，不得不说，如果我早一点得知父亲的遗嘱。在我那次精神突破之前，在我开发出能量密码之前的话——一切都会迥然不同。我会把父亲的选择解读成："我怎么了？"或"我做错了什么，为什么要受到这样的惩罚？"然后陷入自我怀疑。我会感到愤怒，感到很受伤害，我可能会离开我的家庭，可能会破坏我们之间的关系。因为我的事业和父亲的事业紧密相连，我甚至可能放弃我这一生的事业。我很确定，如果一切真的那样发生了，对我来说将是一条非常痛苦的道路。

那么我是如何知道的呢？因为除非我们中的任何人对自己有了更大的现实体验，否则在面对生活中的挑战时，我们只能认识到自己的不足，觉得自己失去了什么、做错了什么或者搞砸了什么。如果不能认识到一个真正完美、完整的自我——我称之为灵性自我，那么，除了那个自我苛责的老套路，我就没有其他选择了。

作为人类，我们的问题不在于我们能力不足，不在于我们会失去什么、做错什么或者搞砸什么，问题在于我们认为自己就是那样。这是一个根本性的误解，是我们所有其他问题、机能失调以及各种痛苦的根源。这种想法会把礼物变成负担，把爱情搞成单恋，把生命中挑战自己的时机变成终身遗憾。

好消息是，我们不必再继续忍受这一假象，我们不再需要不断给自己讲那些老掉牙的故事，告诉自己我们是谁，告诉自己什么是我们生活中的"真实情况"。我们可以意识到自己的伟大之处，恢复强大，拥抱自己，把自己化作一个强大的能量存在，并在这种存在中有所建树。

我们可以做到这一点，要记住我们是以能量的方式存在的，而能量是一切问题的关键。

是生活在痛苦之中，还是幸福之中

我那“一束光”的顿悟经历，以及我在冥想时的自发突破，向我展示了一个真相：从本质上来讲，我是一种能量存在，无法忽视，也无法否认。作为一个发光体，悬浮于地球之上，我同时也处于另一个实相中。我已经觉醒，可以用一种不同的方式看待生命以及生命中的自己。我像是戴着面具在潜水，从面具后面望出去，我意识到我正在经历的水下世界比岸上的生活更为真实。我感觉自己一直在此盘桓，再也不会离开这里。这里比我之前知道的任何的“家”都更自在。我不会再像之前那样，生活在恐惧之中，相反，我突然认识到自己的独立和完整。在这里，没有什么地方要去，也没有什么事情要做，我只需简简单单、完完整整地做好自己，与万事万物合而为一就可以了。

这种包罗万物的完整感与我迄今为止的体验形成了鲜明的对比。我作为一个成年人，在父亲的研讨会上与他一起工作，我找到了生活的意义，也了解了生活的目的，但我也患上了偏头痛，身体非常虚弱，一直都很疲劳，多年来，我都得趁着午休时间打个盹儿。我总是得准备好取悦别人，去解决或者防范任何形式的冲突。人际关系往往都很难处理，但即使是靠虚情假意，我也得想办法“让它们运转起来”。从捏脊学院毕业后，我开始了临床实践，在事业上取得了很大的成功，但内心深处却很少感到快乐或体会到真正的成就感。总之，我很痛苦，并不是因为我做了什么“错”事，而是因为我一直按照一套规则行事，而这套规则却不是基于我的本性。

有时候我们很纠结，并不是因为我们有什么不足或者我们天生卑贱，而是因为我们总是想要去解决问题、纾解痛苦和迎接挑战，而我们的处理方式、我们的头脑还有我们的保护性人格，恰恰是问题所在。

保护性人格的痛苦视角

在知道我们自己是能量或精神之前，我们一直相信自己就是身体和（或）思想。这种对自我身份的误解给我们带来了难以名状的痛苦，也一直是我们生活中所有问题的核心。为什么这么说？因为这一观点与我们的诸多本性相悖。

有些东西会让我们感觉怅然若失，所以我们就会觉得失去了什么、做错了什么或者搞砸了什么。然后，我们就会倾注所有的时间和精力来弥补自己的不足，就像我在成长和多年的职业生涯中所做的努力那样。压力、功能障碍和疾病随着这种误读相伴而生。我们总感觉好像少了什么东西；努力想证明自己是对的，自己很有价值；努力修复损坏的一切。我们不以能量的方式认同自己，也就无法体会到我们内在的完整性及幸福感。为了获取某种方向感来指导我们的人生航程，我们的大脑就开始编故事，告诉我们自己是如何失去了什么、做错了什么或者搞砸了什么。这些故事和这些想法会反过来影响我们的能量水平。这些故事和思想的力量一样，会影响着我们的现实状态。我们用头脑去解读我们是如何与宇宙框架结合在一起，并与一切产生内在的联系，进而写下故事，告诉自己是如何离群索居、孑然一身，此时，我们就会认为自己确实是与世隔绝、形影相吊，进而感到很不安全。我们认为自己需要保护，才能在这个世界生存下来。我们时刻警惕着威胁，审视着外部世界，规避那些无法得到认同、接纳和爱意的地方，因为我们认为自己需要认同、需要被接纳、需要被爱，才能平安无虞。我们没有利用发自内心的渴望去营造或积极地追求我们喜欢的生活，反而不断地为生存枉费心机。

这种身份认同以恐惧为基础、以生存为中心，有时会被称为“自我”或“虚假自我”，但我称之为“保护性人格”。不管如何称呼，这种对生命的保护可能会限制我们自愿做出尝试，因为“安全”是这种身份认同的首要任务。这就使得我们与他人的关系建立在有相应条件的基础之上，使我们失去平衡，产生持续的压力，最终导致我们在精神上、情感上和肉体上蒙受重大损失。

最重要的是，保护性人格导致我们的抗争毫无胜算可言，因为它立足于破坏性的信念。即我们自身就是问题所在。尽管我们每个人都有自己的方法来应对这种信念，甚至在某种程度上绕过这种信念，但都无法避免这种痛苦的视角（至少在一定程度上无法避免）。这只是人类状况的一个方面……再说一次，除非对此做出改变！

幸运的是，能量密码最大的目标就是将保护性人格与我们的真实本性（即灵性自我）进行整合。这种整合为我们生活的每一个层面提供了一种近乎无限的治愈潜力。我们正在做出改变，我们摒弃了“保护性人格是唯一的选择”这样一种观念。作为一个物种，我们正在进化，我们要以一种全新且更加完整的方式去生活、去爱、去存在。

人间天堂：进化为灵性自我

当我们开始把自己视为纯粹的、伟大的能量存在，我们就自然而然地开启了体验完整自我的旅程。事情就是这么简单。

知道了自己是一种能量后，我们就可以远离我们的思想所创造的恐惧故事，并选择另一种生活。从灵性自我的视角看待我们真实、永恒的本质。与其关注外物，总是环顾四周去寻找可能对我们有害的东西，不如关注身体内部和周围的能量，依靠这些能量来展示真实自我。如果我们这样做，生活就会轻松自如地展开，爱和发展的机会就会自然而然地显露出来。我们只需向前一步，点头称是，然后静待这些机会徐徐展开。我们有能力去爱，我们的爱强大无比。我们明确感受到自己与万物合而为一，与宇宙连在一起，没有压力，不必担忧。因为我们清楚地知道，生活中发生的一切最终都是为了我们的强大和幸福。

我之所以可以谈论这种平静、神奇的状态，完全是因为我亲身经历过。我的觉醒之旅开启了我的灵性自我，随后，我开始顺从一切，我的生活发生了很大且不可逆转的改变。我的身体仿佛在发光。我的心灵只想沉醉其中，而非费心去处理这些事物。我对我们的真实身份有了一个全新的认识。虽然我还没有开始整合我的经历（事实上，我一开始感到相当迷茫，别人把我带到附近的一所房子躺了一会儿），但我知道我的现实永远不会再和以前一样了。结果也证明，这一切都是正确的，至少，紧随其后的那一段时间也颇有趣味！

那天晚上回到家，我进入了一种幸福状态，我真的特别留恋那种状态。有好多天，每当我从枕头上抬起头来，就从那种美好的幻境中抽离，仿佛站在一架即将起飞的直升机下面，螺旋桨不断轰鸣。就好像我吸收了一种超高频率的能量，我的身体和大脑都感到莫名其妙。然后，当我仰头躺下，或陷入沉思，我立刻沉浸在一种难以言喻的最美妙的状态之中。我的脑海中会浮现出电光四射、五彩缤纷的色彩和形状，脑海里会浮现其他画面——这是我见过的最美景象。接下来是一些小图案，同时包含着对信息和各种真理的感知。一切都是那么壮丽、辉煌、质朴！我身处瑜伽中人们称之为“阿难”或“三摩地”的状态，我一动也不想动！

有好几天，我都躺在床上把自己当成一个纯净、神圣的能量存在。我的保护性人格开始与我的灵性自我融合。我的思想和心灵获得了自由，我的身体得到了放松，深沉而美好。好多时候，我真正意识到我们是宇宙的一份子，我都倍感惊奇，心存敬畏。不过，这一过程并非一蹴而就，我那次微妙的能量开放只是一个开始，我想知道成为灵性自我的能量存在究竟意味着什么。

大约一周后，我将高频能量整合好，这样我就可以坐下、站起来或四处走动。但即使是那一刻，卧室外的世界似乎依然嘈杂刺耳。我对日常的声音（如收音机或电视发出的声音）以及快速移动的活动异常敏感，比如人们匆匆从我身边经过、汽车呼啸而过，甚至是服务员在餐馆里忙碌时，都会让我内心振荡。一开始我感觉身体很轻，几乎感觉不到它的存在。随着时间的推移，我开始有意识地将自己更平稳地固定在身体里，从而产生一种难以置信的力量感。

即便如此，回归日常生活仍然是个挑战。我感觉自己“卡在两个世界之间”，不知如何是好。我不再只是看着人们的脸，读懂他们的肢体语言，简简单单地相信他们所说的话，我现在可以看到这些表面以下的能量。我逐渐有了另一种更加真实的感觉。我的注意力被吸引到现实的另一个层面上，这个层面是我以前察觉不到的，除了在我童年早期的一小段时间曾经有所察觉。

大概6岁的时候，我在小溪边玩耍，阳光照耀下，水面波光粼粼，浅滩的蝌蚪都长出了腿，夏天的空气完美而安宁。我看着我的双手浮在水面上，四周围绕着金色的光芒，射向四面八方。在那个年纪，我还经常在人们周围看到彩色的能量，比如在我父亲身边，他与病人一起工作或者教学的时候，或者在我妈妈画画的时候，或者在学校操场上，看到其他孩子身边也会有彩色的能量。我以为这都很正常，每个人都能看到这些能量。

但有好几次，当我和其他人谈论我的所见所闻时，他们都表示自己并没有相同的经历，这让我万分痛苦，于是，我开始害怕人们会把我当成异类，然后排挤我。所以大约8岁的时候，我干脆与这些现象一刀两断。然而，当我二三十岁的时候，又想起了这些美好的经历，渴望重新创造这样的经历，却做不到了。我在想，也许这一切都是我“编造出来的”，就像大家认为的那样——孩子们的童言稚语，不是吗？

然而，开启能量之门以后，我不仅能像我的童年那样再次看到能量，而且我还能感觉到能量，能量一直都是真实存在的。就是我讲的那些关于光的故事使我再也看不到能量！

我再一次发现，我能够感知别人无法感知的东西——然而这种能力再次让我感到很不舒服，尤其是因为我经常很难分清我看到的和我感知到的东西。我会告诉病人我所看到或感知到的东西，他们并不承认我看到或感知到的东西。他们的能量模式代表他们的某种心情，不管悲伤、恐惧，还是愤怒，我都看得一清二楚，而他们却会说他们“很好”“一切都很好”。

但是这一次，我选择了坚持我的看法。我注意到，那些在初次就诊时不明所以的病人，会在下一次就诊时反馈说，我（苏医师）发现的情况才是真的，只是在当时他们还没有意识到。例如，我与病人塞茜尔（Cecile）会面时，我询问了她体内能量流微弱的问题。当时，她说她和周围的人关系很好，但后来又说她一直在拒绝接受和丈夫的一个非常现实的问题。类似情况还有一次，我和布里恩（Brian）说起关于他周围的能量消耗，他声称他的工作状况一切都很好，后来又改口说他也觉得是时候该另寻一份工作了。有好多好多次，数不胜数，人们都会回来告诉我是他们没有意识到某个问题，但经过我的治疗之后，“能量之光又闪烁起来”。

在一个人还没有感知到他的能量场之前，我就已经看到了他的能量场，并且感知到了这个能量场受到的干扰。每当看到一个支离破碎的能量场，我就会去询问这个人，这种做法通常会有所启示，揭示出他们的潜在问题。一旦病人自身的意识光芒能够照亮更大的图景，我们就可以解决这些问题。对见解的这种验证引起了我的注意，就好像在一个人有意识去感知到的东西之下，潜藏着一层微妙的真理，这一层真理需要倾注时间和注意力才能变得明晰。其他的变化有点难以应对，比如我对自己能量场的意识有所增强。有时我和别人交谈时，我能感觉到并且看到自己身体周围的能量场；突然之间，我就会觉得我的能量场和别人的能量场重叠了，我的能量场甚至包围了他们的能量场，而实际上我们之间仍隔着一段正常的距离。我会自觉地想往后退，以免让人觉得被侵犯，可结果却是他们会朝着我走过来，以便保持正常的距离。这让我大为困惑！在我的眼里，我们“进入”了彼此，因为我们的能量场完全重叠。所以我就会不断地走开，他们也就会不断地跟上来，直到我们跳舞似的穿过一个房间或人行道。（后来我了解到，我们的能量场确实是重叠的，只是如果我们的神经系统还没有开发出感觉灵敏度，或像我一样称之为“回路”，我们就无法注意到，于是就会认为彼此之间的空间里“什么都没有”。但这个能量场实际上是我们人类，作为有机的整体彼此联系在一起的最深刻方式。）

尽管这种新的存在方式有时会让人感觉很尴尬，但我与世界的每一次互动都在告诉我，我回来了，真正的我回来了。我觉得自己比小时候经历那些特殊的神秘时刻时更平和、更自在。无缘无故，我也会感到快乐，温暖放松，日夜舒畅。我的呼吸和以往任何时候都有所不同，也更深沉。我知道一切都在有序运转，以前加诸于工作和个人生活中的痛苦也会有所缓解，就好像有一些“谜底”被揭开了。

我也知道，这个刚刚丰富起来的真实自我必须学会如何游走在我一直面临的矛盾之间，如何做出“理性”的决定，同时还要遵从自己的内心认知。因为我不仅是一个人、一名医生，还是我所在社区许多人的知己。例如，很多时候我都可以看到有些人行事不端，这种洞察力让我能够做出对我来说无愧于心的真实决定，而不会爆发任何冲突，也不需要依顺或背叛谁。通常，我和某人交谈时，我能清楚地看到他们是如何创造出自己的生存氛围，以便捍卫保护自己的“小我”，就好像他们有意固守虚假的自我，活在戏里，以苦为食。

简单地讲，我现在所看到的现实，即我们作为一个整体以完满而又强大的能量形式存在这一现实，通常与其他人对自己的解读或者他们的生活方式并不一致。我意识到我正处在一个十字路口，我必须做出决定：与真实相伴，还是选择虚假？生活在幸福之中，还是回到自我否认、自欺欺人和无尽痛苦之中？我在生活中建立的许多友谊、生意和关系似乎都岌岌可危，但我很清楚，崭新的现实更重要，比什么都重要。这是我的真理，我必须与之相伴。

就这样一点一滴，通过遵从我内在产生的能量信息，我选择了极乐，这种状态常常超越逻辑或者他人所称的“现实”。有些人会提出建议，会极力鼓励我将特定的治疗方法或设备纳入我的临床实践中，声称这些治疗方法是技术上的“最新进展”，但如果我觉得这个建议不合适，我的选择就会十分简单——“不，谢谢！”然后，数月之后，抑或数年之后，通常就会有报告显示，这些设备的性能与最初推广时所说的并不一样。我也会受邀参加投资、商业实践或会议，从表面上来看这些都是非常好的机会，但这种能量流只会让我决定拒绝许多诸如此类的邀请。后来人们就会发现，有时甚至是几年后才会发现，对那些曾经参与过的人来讲，所谓的商业实践或机会运行得并不顺利。

有一种恩典，我称之为“引导生活的恩典之波”。

很多时候，我只需把我的注意力放在一个特定的方向上，然后在接下来的几个小时或几天内，我就会收到这个特定领域的盛情邀请，比如参与一部纪录片的制作或者在一个非常重要的会议上发言。此外，曾有无数次，我都能感觉到想与几个月或几年都没联系过的人联系一下，我就会打个电话或发条信息，然后就一定会收到回复，他们“恰好也就在那一天”希望能问我一个问题或与我分享一件事情，而“我就恰逢其时地出现了”！

人生变得充满魔力，轻松和喜悦翩然而至，我再也没有体会到先前那种惴惴不安、悬而未决或自我怀疑的感觉。最后，我会降落到更高的所在，能够做到不需要思考便可决策。我只需带着感知到的活力和瞬间指引，这些瞬间的念头会给我指示，告诉我该做什么样的选择，神奇的是，这些念头总是正确无虞。事实证明，我的直觉反应总能做出更好的选择，这一选择远非只靠逻辑和我所受过的教育可以做出，这一点不容置疑。开始一项新的事业，搬办公室，放弃不再是我真正理想的最高目标的工作关系，现在这些决定都很简单，都是源自我的内心。流转在身体里的能量成了我的行动指南；随着时间的推移，我再也不需要外物参与来做出正确的决策。

用这种绝对的内在认识和引导来陪伴生活，完全超越了自由。我不会再努力地试图让生活屈服于我的意志，我反而会让生活来指引我，生活会为我揭示、为我铺展正确的道路。一种更高的智慧发挥了效力，超出了教育带给我的条条框框。

追随着源自内心的真相，我的生活有了新的方向。我觉得受到了指引，要去传授更多的能量治愈课程。这些人挤在我诊所的接待室里，接待室总是很快就挤满了，大家无法坐下，只能站着。我还给他们上了一些冥想课，在这些课上我和病人及学生分享了我自己的一些冥想经历。

例如，有一天晚上，在冥想状态下，我注意到一股能量从我的脊椎核心向下再向下，在我的骨盆区域低空循环，就像那次那样，让我的大脑中心“亮”起来，我体验到了能量的充分存在。与此同时，一种认知感超越我整个人的存在。所以在后来的一节课中，我指导那个小组经历了一个类似的过程。当我们练习我所做的事情时，我看着他们，看他们的能量场会有何反应。我可以看到，我分享的经历帮助人们唤醒了他们自己的能量，让他们可以转移和管理他们的能量场，给他们的生活带来了一些相应的变化。在此后的一节课上，他们会分享自从我们上次见面以来他们身上发生的新鲜事。

就这样，一周又一周，一个月又一个月，他们在生活开始真正的转变。例如，邦妮（Bonnie）犹豫了很久终于看清，并最终放弃了她的工作。妮科尔（Nicole）也取得了突破，进入了一种放松的冥想状态，她多年来一直努力也没有达到过这种状态。考特妮（Courtney）最终也加入冥想，让能量流过身体，最终治愈了困扰她20年的偏头痛。这些结果，还有其他许多结果，都是通过定期练习特定的呼吸模式，放松心灵，引导冥想而得以实现的。我留心观察、密切注意，并开始把所有的东西都编纂好。这些明确的原则及开发的实践最终将成为你将在这本书中学习到的能量密码。

在获得新生后，我还被邀请到附近的医院演讲，讲述我在诊所教授和分享的能量医学工具，之后很久，类似的话题才开始在主流的医疗保健圈中传开。人们纷纷响应，越来越多的邀请函接踵而至。这一切就这样很快发生了，而且，得来全不费工夫，都是因为我已经顺从内心升起的那股无形的能量以及与之相伴而生的智慧。我真的可以看到能量的流动。

今天，我把所有发生的情况都视为来自宇宙的冲动，这种冲动驱使我走向伟大。我选择让那些陈旧无用的关系动力自行消融，在痛苦，甚至是曾经存在阻滞的地方，我找到了真爱。除了完全治愈了我的偏头痛和脊柱侧弯，我还觉得自己比20年前都年轻。我现在不仅相信奇迹，而且一直在见证奇迹发生。现在，既然我已经知晓这些奇迹来自何处，知道我们应该如何开发这个地方，那我就可以不断支持其他人，让他们的生命也绽放奇迹。

活在充满恩典的生活之中完全是可能的，这也是我们与生俱来的权利。我们和我们的生活本来就是这样设计的。因此，正如发生在我身上的经历一样，同样的经历也会发生在你身上。

事实上，这种个人身份转变的觉醒，即从保护性人格转向灵性自我，恰恰是人类生活的目的所在。当灵魂与意识相遇，人性觉醒，成为真理，我们便会明晓平和。这就是我们此生的目的，来发现我们灵性的能量本质，以物质形态活出真实的本性。我们要在这里唤醒我们人性中的神性。虽身在人间，却可体验天堂，活在我称作“人间天堂”的统一空间里。

就在此时此刻，我们可以拥有这所有的一切。因为，在现实中，我们早已是灵性自我。我们可以自发地体验这种现实，在一纳秒的瞬间，就像我在那天冥想时所体会到的那样。它就在这里，等待我们去认识。要想成为灵性自我，我们哪里都不必去，什么都不必做。不需要任何资格，也不要跨越任何障碍，但是……我们就是不知道这一点。而这种不了解我们真实本性的状态，就是保护性人格。

有了能量密码，我将教你如何唤醒完整的、完美的、真实的、辉煌的自我，并且在你的日常生活中更多地唤醒这种真实的自我存在。如果这样做，你的生活会像我的生活一样，发生神奇的改变。

虽然这种从保护性人格到灵性自我的转变可能会自发产生（对我和其他有类似深刻的转变经历的人来说，确实如此），但对大多数人来说，灵性自我的转变是分阶段实现的。以前你可能有过，也可能没有刻意朝着这个觉醒的目标努力过，但事实是，你一生都在为之努力，因为这就是你此生的目的所在。没错，迄今为止你生命中所发生的一切都是在推动你、唤醒你的真实本性。基于这一原因，我将生命称为“觉醒计划”。

通过理解觉醒是如何进行的，你可以帮助你的自我有意识地以更轻松、更快速、更优雅的方式促进觉醒。我已经在这里用我所称的“觉醒模型”为你做了展示。能够“看到”我们从哪里演变而来，我们又将进化到哪里去，可以帮助大脑做出所需的转变，从而更容易感知灵性自我，进而成为灵性自我。

觉醒模型

觉醒模型包含我们在发现我们的真实自我，以真实自我的方式去生活的过程中所体现的三个不同的意识层次。觉醒模型像一枚硬币一样，也有两个面（见图 1-1）。模型背面代表保护性人格，分为受害者阶段和自救阶段。在这里，我们一直处于求生模式中，在我们的系统中使用被动默认设置，将我们所有的能量耗费在制定安全策略和保护我们自己上。我们只有放弃对神经系统反应模式或回路的依赖，建立新的、更高容量的回路，充分激活我们的创造才能和创造者身份，才能到达模型正面（即硬币的“正面”）。在这个模型的正面，我们才能拥有真正的力量，才会有意识地积极创造我们的生命，使之成为灵性自我。

图 1-1　觉醒模型

第一阶段：受害者阶段

模型背面的第一阶段，属于生存 / 受害者视角。简单地说，就是我们认为在生活中身不由己，认为我们自己无法左右生活。我们完全没有意识到自己可以影响或创造自己的人生，因此，有种强烈的感觉：只能听天由命，听之任之。我们认为自己无法去做我们想做的事情，因为我们似乎根本无法驾驭外在的反抗力量。事实上，我们可能处于模型背面，甚至都不知道自己不开心，也不知道还有其他活法。我们可能只是在随波逐流罢了，并且认为自己别无选择，因为生活就是这样。

例如，在第一阶段，如果你不快乐或者感到不满足，你可能会抱怨没能出生在条件优渥的家庭中、没能接受到你想要的大学教育、结婚太早了、没有什么特别爱好、没能从事某个特定职业，或者是没有足够的钱去做你真正想做的事情。（或者你甚至根本不会考虑这些，也不会去列举这些原因。）这种范式的特点是愤怒、恐惧、绝望、无助、顺从宿命、为了生存而汲汲营营。这种范式的口号是“生活身不由己，我无法驾驭生活，这就是我的活法”。你甚至无法用言语去描述这种状况；这种感知袭来，好像它就是真理一般。

第二阶段：自救阶段

这一阶段就是如今大多数人所处的阶段。这个阶段代表着意识上有一个很大进步，但仍然处于模型的背面。因为这个阶段的基础仍然是保护性人格中潜意识的不足，而不是认识到我们作为灵性自我的真正力量和伟大之处。

在这一阶段，我们不再自甘堕落，不再认为生活只能如此。相反，我们觉醒过来，感知到自己处于苦痛之中，并且有可能觉醒到“我们也许不一定非要这样生活”。我们不再逆来顺受，而是有了自己的想法，认为有些事情可以改变；我们可以更快乐、更健康、更受尊重、更为荣光。因此，我们开始关注可以做些什么来促成这些改变。

在这一阶段，我们仍然认为生活中（包括“好的”和“坏的”）的自己在很大程度上都是身不由己的，但至少我们相信可以做一些事情来改变生活（至少在某些时候）。我们意识到，我们通常是可以改善甚至修复当前状况的——而且可以选择某些想法，采取某些行动，改变我们的经历。有了正确的心态，我们可以尽量妥善处理最坏的状况，这样一来，我们可能会从苦痛中得到益处。这个阶段的口号是：“虽然生活身不由己，但我会选择努力打理好生活。”这种观点就是：“有些事情会出错，但我会去解决，不能让这样的事情破坏我的生活。”

我把这个阶段称为“自救阶段”，因为身处这个阶段，我们非常努力地去修复在我们或他人身上的谬误、缺失甚至是破碎的东西，并努力让自己变得更快乐。我们的许多应对技巧、治疗课程以及自助书籍和项目都是在这个意识层面上运作的。我们诊断出一个问题，然后就忙着去解决这一问题。这种模式当然帮助我减轻了自己的痛苦，并在早些年帮助我得到了许多我想要的东西，这一点我非常感激，我也感谢这种模式为我的许多病人提供了帮助。虽然这种模式比完全停滞要好得多，而且持续几十年来为许多人提供了很好的服务，但这并不是我们想要的高级意识状态，也无法发挥我们真正的能力。继续寻找“问题”，发现“问题”，在这一过程中循环往复地花费精力，这些只能使我们变得更善于解决问题而已。不过，这种做法要求我们去解决一些问题，才能“知晓我们是谁”。如果没有了痛苦，我们就无法建立起感知快乐和完满的能力。我们从未在这一游戏中抢占先机。从深层次来说，在第二阶段，我们实际上仍然认为自己在生活中能力不足，只不过是我们现在可以用一些工具来加以修补。我们仍然没有像强大的创造者那样去思考，因此，这种模式不能完全为我们继续前进提供服务。幸运的是，我们可以达到某种意识水平，让我们远远超出“生活赋予我什么，我就努力把什么做到最好”的状态。只有在模型正面，我们才能认识到我们真正是谁，认识到我们所拥有的全部力量和荣光。当我悬浮在地球之上，沐浴在自身的光芒中的一刹那，我知道了关乎我自己，也关乎我们所有人的真相。

第三阶段：创造者阶段

模型正面是对生活的一种非同寻常的诠释，与背面截然不同。在这里，我们生活在灵性自我的模式之中，我们是“创造天才”、是“创造者”。在这里，你会看到，实际上，在生活中根本就没有什么糟糕的环境需要你去努力改善。也没有必要去找寻什么“一线生机”，因为你从来就没有失去什么、没有做错什么，也没有搞砸什么。尽管“一线生机”这个概念如此美好，并且在我们被困在模型背面时对我们有所帮助。但还不能充分发挥我们的创造才能。相反，在模型正面，我们知道每一次挑战都是为自己服务，我们会感知到并且也明白，我们在灵性的最高层次上扮演着“创造者”的角色。

凡事皆有目的，这个目的就是为了唤醒我们的真正伟大之处。是的，我们在觉醒过程中扮演着一个角色，我们更大的自己正在邀请更小的自己与之融合，产生我们所寻求的完满体验。

从这个角度看，生活总是朝着有利于我们的方向推进，为我们的发展服务，不管在当下可能看起来如何或感觉如何，无一例外。我们的保护性人格开始融入这一真理，因为它认识到，如果我们生活中的事情应该有所不同，那么就让它有所不同。正如我在现场课堂中经常问学生：“我们怎么知道什么事才是应该发生的呢？”这个问题的答案是：“因为这件事确实发生了！”

我们总是会说“尽力而为”，这种说法本身就意味着“坏”事已经发生，我们应该努力把它变成“好”事，但如果事实是，无论情况如何，事情从一开始起就没有那么糟糕，那结果会怎样呢？当然，情况越是棘手，这个概念就越是令人难以接受。这也没关系。随着本书的进展，我们将继续研究这个想法。现在，我只想让你思考一下：如果你有能力看到，你生命中发生的每一件事都是为了你的最终利益，而不是其他原因，你会怎么想呢？如果你知道你在这个过程中扮演着一个角色，你可以唤醒自己，进入一个更大的现实，拥有更多自由和力量，又会怎样呢？如果你最大的痛点实际上暗示着你将收到最大的礼物呢？这种理解确实会改变你这一生的生活质量——当然，这恰恰就是你来这世间走一遭的原因。

如果你将生活中每件事都看做是为了你的最终利益而发生的，那么你就会随生命而动，与生命合作。你会看到幕后运作的更大计划。你会更快理解到任何失落之中都会有所收获。例如，你会看到，失去那份工作，才让你找到真正喜爱的职业；你会发现，让你无法工作的伤痛教会了你如何拥有同情心，唤醒了你更深层次的自我意识；你会开始接受失去心爱之人的事实，你的内心也会随之变得愈发深沉，直至出乎你预期的境界。你会发现自己对生命和生命中所有奥秘怀有深深的感激。最终，你再也不会把失去什么视为损失。你会知晓，无论多么艰难，发生的每件事，都会有与这件事所带来的痛苦相当的益处，或者更大的益处。知道了这一点，你的痛苦就会急剧减少，甚至可能根本就不存在痛苦。

现在想象一下，你可以预先知道如何与自己的身体、心灵和能量场配合，使那些重大的体验从一开始起就不会产生痛苦和折磨。这就是你将在本书中学到的内容：如何有意识地与自己全身心地合作，与保护性人格以下的层面合作，进而让生命中的每一次体验都成为有意义的一步，带你更深入地进入完满、真实的自我，与整个宇宙构建可信赖的关系。

一旦通过信任的视角来解释在我们生活中发生的林林总总，我们就不必随着时间的推移为当下的境况去原谅自己或他人。这就是“灵性自我”的观点。“灵性自我”的口号是：“生命中发生的一切总是有利于我自己，我在意识的某个更高层次上创造了这一切，其目的就是为了发现自己的伟大之处。”

当我们从“一切都很好”的视角来看待生活时，我们就站在了模型正面的门槛上。然而，只靠重塑我们对自己身份的认同，或者改变我们对生命本质的思考，并不足以实现这种觉醒。我们无法从精神层面“绕道”来实现觉醒，也就是说不能只通过给自己讲几个更美好的故事来实现精神觉醒。

几千年来，灵性传统一直支持这种理念，即我们是灵性生命，我们拥有世俗或物质的体验。我想对这一点提供另一种解读：实际上，我们是一种精神存在，我们在这个有形的能量世界中拥有精神体验。而且，为了体验并活出我们的真实本性，我们必须开始有意识地作为精神存在而生活——作为一种能量存在，生活在这个物理层面之上。

这就意味着我们必须逾越“我们是能量或精神”这一理性概念，而应该去实际体现我们的能量本质或精神本质。我们必须真正把我们的能量带到肉体中，并将自身认同为这种能量。做到这一点，我们就会自动转变为灵性自我，自然而然地走到模型正面，这个转变很突然、很彻底、很全面，我称之为“量子翻转”。

体现，不仅仅是觉醒，而是量子翻转

在量子物理学中，有一种现象被称为“量子翻转”。这一概念描述了原子的能力，原子是量子物理学中的一个基础元素。原子可以瞬间改变方向，不会像其他物质那样逐渐减速到零动量的状态。你可以将其想成是把弹珠滚上山坡。在线性物理学中，弹珠会在山坡上滚动一小段路，然后在达到零动量之前放慢速度；然后它会慢慢开始往回滚动，一边滚动一边加速。然而，在量子物理学的中，弹珠滚上山坡，然后会立即滚回山下，而不会经历减速至零的状态。在一瞬间，弹珠基本上会同时向两个方向移动——不会经历减速和转向的过程，而是瞬间翻转到一个新的方向。是的，原子可以在两个具有相等且相反动量的稳定运动状态之间来回跳跃，而不经过分隔这两种运动状态的零动量状态——因此实现了“量子翻转”（见图 1-2）。

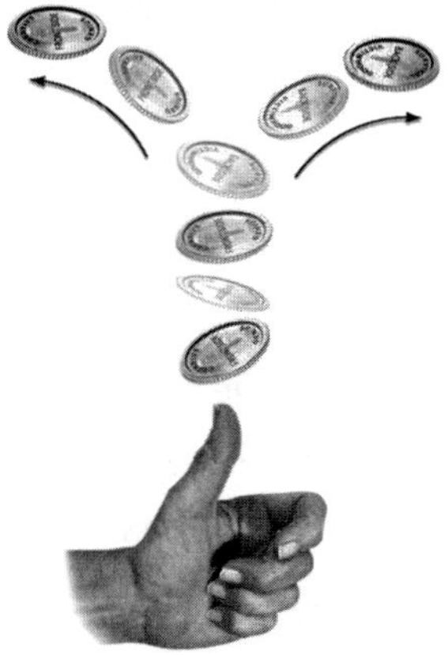
图 1–2　量子翻转的两个方向

进入模型正面，成为灵性自我，也是以同样的方式发生的。在一瞬间，我们可以看到一个完全不同的世界，并据此做出我们的选择。

从本质上讲，我们总是可以看到两个方向，如果遵循其特定的创造潜力，任何一个方向都是真实的。其中一个方向会把我们引向模型正面，另一个方向则会把我们引向模型背面。我们要做出选择，而量子宇宙将会完全支持我们做出的选择。即便我们一生都在同一个山头上滚动，也并不重要；如果我们做出这样的选择，现实可以在瞬间转变。而且，正如量子翻转所证明的，我们甚至不需要到达那个静止的点就能进行翻转！

让心灵高度参与到量子翻转之中。这个方法可能与你研究过的其他方法有所不同，我们会以一种完全不同的方式来使用心智。心智、肉体及精神密切协作。你会注意到我在这里会强调肉体。毕竟，虽然我们是灵性存在，但我们来到这个三维世界，就有了形体。因此，我们要从过度活跃、异常恐惧的头脑中解放出来，肉体将在这一过程中发挥巨大作用，我们可以并且也应该在觉醒过程中充分利用肉体。你将会看到，灵性自我的体现涉及建立新的电路——肉体内的电路，灵性自我的能量可以沿着这个电路流动，肉体和大脑内的电路让精神感知到这种能量。活成灵性自我，归根结底要靠电路——建立沟通及感知的电路，去感知、固定及激活身体内的能量，做真正的自己。

就好像我们每个人都是一座城市，我们的神经系统就是电网，我们不能“看到”那些没有电线的地方。这些区域的街灯一直关闭着，直到我们有意识地给这些区域带来能量，并照亮这些区域。然后有意识的能量就会在那里流动，我们就可以用一种新的方式去感知在这些地方发生的事情。

实现这种光线充足的状态就是回归我们的真实本性。精神就是光。作为精神存在，我们实际上是由被称为“光的高频能量”构成的。今天的科学告诉我们，我们的细胞在执行其功能时也会发光。人们还发现大脑和脊神经中的神经元在通过光相互发送脉冲交流时，会产生光子（影响原子结构的微小光粒子）。组织中的光由微管引导，有助于更快地激活大脑的不同部分，速度比神经突触还快。我们其实是惊人的光能神奇生物！

我们无法感知自己的真实本性，是因为我们没有构建回路，导致我们的感知能力受限。为了体现我们的完满——了解完满、感受完满、以完满的方式生活，我们必须在神经系统中构建并激活回路来“开启明灯”。我们将通过直接使用能量体系来实现这一目的。

当我们真正明白，一切都是能量（包括我们自己），我们就能看到有形世界以及物质层面下的生命交流，即更微妙的一个层次的交流。在这里，处处都有流动，以及事物流转，还有一些我们不易察觉的变化。在这里，我们拥有巨大的力量，可以用来创造我们自己真正热爱的生活。

充满能量的生活体验的关键在于体现你所代表的能量。我们不仅要唤醒自己，了解真理，知道自己是一种能量存在，还要体现这个真理。在接下来的章节中，你将学习具体如何去培养直觉，了解以直觉而不是理性来生活，由你最具创造力的自我所引导的生活才能由此开启。你会明白，这不仅是能给你带来持久积极改变的有效、可靠的途径，也是能让你通过有形的方式来体验完满的最快途径。

具备了这一关键要素，你就可以解锁与生俱来的创造力，从方方面面改变生活体验——从你的健康到你的人际关系，到你的自我感和目标感，再到你对这颗星球所做的贡献。然而，如果没有了解到这一点，你就仍然困在对自己的有限认知之中，困在纠结、困苦和磨难之中。

如何激活回路、感知本性、定位本性、激活本性、激活灵性自我呢？这就是能量密码的目的所在。

什么是能量密码？

能量密码是一组实践，你可以自己去做，这组实践可以生成你自己的量子翻转——让你摆脱混乱、不安、疲惫、沮丧，为你带来快乐、明晰、健康、创造性的表现。这些实践可以教会你建立新的内部回路，这些回路会支持你的真实本质，让你成为一种能量存在。通过在身体中重建这种自然的能量流动体系，可以改变你的身份认同，从保护性的人格转变为灵性自我。

能量密码为你提供工具，通过身体、思想、精神去感知，你生活中的一切都是能量。你将生活在心灵及心灵那一套故事之下，生活在自己的核心世界，远离矫揉造作，远离痛苦。从这个深刻而丰富的角度来看待生活，你所参与的所有事物几乎都会产生新的意义。当你把意识带入你的身体，你会发现能量密码是如此的根深蒂固，简直令人难以置信，能量密码让你能够整体感知更高水平的意识，就像树木深深根植于大地，是为了长得更高。

练习能量密码真的让人感觉很棒！我会指导你进行呼吸练习、简单但有效的动作，还有冥想，包括一些特定的瑜伽，这些会让能量在你的身体和生活的某些部位移动，帮助你恢复身体内的能量流动。你会立即看到很多积极的变化，包括：精神、情感和身体功能障碍或疾病得到改善；精力更旺盛，更有活力，目标更清晰；生活的各个方面取得平衡，非常幸福；感知到自己的真正本性，为神性目标而生活。你不再“思考”如何生活，你会发现自己内心深处感到非常清晰，你走进生活，好像生活“注定”就是这样，而且生活正在以对你有利的方式展开。

精神就是力量，是大自然最伟大的力量，而你就是精神。能量密码不会把你变成你不该有的样子，只会帮助你表达你内在已经拥有且从未开发过的伟大之处！

能量密码依靠能量发挥效力，我看到这些密码增强其他方法的巨大益处，其他方法也是以能量为基础，比如针灸、脊柱推拿、颅骶疗法、整骨疗法、灵气疗法、按摩疗法、滚压疗法、反射疗法、肌筋膜释放疗法和按摩推拿，在我的诊所、能量心理学家的诊所以及对这些模式进行实践的学生基地都有使用。然而，我的目标不仅仅是增进你的健康和福祉，当然也不仅局限于“修复”你生活中貌似缺失或破碎的东西。能量密码通过触发量子翻转，将你弹射到模型正面，使你成为一个有意识的、觉醒的能量存在，并帮助你维持这种新的生活方式。

换句话说，这本书并不是解决如何用心灵在故事层面上理解“我们是谁”的真相，也不仅仅是解决关于唤醒或治疗的问题，而是关于如何体现你的创造才能和能量，并如何以这种方式去生活。这将从根本上改变你在生活各个领域的体验和创造方式。

你的能量状态会对你看待生活的视角和生活状态产生直接影响，我知道这一点是因为我就是这样生活的，我也可以清楚地看到，能量是如何在别人的生活中发挥作用的。你的情况也是如此。尽管我们的量子翻转到模型正面的视角以及灵性自我的生活方式都不会在智力层面上发生，但就心智而言，开启不同的现实、开启新的世界观就是这个过程的一部分。我们在第一章中已经取得了一个良好的开端，接下来让我们在第二章继续实践。

第二章

02

扮你所演

在第一章中，你已经知道，你其实是一种能量存在，能量就是你的真实本原。而且，你还知道你对自己是能量这件事的认知程度，你如何在这个认知的基础上打理自己的生活，最终会决定你在这一生中将经历多少苦痛、获得几许幸福。在这一章，我将告诉你这种说法真实可靠的原因。我们要审视一下，作为一种能量，你该如何主宰生命体验，如何在能量层面而非“经历”这种心理或心智层面来面对生命，创造你所钟爱的生活。

认同灵性自我是从保护性人格量子翻转到灵性自我的一部分。要做到这一点，必须意识到，在你生活的故事层面之下，存在着一个关乎能量的现实。为了帮助你开放思想去面对这个更深层次的现实，并为你准备好将在第二部分中进行的量子翻转，我将分享我一路走来的见解及基本真理。

我们是更大真理的一部分，是超乎我们想象的一种更大的存在的状态。这个真理，自远古伊始，便有所传授，但是，尽管在许多土著文化中，依旧视其为亘古不变的真理，我们的现代文化和社会结构却已经把我们从与精神或能量联系在一起这一事实上剥离开来。量子科学支持这种认识，证明了我们彼此之间、我们和地球以及物质世界紧密相连。现在，深刻理解能量就是世间的万事万物，学好这门科学，并以真正的能量方式去生活，这是我们的文化工作和精神职责之所在。从多个角度来看，这种认识便是我们很多人一直在寻找的那一缺失环节！幸运的是，我们认识并遵循这一真理生活的时代已然来到。

虽然这一切背后的科学可能会纷繁复杂，但我会把它变得非常简单。我把最重要的原则提炼出来，称之为“五个能量密码真相”。在我寻找和发现我作为能量存在的真实本性的那些年里，这些真相对我有所帮助；我希望这些真相也能帮助你认识真实的自己。这五条真相是：

•万事万物皆为能量。

•你的生活会反映你的能量。

•你是自己生活的创造者。

•你所创造的生活一直在不断扩展。

•生活的目的是为了发现你自己的创造才能。

下面，让我们更加详细地探索这五条真相。

真相 1：万事万物皆为能量

构成整个宇宙的万事万物都是波长不同、振动频率不同的能量。最高频率是无瑕的光芒，范围从肉眼不可见到肉眼可见不等。声音频率也同样是能量，只是密度更大。我们的思想和情感只是不同的振动频率，甚至物质形态也不过是压缩的能量。我们所体验到的“积极”的思想是更为开放敞亮的能量模式，而“消极”

的思想能量模式则更为密集。稍后，我们将学习如何利用这些模式来更好地管理我们的生活。

我们的身体是由无数不同频率组成的。身体的五个主要循环体系（呼吸系统、激素系统、免疫系统、心血管系统和消化系统）在能量谱系中以独特的频率存在，与组成这些系统的各个器官的频率不尽相同。

生命的各个层面都存在不同的能量场，从整个有机体到身体的各个系统，到构成这些系统的器官和腺体，再到每个器官内的细胞、分子、原子和亚原子粒子，都存在不同的能量场。所以，这一切再次说明，我们在这个世界上目之所及和目之不及之处，本质上都是以特定的频率或波长振动的能量。

我的同事生物物理学研究人员詹姆斯·奥施曼（James Oschman）博士在他的《能量医学：科学基础》一书中说，一切事物都存在于相互联系的生命矩阵之中。从最实际、最真实的层面而言，万事万物皆为能量，相互关联，密不可分。

我发现，最令人惊奇的是，这些独立的能量层通过通信途径连接在一起，所以每一个层面的能量都知道其他层面的能量在“做些什么”。我们是一个统一的能量系统，在本书中，我们将学习挖掘这些能量层表层以下的共同频率，唤醒一个伟大的事实，那就是——我们与整个宇宙紧密相连，我们是宇宙的一部分，而这个宇宙同样也是由微妙的能量构成的。

我们常常认为自身以及活动都是孤立存在的，认为我们的想法或行为对任何事物或个人都不会产生影响，而事实是，通过这个矩阵、网络，或者称其为统一场，万事万物相互关联、互相影响。在存在这个最基本的层面上，我们与万事万物浑然一体。这就意味着我们每个人所做的事情都很重要，我们在生活中的某个领域所做的事情影响着生活中的每一个领域，我们所做的每一件事都会对其他人和其他事物产生影响。这也意味着，尽管我们的头脑乐于将自己分离孤立，但我们的才智却可以比我们所想象的更为深远。

多年以来，科学界一直在验证这种相互关联。我理解这一课题最关键的一次经历是在我父亲组织的一次研讨会上，观看加州大学洛杉矶分校（UCLA）生理学名誉教授瓦莱丽·亨特（Valerie Hunt）博士的研究视频。该视频使用体光摄影术（Kirlian，又音译为“基尔里安摄影术”或“基尔良摄影术”——译者注）或电子照相术拍摄，显示出一个人的生物场（即身体内部和周围的能量场），会随着个人的思想和行为进入到不同的模式及频率中。例如，如果有人吃了有机、完好、健康的食物，比如水果和蔬菜，那么他的能量场就大而强健；而如果吃了垃圾食品，那么就几乎无法察觉到他的能量场。当受试者的狗狗进入房间，在他周围跑动时，受试者的能量场会变大，并且会追随狗狗的运动轨迹。某位女士“啊”的一声高呼时，她的能量场会增大10倍。这部影片显示出，我们个人的能量场是以一定的振动频率流动的，其频率的变化会受到自身内部活动（思想、感觉、行为等）以及在外部环境中接触到的事物影响。得益于不懈研究和技术发展，这些发现在今天得以验证并进一步强化，比如脑电图（EEG）和超导量子干涉仪（SQUID）等磁场治疗设备，都能更详细监测这种被称为“能量”的物质，证明我们由能量构成，并在能量中运动。

能量的影响交互双向进行，我们的能量及我们的存在，对我们周围和内在的世界都会产生影响。我有一个心算研究所（HeartMath Institute，又译为“心术学院”或“心脏数理研究所”——译者注）工作的朋友，他和他的同事分享了一项研究，证明我们可以用情感（我们自身体系的一个不同的振动频率）改变我们的DNA（我们自身体系的另一个振动频率）。愤怒、狂躁和仇恨会压缩DNA分子的长度；爱意、同情和快乐会扩展DNA分子的长度。因此，我们情绪的振动频率将直接影响我们的身体或健康状况。

另一个例子来自俄罗斯物理学家弗拉基米尔·琶普宁（Vladimir Popnin），他在20世纪90年代证明了人类DNA仅靠其存在就会对周围环境产生影响。他取一个玻璃管，去除管内所有空气，形成一个真空环境，里面随机放置一些光子（物质世界中最微小的物质，能量粒子之一）。当人类DNA样本放置在真空中时，光子产生反应，会根据DNA分子改变位置。甚至后来将DNA从真空中移除时，光子仍然保持在相同的位置——这表明我们的存在会对世界产生影响。人类正是以这种方式，通过数千年来光子的排列创造了“真相”。

所以，能量总是在不断地交换中相互影响着。一个给定能量场的振动会影响所有在同一水平振动的事物。举个例子：如果你在房间的两端放两把吉他，把这两把吉他调成和音，如果你拨动一把吉他上的G弦，另一把吉他上的G弦就会震动。这种相互作用不仅发生在人类之间，而且也发生在我们内在的不同方面或不同频率之间。能量密码将帮助你学习如何让这些方面巧妙协作，让各个系统相互支持，为你谋求最大的福祉。

加州大学洛杉矶分校的瓦莱丽·亨特（Valerie Hunt）博士是第一个发现生物领域的变化和健康之间关系的人，她确定身体问题实际上始于能量场。“到目前为止，”她说，“许多人类疾病的特征都是‘病因不明’。换句话说，就是疾病的原因无法确定，因此唯一可能提供的治疗就是减轻疾病症状。但生理症状是由于受到能量场干扰而产生的。如果纠正了能量场的干扰，症状就会消失，我们也就痊愈了。如果直接治疗这些症状，那么当作为问题根源的不连贯能量再次遭遇巨大压力时，疾病就会复发。”

生物能量场实际上是一个能量模框，这一模框会决定在有形身体中会发生什么。甚至有证据表明，在个人受到伤害之前，能量场的干扰就会出现，能量场甚至可以预测伤害，也就是说，一旦某个人的能量场遭到干扰，就可能会导致“事故”的发生。比如，在人行道上一脚踩空，随后脚踝骨折，甚至所谓的“事故”也不是纯粹的随机事件。所有这些科学依据都激发了我这一生的深刻认知，可能也会是你此生的深刻认知。

我们的思想和情感会对 DNA 和细胞功能产生直接影响，DNA 会影响周围的世界，进而对现实生活产生影响。而这些影响都是通过我们的思想和情感所发出的振动频率实现的。很神奇，对吧？在挖掘自己最深处的认知时，你就会了解其中的奥义了。

真相 2：你的生活会反映你的能量

生活是我们自身意识的反映。换句话说，我们找到了自己要找的东西。和病人及其症状模式、态度打交道时，我就深刻地认识到了这一点。

现在，我可以积极地感知到表面之下微妙的能量现实，观察到人们的能量场会因为他们各自的生活规律而产生不同的振动这一现象，我觉得非常有趣。我观察病人，看他们的症状是否与我注意到的他们能量场的紊乱相符。我在每天 10 个小时的工作时间里要看五六十个病人，所以我能够有条不紊地收集到很多有价值的信息。

我所看到的、感受到的一切都足以证实，我们是会产生反应的智慧能量，这种能量会因为我们不同的想法和情绪产生不同的振动。例如，我可以看到，有人被我们讨论的内容所鼓舞时，他的能量就会充满活力和光明。如果有人在谈论他“迫不得已”去做的事情时，他的能量就会变得微弱而黯淡。我也能分辨出某人是否紧张或者他所说的是否是真实感受，因为他的能量场会“摇摆不定”。事实上，我不是从一个人的肢体语言、声音语调和波动收集到这些信息的，而是从这个人能量场的振动方式变化上洞悉了一切，因为他的能量场的颜色和波形模式会发生改变。

伴随着经验的积累，我能注意到能量的不同模式。例如，一个“受害者”的能量场会因他的境遇影响而变得郁郁不安，他认为自己无法改变自己的生活或者人际关系，他的能量场就会在离他身体表面大约两英尺的地方，呈现出稀薄和分散的状态。这与另一个人周围的能量场形成鲜明的对比。那个人的能量场厚实而强劲，足足有好几英尺（1 英尺 =0.3048 米）宽，她真诚又自信，并决心依靠一己之力，坚强地去面对生活。我还注意到了另外一种出现得不那么频繁的模式，那是一个巨大有力的循环能量系统，具有这种模式的人看起来很开心、很快乐、心胸开阔、热情洋溢。这些人的能量场以他们的身体核心为中心，有时会与周围人的能量场重叠。我仿佛可以透过这些人的身体，看到他们的真正本原，并还能清楚地看到他们的生活视角。

在反复观察这三种基本模式的过程中，我开始意识到能量模式的频谱，还有它们所对应的生命视角。因此，我发现了“觉醒模式”。一个人的能量是否分散在他能量场的表面，或者反过来说，一个人的能量是否整合、是否流动、是否有其核心，可以直接反映出这个人是生活在模型背面还是正面。换句话说，他们的能量场在核心处越统一，就越能觉醒自己的真实本性和力量。

这一突破令人非常兴奋，让我了解到需要做些什么才能从保护性人格转变为灵性自我。我想，如果我们能有意识地将自己的能量模式从分散转向统一，那么我们就能有意识地建立回路，以体验到灵性自我。

分散的能量就是那些流动滞缓的能量。试想，如果我们把一堆石头扔进一条湍急的小河，会发生什么？水会飞溅到各个方向，甚至有可能在小河主流之外留下积水。这种分散会导致流水的整体势头变弱；水会在障碍物周围缓慢流动，障碍物就像河流中的水坝，让水无法快速流动。这些干扰的石头就像你能量场中的“瘀滞”“沉积”“阻塞”或者“胶质”，这些东西聚在一起，就会造成“干扰”，成为能量流动缓慢、迟滞的副产品，使能量无法保持足够的动力来维持我们身体和生活的健康活力。这也是一个可以说明受阻的流动区域缺乏回路的例子。如果有了回路，能量就会流动起来。

在扭转这一局面的过程中，我们会得到本性的支持。我们的能量更像水银这种液态金属，而不是像水一样。想象一下，回到化学课上，你弄洒了一小瓶水银，水银会向各个方向飞溅，凝成很多个水银珠。然而，当你把水银珠子向彼此滚动时，它们会立即融合成一个更大的水银珠。我们的能量就像水银一样，想要重新找回自己，并且很乐意配合我们的尝试，就得“让自己统一起来”。

现在想象一下，液态水银正在浓厚强劲地重新汇集到一起。我们的能量系统也是被设计来用于做同样的事情，但是，就像需要在正确的方向上推动一滴水银一样，我们的能量也需要遵循一些类似路径的东西。你将学会创建这些路径或回路，感知你的能量场，并引导它成为一股统一的洪流。（我们将在第三章讨论这个问题，届时我们将会巡游一下身体的能量系统。）

我们经历创伤、恐惧，做出判断以及表达抗拒时，我们的能量就会“飞溅”或者分散。当我们不喜欢某些事件、某些结果或生活中的林林总总时，我们会有意识地或下意识地感到抗拒。每当我们接触到超乎理解的事，就会感到不堪重负、忐忑不安、担惊受怕，或者当我们不能接受或无法协调一些事情、无法顺应生命的因缘际会时，我们的能量就会“飞溅”，就像小河里突然被投入了石头，让我们无法继续向前。我们的思想停止了，能量也不再流动。这些抗拒抵触的反应，通常以想法和情绪的形式出现，在我们的系统中产生低振动的能量沉积。然后，因为能量是生活的模框，这些能量沉积就会在我们的意识中、在我们的有形世界中造成困顿和功能障碍。这些沉积就像能量流中的 “石头”，是产生飞溅的动力（这样很容易理解），但实际上它们是我们意识中的盲点，在这些领域我们还没有觉醒到灵性自我。我们把注意力放在这些盲点上，使用能量密码中的工具就能把自己分散出去的那些部分找回来，让它们重新融合到整个能量场中。

接下来，我将用简单的“能量人”一图展示我在为病人服务时所看到的能量场。我相信这个图有助于我进一步解释这一概念。

能量人

人类系统是由许多不同的能量带宽组成的。基于我们的目的，我们将讨论五个主要级别或主要层次，从外部开始，向内延伸到身体。这些级别或层次分别为：

•精神体，我们的基本性质或纯能量；

•心智体，包括我们的思想和信仰等；

•情感或感觉体，我们感知和感觉的频率；

•乙太体，三脉七轮系统之所在；

•肉体，我们在地球上的载体。

在瑜伽哲学中，这些层次（反向顺序）对应《泰特里亚奥义书》中描述的躯壳（Koshas）或“鞘”。当我开始与这些能量打交道时，我并不知道这种传统结构，但多年后，我很高兴地发现，古老的文本验证了我的每一个发现和实践。

这些能量变得越来越密集（或越来越集中），它们的波长也越来越短；每一层面都对下一层面产生影响。请注意，第一层面，即灵性或纯能量体，存在于所有其他所有层面之下，并贯穿所有其他层面，最终对整个系统产生影响，甚至稠密的肉体也只是灵性体的一个压缩版本。因此，我们开始唤醒灵性体能量时，整个系统都会受到影响。这就会激活我们之前听说过和读到过的自发缓解和奇迹般的治愈，这也是学习直接与微妙能量解剖学合作的目的和重点所在。

在图 2-1 中，我们可以看到，这里的目标是让外层（即意识能量的更高振动）作为灵性自我的真正本质，完全清醒地进入我们的身体，在我们的核心创造意识能量的存在。这就是化身，把我们的本质、神性完全压缩成一个更紧凑的形式，直到这种本质、神性化为有形的载体，人才得以成为灵性自我。当人抗拒正发生之事，或对当下境遇束手无策之际，在精神和（或）情感层面上，会产生能量干扰、阻塞或胶质体，会阻止纯基础能量完成其旅程。这种胶质体（由密集的能量组成的阻塞物）会出现在头脑无法感知到自己真实本性的地方。

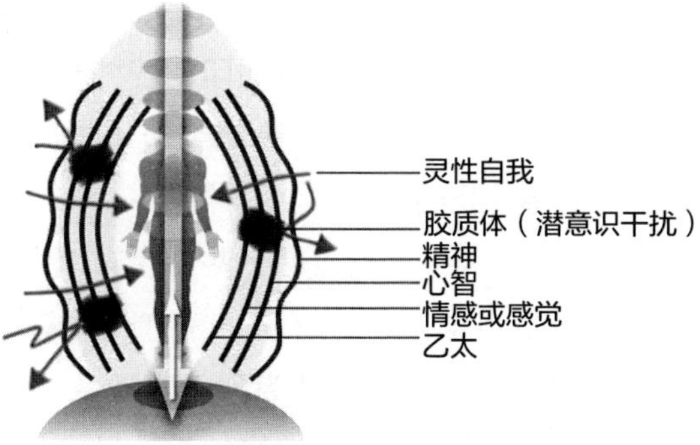

图 2-1　能量人

阻塞代表灵性自我未被唤醒的地方，这种“溅出来的东西”就是保护性人格。能量越分散，系统中的密度就越大，就越会从外部寻找自我和整体感，这样只会产生恐惧和压力。如果你平和地接纳生活中的种种际遇，你就越能从内在体验到自身的完满，不管外部环境如何，你都能生活在安宁、和谐和优雅之中。

印度之行的一大惊喜

第一次印度之行以一种意想不到的方式向我展示了这个真理。在我经历了第一次觉醒后不久，我就与为冥想小组老师刚找的个人管家分享了各个维度的一些经验。我解释说，我曾经看到过别样的世界，那些世界呈现出我们这个世界从未见过的色彩，我看到自己身体和大脑的“内部”焕发出光亮，明晰可见。我通过外部的视觉体验到能量场的景深，我看到的东西几乎都是透明的，好像物体周围的空气中有些东西在围绕着该物体尽情舞蹈。我还经历了一种现象，我后来了解到这个现象被称为“蓝珍珠”（Blue

Pearl），即通过高度提升的意识视角来观察现实。因此，我欣然接受了该团体领导人的邀请，前往她在印度普塔帕蒂（Puttaparthi）小镇的家中拜访她。我知道在这次跨越半个地球的冒险之旅中，有一些大事正在期待着我的到来。

我刚出发时就想，我要用自己的一些治疗知识去帮助将要遇到的人，同时也要尽量多学习，为自己正在打开的新领域多多积累经验。然而，令我惊讶的是，我认为那里需要我帮助的人已经掌握了一些我尚未完全掌握的东西。普塔帕蒂的村民大多身无长物，而且他们似乎也无欲无求。但是，每个人都拥有豁达的灵性。

不管是小店里的工作人员，还是拜访他人的行人，抑或采购食物和其他基本物资的行人，都散发着一种美丽、温暖和存在的精髓，那种感觉甚是微妙。那种心与心之间的联通，那种坚毅直白的眼神交流，可能比我回到美国几天甚至几周内遇到的还要多，然而这种情形在普塔帕蒂却比比皆是，随处可见。他们与最重要的东西紧密相拥：从真实的自我出发去生活。正因为如此，他们不会被能量场中的胶质所困，尽管他们或许有理由不这么认为。作为一种精神存在，他们仍然与大自然一起振动，不管外部世界表面上有什么不足，他们都很心平气和。我觉得他们的存在就是一个伟大的礼物，堪称典范，足以指导我在超脱境界中所经历的振动，所有人都可以去经历，只要记得如何去做。

在灵性自我之中，没有能量胶质，也不会有能量阻滞。我们活在真实之中，头脑会充分意识到我们很完美、很完整、很完满。当我们的能量处于灵性自我的模式之中，我们在精神、情感和身体层面就都能持续体验到这种整体性，我们认为这就是绝对的幸福。

哪个层面出现了“问题”或者生活感到阻滞，那里就会出现干扰或胶质。例如，如果胶质出现在精神层面或情感层面，我们就会去诠释动机和事件，就像我们是在模型背面时那样。我们会身陷争辩之中，感觉自己好像是“对的”，这样做会阻止亲密的联系。我们会深感困惑，为什么这个世界如此不友善，为什么这个世界对我无动于衷；我们会感到很受伤、很失望，或者感到万事幻灭，疲惫不堪，从而陷入痛苦之中。由于一个层面的干扰会影响下面的所有层面，心理和情绪层面的胶质会导致身体层面出现问题。如身体受到伤害、出现紊乱或罹患疾病。这就是亨特博士在她的研究中的论断，这一论断证实了心身联系这一事实。

认识到哪里出现了能量分散是关键，然后才能够有针对性地去修复我们任何可能出现“问题”的领域。在第二部分中，我将为你提供工具，去发现这一点，去整合分散的能量，让你体验到唾手可得的绝对幸福。

不过现在，我真心希望你能够明白，你的能量越分散，你的生活经历就越麻烦、越混乱、越痛苦。相反，你的能量越是整合、越是统一，你就越善掌控、越自在、越快乐。而且，转移分散的能量，越接近核心，你的个人力量就越大。我还想让你知道，你确凿无疑地有能力去整合、修复你系统内破坏的东西，而且这样一来，就会把我们带到下一个真相……

真相 3：你是自己生活的创造者

凯伦（Karen）是我的一个病人。有一天，我和她在我的办公室里进行了一次治疗前的交谈。她告诉我，她最近遭遇了一场车祸，因此颈肩部位疼痛难忍。她原本就属于压力型人格，用她的话说，“这让她很难受”。她说话时，我看到她的能量分散到身体之外，似乎与任何东西都没有关系。她一边哭，一边告诉我，看到卡车就要撞到她时，她有多么害怕。我轻轻地把手放在她的肩上，她的能量场就变得稳定了些。看到这一点，我停下了对她的咨询，让她躺在治疗桌上。

了解了她的能量在哪里不再流动，能量分散在哪里，或者停滞在哪里，我就把手放在她的心脏部位和腹部。那里的能量开始转移，她的注意力跟着我的手，那些地方的能量进一步增强。她对我说她感到愈发平静，我目睹了她的系统安顿下来。我拿开手，再次询问她关于事故的事情时，她的能量立刻飞溅着分散开来。然后我让她记住我曾把手放在她的心脏部位和腹部，现在她要重新给自己营造那种感觉。这样一来，她就能够自己把能量拉回到自己的核心之中。

我们都有这种能力，来统筹或者管理流过我们系统的能量，让能量更加统一。能量密码将教会你如何去做。我们也都有能力用我们吃的食物、内心的想法、对待他人的方式以及我们之间的关系分散我们的能量。我们的经历也会影响到我们的能量，而这反过来又创造了我们的下一次经历。通过反馈循环，我们创造了现实的自己，我们是自己生活的创造者。这是我们要接受的关于我们自身的最重要的想法之一。我们接受了这一想法，它就会赋予我们巨大的自由及力量。

这种相互作用是如何运作的呢？为了理解这种相互作用，我们需要看看我们能量系统一个简单的方面：光子，是在我们的量子世界中已知的最小粒子之一，事实上它是如此之小，以至于被认为没有质量。你可以把光子看作能量和物质之间的强大阈值。光子确实被当作能量，但也可以作为一个量子能量的粒子来测量。当测试它是否是物理质量时，它表现得好像它就是物理质量一样。

当测试光子是否是能量时，它也表现得就是能量。光子会回应我们的期望及想法，既有有意识的，也有潜意识的。

光子密度和量子核

当我们谈到能量模式时，谈论的其实是人类系统或生物场内光子的排列。我们说自己有能力统筹或管理自己的能量，指的是我们能够移动光子和光子影响到的电子，光子在能量场改变了电子的排列。我们的身体反映了光子和电子排列模式。

这样做的方法之一就是使用头脑的注意力。你可能听说过，专注可以创造现实。这就是其背后的相互作用：我们关注的是光子密度的增加。换句话说，我们把大脑的注意力或意识放在某件事物上时，我们的注意力就会在能量层面上重新排列光子。随着光子和其他亚原子粒子按照这个专注的思想排列起来，我们的意图就会变得愈发“真实”，或在物理世界中呈现出具体的形态。因此，我们把注意力放在哪里，就决定了我们将在哪里收集能量——换句话说，也就是决定了我们应该把创造力放在哪里。如果在外部世界收集更多的能量，就会依赖外部世界来获取反馈和自我意识；如果在自身的核心空间锤炼更多，就能在核心空间感知到自己，就会获取更大的安全感和幸福感。

顺便说一句，这就是吸引力定律背后的现象，这个形而上学的原理表明，你的思想、情感、言语和行为的能量会将类似的能量吸引到你的生活中来。以这种方式表现出来的一个经常被忽视的关键是，创建光子和电子的排列不仅要靠意识焦点（我们有意去思考或注意的事情），也要靠潜意识中的思想（从定义来讲，就是我们没有意识到的东西）。稍后我将在本书中更加详细地介绍这一问题。

现在，可以这样想：如果我们感觉不到整体性、真实本性和幸福，我们的注意力就会向外拓展寻求指引或庇护。我们建立了感知外部世界的能力，但是我们自己却分崩离析。为了获得整体性、真实本性和幸福，我们必须将注意力转向核心，去吸引更多的注意力。可想而知，这就会导致核心具有更密集的量子模式。使用这种方式将能量集中起来，感觉神经系统就可以在核心智慧的深处继续感知我们的真实存在，我们就可以再次感觉到自己的完满。

我前面讲到的凯伦的故事就是一个很好的例子。她专注于车祸事故的记忆，只要重温当时的恐惧，她的能量就会支离破碎。并分散到她能量场的外部边缘。我把手放在她身上，让她把注意力拉到那里时，她身体核心的光子密度似乎有所增加。她的感觉神经系统可以感知到她的能量“回家了”，于是她便平静下来。一旦她知道了该把注意力放在哪里，她就可以自己去这样做了。

这个例子再次向我们展示了保护性人格和灵性自我之间能量模式的主要差异。作为保护性人格，我们无法感知或了解自己的整体性，因为保护性人格是基于局部，我们会觉得自己不完整或没有安全感。这个视角的想法很可怕，这种想法会不停地巡视外部世界，寻找轻视或者威胁。我们的心灵专注于外部世界，所以能量会分散出去，远离核心。生活在灵性自我之中时，我们的能量专注于内在，集中在我们的核心，在这里，我们可以再次感知到自己是一种能量，完满无缺。

为了提高灵性自我意识，我们需要增强意识，知晓灵性自我存在于我们的身体之中，存在于我们的生物场之中。因此，我们要把注意力集中在核心上，以增加灵性自我的光子密度。我们想要从关注外部世界转向关注内在自我——从外部关注，感知他人如何看待我们，到关注自身内部，去感受我们的真实自我。只有这样，我们才会觉醒，才会成为真正的自己。

下面用图 2-2 所示的简单图表来进行辅助说明。把它看作人类生物场的横截面，外部层包含不同数量的能量块，内部核心是真实自我。我们越关注外物，基本能量就越发移动到表面，允许的胶质或密度就越大，外部层面就会越厚。外部层面越厚，核心（灵性自我的所在）就会变得越小。所以，我们的目标是双重的：既要解决外层的胶质，又要加厚或者增大核心的密度。

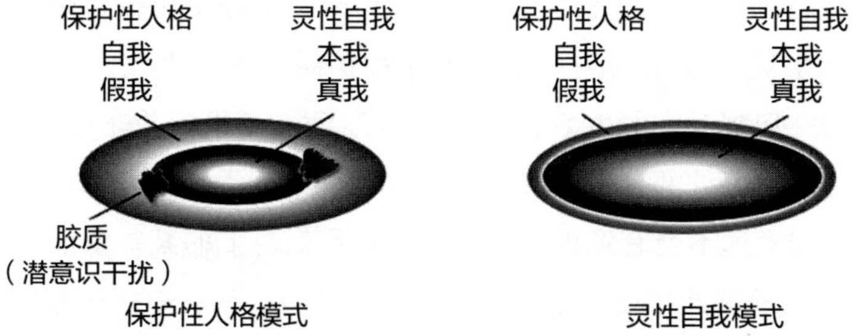

图 2-2　两种模式的差异

这是另一种观察觉醒模式发展的方式：从保护性人格的恐惧的病症状态到灵性自我优雅超脱的生活。我们的分散或胶质越严重，对自我真实本性的认同就越少，在生活中就越挣扎。我们的真实本性存在越活跃，我们的能量分散就越少，功能障碍和疼痛的症状就会越少。

能量密码会增加核心的密度，并产生更大的确定性和真实性——灵性自我——来整合保护性人格离析出去的能量。通过这种方式改变生物场，我们就会改变视角、生理状态及身体体验。

我们都在逐渐觉醒，都在逐渐实现真实本性，成为灵性自我。这意味着，我们在能量层面上将变得整合统一，或者说，越来越不分散。我知道生活有时似乎会与这个理念产生矛盾，但是我向你保证，这一点千真万确，真相 4 和真相 5 会为你解开疑团。

真相 4：你所创造的生活一直在不断扩展

有证据表明，宇宙正在膨胀。你的生活是宇宙创造的一部分，你的意识也是宇宙的一部分，它们也一直在扩展。一些科学家，包括我自己，认为这意味着我们正在不断进化、不断觉醒。这意味着你生活中发生的一切都在为这种扩展服务。因此，发生在你身上的一切都对你的生活有利，这很好。我知道事情并非总是如此，但当你开启第二部分中的实践时，你会开始感觉到这一真相。

我们永远不会有意识地选择发生在我们身上的某些事情，我们努力尝试理解并接受这些事情。但当我们在讲述这些挣扎时其实是在谈论内部的一处阻滞——在那个地方，我们生命的能量正在分崩离析，缺乏足够的动力继续流动。使用能量密码可以帮助你的大脑停止挣扎，帮助你不再拒绝生活中发生的事情（因为拒绝，所以能量产生阻滞）。在某种程度上，这是通过给它一个新的背景，让它来理解已经发生的事情。我把这个新背景称作“公交站对话”。

公交站对话

想象一下你自己身处一个宇宙公交站，你和其他人在身体境界这段旅途中在此稍事休息。等车的时候，你会在公交站与其他的灵性聊天，谈论你的生活计划及日程。你谈起你想要学些什么、你希望如何成长以及你想体验什么，借此来揭示自己的真实本性，体会一种能量存在，成为自己生活的创造者。

“我想了解我的智慧。”一个人说。

“我要学会勇敢。”另一个人说。

“我想体验到无条件的爱。”第三个人说。

“你要去那儿干什么？”有人问你。

“哦，”你可能会说，“我会积攒一些唤醒自己的经历。我想了解自己的宽恕能力。是的，我要选择一个十级的宽恕体验，而不仅仅是三级或四级的体验，这次我是动真格的了！”

“十级的宽恕……哇啊！好吧,那你要怎么做呢？”另一个人问。

“嗯，我还不太确定。我想有人是因为情非得已，才会去做一些……近乎无法宽恕的事情。”

你的一个同伴问了一个明显的问题：“那做这种事会付出什么样的代价呢？”

你回答说：“嗯，会有人一时开心，饮酒过度，往方向盘后面一坐，开过马路中线，迎面撞到我的车。往最坏里讲，他们可能会夺走我们一家人的性命，或者把我撞成残疾。这一切本可避免，而且完全不负责任。

“然后，多年以后，我还一直感到很受伤害，很是愤怒，而且因我无法宽恕，我就越发痛苦，我要一路走进自己的内心，找寻一个更深层次的自我，进入一个比在任何境遇都更深的一个层面——然后原谅他们。”

停了一会儿，想起公交站提供了一个机会，招募其他人来帮助你实现你的尘世愿望。

“有谁想给我当司机？”你问道。没有人举手。

“来吧，”你恳求道，“我一直等着这个机会来提升自己。我真心地恳求各位。有人能帮我抓住这个机会吗？”

终于有人站出来："我来。我能看出这件事对你有多重要。另外，这件事也会帮助我自己完成自我原谅的使命。"

"太好了！非常感谢！我很感动你愿意帮我做这件事。我相信我们会在地球上相遇的！"然后你就离开了，准备好完成你迄今为止最大的那个任务。

当然，公交站对话只是一个隐喻，通过这个隐喻你可以看到自己的能量正在努力消除你是一个独立自我的幻象，通过将环境看作可以重新建立联系的项目，能纠正我们打断生活自然流动的倾向。从这个更大的视角来看待我们的生活，可以看到我们实际上非常优秀，因为我们创造的正是扩展自己所需要的，借此，我们可以去发现更深层次的美好、力量、善良、勇气、爱，等等。换句话说，我们会在许多方面感受到更深层次的辉煌。

你能看到：如何以一种非常有力的方式来看待生活中发生的事情？它是如何从我们的经历中消除那些受害感以及模型背面的思维方式的呢？我选了一个相当尖锐的例子，因为世界上成千上万的人就是在我的课上通过这种方式实现了转变。从能量角度来讲，这种方式会为你留出一个空间，让你自己的心灵通过公交站对话来进行治疗。

我们可以开始以一种全新的方式来看待自己的生活："好吧，我不想只是努力去改善现在的窘境了。如果我其实是为了唤醒自己、为了更清楚地知晓自己究竟是谁，才营造了那种窘境呢？如果在更高的层次上，我希望有这样一段经历，这样我就可以探索一下我先前从未留意的美丽强大而又辉煌的部分自我，那又将如何呢？"

这种洞察力，非常自由、非常强大，令人难以置信。我请你稍微修整一下，下面通过真相 5 来探索能量密码的鼓舞人心之处。

真相5：生活的目的是为了发现你的创造才能

把自己当作一个创造者，以灵性自我走进真实本性，这并不意味着发生在你身上的事情就会变得容易起来，也并不意味着你可以幸免于难。然而，从这个角度去看待生活，你会认识到生活中所发生的种种都在服务于你，你会发现你不需要再痛上加痛了。于是，你不再把个人身上发生的事情视为消极，视为对自己、对他人或对世界的困囿；你不会再产生能量沉积或能量阻滞，你的行为不再受到阻碍，半途而废；你也不再认为自己远非一个强大的创造者，生活将充满仁慈，完美地按照计划展开。你只需选择相信公交站对话，就可以帮助你把你所经历的一切——不管痛苦还是快乐——置于最有力的背景之下，释放自己，以最积极的姿态一路向前。

我小时候，有好些年一直被一个远房亲戚虐待，那些早年的经历让我对信任、爱和与外界的联系感到十分困惑，而且，因为那个施暴者威胁我说，如果我告诉其他人，我就完蛋了。所以几十年来，我失去了某种能力，无法说出生活中许多事情的真相。后来，我运用能量密码的原则让自己接纳了这些事件的恩赐和教训，因此，就我个人经历而言，我可以非常坚定地断言，能量密码确实有效。实际上，我很感激那个亲戚的可恶行径，因为它教会了我宽恕的能力，并激发了我对一心向善的浓厚兴趣。它也是我生活的主要方面之一，它促使我不断寻求答案，这一答案是我过往的生活和周遭境遇无法提供给我的。它让我不断探求，最终为能量密码的发展做出贡献，著成此书。

当我融入到模型正面，处在目前的位置时，再回顾我的整个人生，我可以看到我生活中曾经历过的事情的不同视角——从完全受制于环境到完全自由、充满力量的时刻。在这个新的所在，我再也不会为外物带来的体验所控制。现在，我生活中的所有体验都是因我而来，最终为我所用、为我谋利。很明显，我把这些体验搁置在那里，就像一堆面包屑一样，引导那个渺小而又离析的我去发现作为创造者的辉煌大我。

我对公交站对话的理解也让我原谅了我父亲在遗嘱中所做出的选择，并满怀深情地搁下了这段往事，这个经历让我能够为他的工作做出进一步的贡献。尽管一开始看起来那么痛苦，但整个经历给了我最好的学习契机，让我充分了解到自己的能力及个人力量。我发现，我不需要任何外物验证，就可以感觉到最强大的自我，并活成最强大的自我。我的灵性自我非常强大，它存在于我的每一个层面，无论外部世界发生了什么。我曾深爱我的父亲，并将继续深爱着他，即使是他弃我于不顾，也无法动摇我确信自己的价值、能力及创造力。

当我们能够原谅施暴者，因为我们知道他们在我们最终的解放和提升中扮演了一个角色，而我们作为生活的创造者——要求我们在公交站与他们建立关系时，我们是站在模型正面去看待生活。这并不意味着我们应该为巨大的痛苦或创伤去责怪自己；相反，它指出了我们的真正伟大之处。如果你所寻求的支持没有出现，也许是因为你并不需要。如果你没有得到你想要的东西，或者说没有得到可以让生活更轻松的东西，也许是因为你有足够的力量去创造它。如果发生了令人难以置信的苦痛，那也许是为了向你展示你的大我，因为没有什么事情能比你自己更伟大，因为你就是宇宙。也许你来世间就是为了觉醒，就是为了了解这一点。

请你暂时思考一下。我当初这样做的时候，这种想法就永久地改变了我的生活。

重要的是要认识到，在公交站的请求并没有特异性：我们无法知道我们所寻求的机会将如何展示具体细节。甚至在公交站对话一例中关于寻求十级宽恕的对话也仅限于理论层面；我们讨论的是如何才能发生，而不是事情是如何发生的。但请放心，我们作为纯粹的意识本身，就像我们来到世间所希望的那样，总是会获得成长所需的东西，并且这些东西并不需要我们有意识地做出选择。埃莉来找我的时候，有一点对她的成长很重要，她意识到她并没有在公交站要求或制造虐待行为。相反，她请求了一个十级宽恕的机会，这也是一个让她发现自己力量的机会，可以让她无条件地去爱自己、爱他人。

有时候，公交站对话这个隐喻比不支持你的家庭或难相处的老板来得更为激烈。为什么我们有些人会遭受如此巨大的失落、虐待和疾病？因为大我会去做大事，并立即行动。大我要求在公交站发生大事，因为小的生活环境根本无法改变“大我”。相反，“大我”需要一场真正的、重大的挑战，来撼动拥有很多世俗经验的根基。因为小事情可以毫不犹豫地轻松处理，大我要求像埃莉这样的大“故事”，可以深入挖掘，以找到他们的全部辉煌所在。

在能量层面而非故事层面发挥效力

我们在理解物质生活经历的精神和能量维度之前，一直在故事层面生活——为发生在生命表面或外部世界的一颦一笑买账，却不知道我们的宇宙日程深埋于下。我把故事层面称为“碰碰车式的生活方式”。虽然生活总是在扩展、服务于我们的觉醒，但我们总是在挫折中成长，心理上的痛苦还有代价巨大的教训成了发现自我的途径。我们耗费很多时间去体验自己的假象，以便发现真实自我。就像游乐园里的碰碰车，我们撞到一处，然后倒车，打方向盘，然后再撞向别处。通过这一排除的过程，我们了解到了真实情况。

一旦我们真正掌握了公交站对话，就能以一种惊人的新方式来对待生活。认识到自己是生活的创造者，并有意识地承担这一角色，你便进入了一个新的位置，充满力量和权威——从坐在汽车后座上，或笨拙地试图从车顶位置换到大大方方地端坐在驾驶席上。这会帮助你有意识地朝着完整的方向发展，而不是无意识地想要在故事层面上解决问题——需要耗去数月或数年的时间去克服阻滞和痛苦——并直接进入能量层面，这只需要几分钟、几小时或几天。正如我们将会继续看到的那样，我们在能量层面能够做出快速、有效而又可持续的改变。

当你自己有了“获取”公交站对话的经历，你就会发现，在接纳及实现的那一刻，你开始真正地把自己从恐惧和无意识中解放出来，开始有意识地实现你的人生目标。你将着手解决这些创伤和其他困难造成的能量沉积，开始收集它们揭示给你的关于真实自我的信息。最重要的是，你将把自己置于能量振动的周围，真正的精神启示就会在那里发生。你会把自己从一个三维视角的限制中解脱出来，并且设定好自己，准备进入神性的多维空间去体验一番。

请记住，在故事层面（即症状层面）下的能量层面才是我们生活中的事件发生的真正原因层面。在能量层面上，我们才有最大的力量来做出改变。故事路线总是比较困难的。为什么呢？因为一旦头脑创造了一个故事，它就会依附于这个故事——给大脑一种错误的方向感或者依据。然后大脑就会判断这个故事是对是错，这就给故事增加了另一层能量，为我们解决问题的道路增加了一个额外的过程。如果没有故事，我们就可以自由地在能量流中进行有效且可持续的改变，从而产生新的、让人恢复活力的能量并借此生活。

我们很快就会讲到具体的方法。现在，你的工作是认为你的生活没有问题，不需要采取什么应对措施。相反，请把所有“问题”都看作项目，把所有麻烦当作不需要治愈或修复的“坏掉的”东西，这些问题需要从你内心深处释放出答案并让这些答案上升到你的意识中去。你系统内的每一处能量沉积都是你辉煌的一部分，却被保存在了“口袋”之中。每一处沉积都包含你完满性的一个特殊部分，这种完满会使你在自己内部及外部世界上更加自在。最终，打开这些“口袋”，重新连接到你系统的能量流动之中，最深处的富足能量将上升到生命的意识之中，显示出灵感、兴奋、创造力、惊奇效力、敬畏，还有最神奇的生活。

在开始从能量层面改变生活之前，你需要多了解一下能量系统——这个系统是什么样的，是如何运作的，还有你用什么方式来配合这个系统一起做出积极的可持续改变。因此，在第三章，我将带你快速浏览一些生物能量的基础知识。然后我们将在第二部分启动能量密码计划，并且超越理论，开始接纳你的真正本质，即灵性自我。

第三章

03

无形的你：生物能源基础

想象一下，你作为一种能量来到这个世界，你刚刚在宇宙公交站完成对话，登上了公交车。接下来，你的能量会散向四面八方，你会变成支离破碎的原始自我，你在新世界里毫无头绪，不知路在何方。你患了一种叫作“宇宙健忘症”的疾病——你不知道自己到底是谁。因为感受不到自己的真实身份，你只能通过在物质层面上遇到的东西来确定自己的方向，因此创造出一个新的自我，或者说虚假自我。你想要理解你现在所经历的生活，你的大脑会写下一堆故事，记录下你为何会感到迷失，是谁让你如此失落，还有你所处的境遇对你、对他人、对世界有何意义。而这些与你本质的真相相比十分局限的故事，成为了你心中的信仰。

所有人都经历过这种身份丧失。我们需要整合或重组分散的能量，从宇宙健忘症中清醒过来，去“记住”我们到底是谁，这是我们所有人命运相同之处。因此，我才把生活称为“觉醒计划”。活着的目的是继续激活灵性自我的高频能量、继续以完整的精神自我姿态进入身体，这样我们就可以洞悉自己在地球上的完整性，体验我们在这世间的完满。当我们在各自的系统中整合来自各个方面的分散能量时，便建立起了新的回路，使之提升到了一个更大的自我体验中。一旦能量统一起来，我们就会知道自己是谁，就不再有存在主义层面的错误、破碎，就不会有觉得内心缺失的痛苦，我们会感到很完满。

你的系统是为疗愈而设计的

好消息是你已经在朝着这个完满的所在前进。你的系统就是朝着这种整合方向发展设计的，并通过会引起你注意的症状为你提供有关能量分散的线索。你的大脑可能会把这些症状当成麻烦、问题或者不良行为，比如会破坏关系、在分歧中否认你的责任、排斥亲密行为、反反复复失业、经济问题持续不断、身体疼痛卷土重来，这些模式都会促使你意识到某种失衡。可能还会有一些其他症状，比如慢性头痛或持续性头痛、背痛或者消化问题，所有这些都暗示着你拥有的机会比你已接受的（机会）还要多。

诸如此类的症状会持续产生痛苦，直到我们以某种方式解决这些症状，或者与这些症状和平共处，而通常只有我们理解到这些症状的旨意所在，才能去解决或者与这些症状和平共处。解决这些症状的时候，我们才会接近我们真实本性中更高频率的品质，例如勇气、宽恕、同情、爱、创造力、接纳和快乐。只有经历了困难，我们才能逐渐表现出真正的精神存在。

在能量层面上，我们也有一些迹象或者症状。也许在不知不觉中，你的生活中已经出现了这些迹象或者症状。这些迹象或者症状都会以能量的形式出现，会产生身体感觉——当你对批评、对即将发生的（或过去发生的）某件事或某人的想法做出反应时，你就会胃部痉挛、喉咙哽咽或者下巴紧绷。如果有人要求你去做一些事情，但你觉得还没有准备好，你就会感到脊椎一阵寒意，手臂上直起鸡皮疙瘩，双腿不停地颤抖。

尽管我们不太熟悉如何在身体，即感觉或者能量层面上去处理生活，但这样做实际上是达成治愈和实现完满最简单、最快捷的方法。在能量层面上，我们不需要在问题发生变化之前找出解决问题的方法。在这个层面上，一种比逻辑、理性、策略、思维更高的智慧正在发挥作用，它将引导我们走向治愈及完满。事实上，大脑并不需要有意识地了解我们的系统是如何运作的。

下面让我来和你分享其他一些经验来帮助你理解我的意思。

普塔帕蒂镇的其他惊喜

在普塔帕蒂，我又获得了几个巨大惊喜。每天，我和旅伴都会去道场，在坚硬的大理石地板上坐上几个小时。这让刚接触这个冥想及精神研究世界的我略有不适。这里街道尘土飞扬，食物也不熟悉，气味刺鼻，体感刺痛。如果不是因为可以远离家乡，还有在被邀请去印度之前我在冥想中曾经有过美妙的经历，我很可能待不了几天就会离开，但有样东西让我留在了那里。

有一天，我和旅伴没有去道场，而是待在公寓里。公寓位于道场的上方，从窗户可以俯瞰院子。那天很特别，是为道场的女士们举行庆祝活动，向她们表达祝福。我对繁文缛节的顶礼膜拜素来都有点怀疑，所以，我只是站在公寓的三楼，看着他们。然后，最奇怪的事情发生了，我的胸中突然像是燃起一团火焰，我的内心充盈着一种无上荣光的完满，我感觉自己像羽毛一样轻盈。不一会儿，一股能量猛烈地冲击着我的胸膛，把我撞得向后一倒，失去了平衡。我们小组的另一位女性朱莉娅（Julia）也有同样的反应。我们跌跌撞撞地向后退去，难以置信地看着对方。

突然间，我感到浑身发热，面红耳赤，朱莉娅扶着我在公寓的侧墙边坐下。片刻之后，整个房间似乎变成了光艳的红色，就像打开了一盏巨大的泛光灯，让我一阵目眩，什么也看不见了。然后光线变成橙色、黄色、绿色、蓝色、靛蓝、紫色，最后变成白色。后来我意识到，每当体验到一种新的颜色时，我的内心也会感受到一种不同的情感。房间被染成一片红色时，我感到一种深深的归属感。当我周围的事物都被染成橙色时，我感到舒适无比，睿智有加，息息相通，无所不知。随后房间被染成黄色，随之而来的是一种简洁澄澈之感。

周围的空间焕发出这些颜色组合在一起的光彩时，我所感知到的一切都融化在最令人惊奇的温暖之中。充满“爱意”的粉橙色闪耀出金色，然后泛出绿色，我觉得好像是爱拥我入怀。当我的周围环境融入这种爱的存在，光线就变得更加强烈，就像把双筒望远镜倒过来用一样，我看到了内心开始专注、极度专注，同时，我的存在充满“因果”感、孕育感或创造感，而且感觉好像我以前有过无数次这样的经历。然后明亮的钴蓝色照亮了整个空间，我大脑中心冷热交替。仿佛大脑内部的空间跨越了许多光年，我寻不到我的边界。后来，一道紫光闪过，我在一个巨大虚空中坐了一会儿。最后，我消失在一片巨大的白光之中，似乎有一段时间，在一种全方位的幸福状态中振动，我宁愿永远待在那里。感觉就像有什么东西在给我呼吸，让我进入完满状态。

睁开眼睛，我发现房间空空如也。我的同伴都很善解人意，他们将我留在那里，让我自己完成这一切。这件事使我和其他与我有同感的人认识到，我们内在的一个非常深刻的领域已经开始回归真实本性。现在，我以一种全新的方式进入了这个令人敬畏的能量世界。能量在不断移动，我的意识紧随其后，好像那就是一切。事实上，好像我就是能量本身一样。后来我才知道，我可以有意地打开这种状态，我也存在这个基础之上，通过这个惊人的隐藏矩阵与他人连接到一起。再后来，我意识到我们都可以做到这一点。

然而，这是在一瞬间发生的事情，不是通过我的努力创造或练习才发生的。这个和其他开悟一样，都是自发的——它们不需要我努力思考就会发生。虽然这种不费脑筋的方法最终成为我工作的一个重要部分，帮助了成千上万人，但在那一刻，我只是在享受这段旅程。

夜间瑜伽

从印度回到家里以后，我就可以更快地进入能量领域了。无论白天还是晚上，我身上都会源源不断有新“事”发生。我发现自己实际上一直都在能量层面上生活，在自己的想法还没有很明晰时，我就可以看到、感觉到能量流动。我并没有试图这样去做。我只是观察到了这一点，它完全超出了我理性思考的正常范围。例如，我会在半夜醒来，发现自己身体姿势很奇怪，而之后我怎么都无法再做出那种奇怪的姿势。我感到自己处在某种未知的能量模式或形状之中，而在睡眠中我自己的能量系统进行了调整，并与之保持一致。这很诡异，也很玄妙，因为我的身体自发地治愈了脊柱侧弯和偏头痛，我自出生以来就脊柱侧弯，也是因为压力和脊柱错位，导致了结构性的偏头痛。

随着这些夜间戏码一幕幕上演，我认识到，能量模式是瑜伽体式的一种表达方式。我开始能够在白天重现我的身体在晚上自然完成的事情。我对瑜伽并不陌生，但这种自发性助我迈出一大步，进入了一个全新的治疗及整合领域。事实上，我正在重新研究并诠释古代瑜伽实践中蕴含的巨大疗愈智慧，其中许多智慧在几个世纪的翻译过程中不幸遗失。我对瑜伽的真正目的和效力有了新理解，激发我开发了一个名为“身体觉醒瑜伽”的教学体系。从那以后，这个体系启迪了成千上万人，让成千上万人体会奇迹，不管在修习瑜伽的时候，还是在其他时候。由于练习瑜伽是练习能量密码的完美补充，我在第二部分的每个章节中都提供了一个基本姿势（体式），让大家进一步将自己融入到身体中并唤醒体内的意识。

除了这种夜间瑜伽，我发现自己在睡觉时从身体内部体验到了整个世界。实际上，我处于半睡半醒的清醒梦境之中，很像冥想，在半夜时会自动发生在我身上。我能感觉到能量在身体里“处理事情”，好像有什么东西在松开或释放，不再纠缠。能量从我的身体之外，从我的头顶上被吸引过来，穿过我的整个身体，从我的脚下出来。可以感觉到，随着能量的游走，我的内部结构会产生变化。我感觉自己可以滑入身体的各个部位，这是我以前从未经历过的，我在这样做的时候，非常开放和放松。我的肌肉放松了，脊柱关节会产生移动，内脏和躯干的组织会放松下来，随着我学会参与遵从这种深层的内部能量运动，我的身体会从里向外伸展。[古人称这些觉醒为“昆达里尼能量”（又译为“军荼利”“灵量”“拙火”——译者注）和“三摩地”（或称“三昧”——译者注），是一种强烈的内向专注状态]。

我越是跟着直觉走，越是会与正在发生的事情“合作”——

在某个区域受到影响的时候轻轻挤压该区域——我就越能感觉和追踪上直觉的路径，并允许组织与直觉默契配合，获得安定而又平静的感受。有时候，能量的转变会伴有某些情绪状态，我会突然泪如泉涌，或者毫无理由地感到喜悦无比，这种感觉非凡而又神圣。

躯体心理学研究发现，发生创伤或情绪超负荷时，我们无法完全处理某种体验，事件中未经处理的部分会在头脑中分裂，并记录在身体之中——也就是在能量场中。为了从我们的身心系统中释放创伤，重新整合驻留在头脑中的分裂部分，我们必须有意识地了解是什么分裂，然后再去重新获取一个关于自己的完整“故事”。这些年来，我一直在我的诊所里成功地运用这种观念，但在我身上发生的事情却有所不同。我没有在生活本身及生活中的一系列事件这种“故事”层面上运作，去解决我心灵层面的伤害。事实上，我根本没有运用我的头脑，我的头脑只是在观察能量、追随能量。这样一来，我是在故事的底层，即原始能量的层次运作。在这种体验之中，存在的一切都是觉知，能量在我的身体中移动，随之移动的还有能量产生的影响——能量移动时发生的变化。事实上，我越是和缓地走进正在发生的事情，就越开始感觉到，我是一股能量，这股能量正穿过身体的组织，从内到外解开阻塞。这是一种彻底的变革。

能量在流动，我看得到，也感觉得到，它在解开我以前没有意识到的旧情感模式。对我以及那些与我分享这种经历的人而言，这种能量流动的结果是显而易见的：德斯（Des）破天荒地多次打破冒险赛车成绩；在被告知不能怀孕以后，珍妮（Jenny）克服了生育问题，生了好几个孩子；戴维（David）摆脱了抑郁，十年前失去妻子之后，他便开始抑郁。这个能量世界真实无比，是我们通往自由和幸福的坦途。

我想邀请你到存在的这个层面上——这个层面超越心智和情绪体的思想及感受——去弄清楚你的生活中出现的症状或问题，因为这个层面是这些东西起源的层面，是能量分散和离析的层面。要想在能量层面上疗愈我们的生活，就需要摆脱逻辑思维的控制。我们必须让能量引导，让头脑跟随。我们的能量才是我们真正的自我，能量永远不会失败。要做到这一点，我们将向内观察，从身体内流动的能量中寻找方向和答案，而不是参考外部世界去寻找方向和答案。以这种方式去自我参照我们的自身能量，是建立觉知的基础，也是活成灵性自我的基础。

古代东方的吠陀（Vedic）原则指出，我们要学会做八件最重要的事情，这八件事情之一就是将我们的感官从外部世界回归到内部世界——将意识从我们故事的相对现实转移到故事之下能量的绝对现实。我也同样在自己的体验过程中发现了这一事实，我事先并不了解这些信息。如果我们想要觉醒、想要真正掌控自己，我们必须教导心智，让心智与“我们是谁”这一真相，即内在的能量智慧融为一体，成为自我参照。我们的目标不是学习如何更好地应对外部世界，而是我们的思维、行动和表达的创造力及生成能力。我们的行动要从真理出发，从最真实的自我出发。只有这样，我们才能体验到真正的幸福、容光焕发的健康和完满的福祉。

能量密码提供了一个系统的方式，让你成为自我参照，让能量成为你的核心，以能量的方式去生活。不过，为了更好地利用能量密码，你需要先多了解一下你的能量系统是什么样的、它是如何运作的，以及我们融合的这一目标是如何实现的。这样一来，你将受益匪浅。

一切皆关乎能量流动

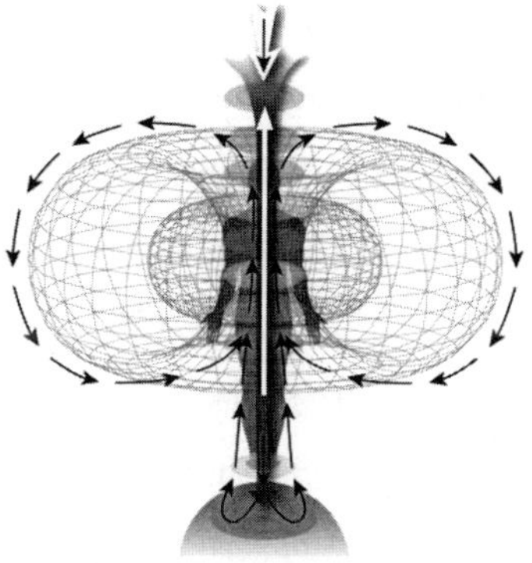

图 3-1　环形人

任何能量治疗从业者都会告诉你，我们的能量系统是动态的，但它是以结构化的方式流动的。环形人（Torus Man）图（见图 3-1）展示了能量在我们整个系统中是如何运动的，它会沿着身体内部和周围的某些路径运动，也会通过自然发生的枢纽或中心，这些枢纽或中心称为“脉轮”。每个环面都是一个透镜，会折射光线和力量，环形人周围的那个环面所显示的身体周围盘旋的能量具有等边三维力量。

环形人（Torus Man）

在环形人图中，一个人站在地球上，能量在一个面包圈一样的网格或圆环场中流过他的系统以及周围。在心脏区域中心有一个较小的能量场，那里集中着惊人的能量。向下射入这个人头顶的箭头代表着来自有形身体之外的高频宇宙能量，这个能量通过这个人体内的一个中央通道，从他的脚下冲出，进入地球深处。这种通过人的身体传递下来的能量，是我们的真实本质或者本原，是纯粹的精神能量、纯粹的意识、真实的你。你正直接倾泻到地球上，然后反射回来，创造一个能量流，这个能量流就是我们熟知的有形肉体。

这种宇宙能量撞击地球并搁浅于此，灵性自我的高频能量逐渐降低，可供人类使用，这意味着我们能够以人类的形式感知这种能量，运用这种能量，实现有意识的提升。该能量通过人体的中央通道向上攀升，沿途激活各个能量中心。尽管由于到达这一有形世界时，我们曾经历了一次大的喷溅，我们无法记起（直到我们能够做到）自己的真实本性，但这种能量是纯粹的本质这一真理是十分清晰的。这种能量就是灵魂，是我们的真正面目。这种能量不仅可以建立身体，让我们得以重生，还可以创造我们有形生命中经历的林林总总。

我们的能量和现实创造互动关系的关键要素是脉轮，脉轮在古老的梵语中的意思是“车轮”，沿着我们的主要能量通道——脊柱分布着七个旋转的能量中心。

脉轮

就像无线电台一样，我们身体的每个能量中心都有一个独特的振动频率，并且每个中心都拥有不同的光谱频率和特定的色彩。我在普塔帕蒂那间公寓里看到的色彩就是我的基本能量在系统中央通道内的能量中心向上移动并唤醒而呈现出来的。能量依次穿过我的每个脉轮时，我感受到每个脉轮的独特频率、质量和容量都被唤醒。

圆环场中的能量流动正如图 3-1 中的箭头所示。从脚下的箭头中可以看出，一旦我们的基本能量通过人体的中央通道向下进入地球，它就会绕转并通过我们的中央通道向上上升。随着能量的上升，它会在人体的电磁场中遇到脉轮或旋转能量涡流。这些脉轮将高频光能或光子移动到我们身体的各个细分区域。我们综合利用这些能量的能力最终决定了我们的意识水平。

开放这些能量中心，让它们以最佳状态流动，能量就会通过人体上升，不受任何干扰。在图示中，能量一路通过中央通道上升，并从头顶部射出冠状脉轮。然后，能量在所有方向上都急转直下，倾泻而来，返回到脊柱底部的根轮。能量以这种模式循环，产生了环流，并且不断从头顶得到补充。再次强调，那个能量就是你。这个系统设计之初就是为了运行并阐释完美的健康状况。由于我们是流过人体的能量，即智能、纯净的创造力能量，或者称为“灵性”，因此这种流动需要畅通无阻，以使完满融入我们的有形生命之中。未能达到这种最佳流动，就意味着我们要以某种方式体验自己，比如能量飞溅、能量分散或者思维扭曲。

如果我们的任何一个脉轮被能量胶质阻塞，能量流动就会因为受到干扰或产生动摇而阻断，因为能量现在必须绕开阻塞继续流动，而不是纯净的直线通过中央通道。一旦能量开始动摇，能量场就会扭曲，我们对现实的感知因而扭曲，而我们就会误以为已经无路可走，心如死灰或山穷水尽。图 3-2 为环形人能量动摇时的图像，会造成其能量场扭曲。

回到真相 2，我们就会明白圆环场创造了我们的现实。放眼世界，你的看法就会遵循能量场的运作方式。这些脉轮无线电台之间的回路中出现任何粘连、干扰或隔阂的情况，都会在能量场中产生动摇，造成你所看到的扭曲的景象。保护性人格认为生活很不友好，或者会以某种方式误认为自己

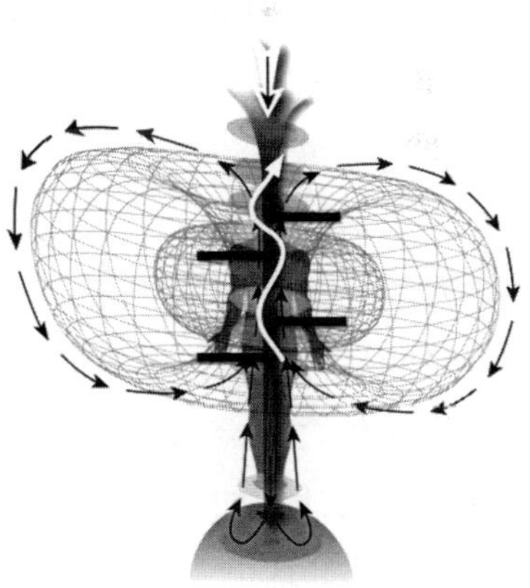

图 3-2　歪曲、游移不定的环形人

卑微无能。

能量在很大程度上需要通过脉轮才能变成物理现实，因为脉轮与我们意识的各个方面都直接相关。在给定脉轮中的能量的状态决定了我们如何感知脉轮相关的生命领域，以及我们在该领域中如何发挥作用。如果某个脉轮中缺乏能量流动，或者有其他干扰可能造成生活某个领域的功能障碍，而该领域恰好就是这个脉轮所控制的领域。此外，每个脉轮都与一个内分泌腺体相关联，平衡自由的能量流过脉轮时，也会刺激沿途的腺体，进而影响人体的化学状态。（在第九章中，我们将探索将光、能量和化学联系在一起的新科学方式，构建新的图景，这可谓奇妙的创举。）

如果缺乏通过脊柱根轮的能量流动，就会缺乏根基感，觉得生活不公，没有天分、能力或权力去过上美好的生活。随着能量的增加，根部的动摇可能会给其上方的脉轮带来进一步的问题。第二脉轮受损可能会造成人际关系紧张、创造力减弱或性能力减弱。第三脉轮受损可能导致自卑，不明确来到这世间的目标，行事戒备，在感觉上更痛苦。

从实现量子翻转到体现灵性自我，体验更加平和、流动舒畅、精神愉悦的生活，我们必须消除能量场中的隔阂、沉积或者干扰，将其恢复为最佳流动状态。就像我常说的："如果能量没能在你的生活中流动起来，那是因为它没有在你的体内流动起来！"反之亦然。

当能量再次流动起来时，就可以激活该脉轮。能量沿着中央通道在脉轮之间流动，所以脉轮越活跃，就越能拥有真正的力量和潜力去表达。如果一个人的第三脉轮（太阳神经丛脉轮）流动很健康，那么这个人就可能拥有极强的感知能力、自信心和魄力。如果一个人的第四脉轮（心轮）畅通无阻，健康流动，这个人就会十分真诚、有爱心、善良。如果一个人的两个脉轮之间流动很顺畅，那这个人就能以爱的方式来诉诸个人权利。

因此，再说一遍，系统越是流动调和，越能体现出“灵性自我”的表达。因此，促进整个中央通道的健康流动就是我们工作的重要部分，我们要让所有种类的重要能量都发挥效力来清除那些干扰，那些会阻碍我们活成完整真实的自我的干扰。

在继续介绍如何清除这些沉积之前，我想提供另一种方法来查看能量流的动态：我希望你将阻塞视为隔阂而不是障碍。

建立回路，感知灵性自我

我们通常认为障碍就是阻塞。我们会说：“我需要找到并清除阻碍我的东西。”

实际上，根本就不存在所谓的“障碍”或“阻塞”，那是一种误解。更有力的理解阻塞、沉积、干扰或胶质的方法，就是把它们看作意识生命力的一种缺失。如果一切都是能量——事实的确如此——没有能量流动的地方是因为这个地方缺乏生气、缺乏使能量流动的能力，换句话说，在那个特定的地方，头脑还没有意识到我们的真正本原——我们的本质或伟大之处。

体现方式就是觉醒——让我们的头脑觉醒到或意识到灵性自我存在于我们的身体之内。用这种方式将灵性自我以物质形式带入生活。“打开灵性自我”或者“将灵性自我与其他方面联系起来”，可以用电路来类比。前面曾简单地提到过这个问题，在这里深入讲解一下。

灵性自我具有电磁回路。东方传统将其描述为经脉或经络，这是一个贯穿全身的网络，激活或打开这一网络，就可以将能量和灵性自我视角带入身体（及我们的物质生活）。这个回路可以激活中枢神经系统，我们可以借此开发中枢神经系统的能力，通过生物能量学来感知灵性自我的微妙能量。

我有时会沿用“障碍”和“阻塞”这类术语来描述在能量场中回路离线的地方，因为人们更习惯这种思考方式。但事实上，并没有什么“障碍”或“阻塞”，只是缺少灵性自我的回路。

身体某些部位的能量为何会离线或飞溅出去呢？通常是因为我们遭遇了某种状况，不知道如何从理智和情感上去处理，所以选择了回避。我们去做自己能想到的一切，以便在这种情况下生存下去，或是应对眼下的处境；我们不会带着真实自我的完整感，直接去经历这种处境。一旦激活回路，我们就会完全意识到自己的真实本性，或者说真实本性会有所觉醒。反过来，如果某个区域的回路没有接通，我们就无法感知自己的真实本性，能量场就会动摇、会发生扭曲，感知就会变得模糊，身体健康水平就会下降，生活的其他领域也会受到影响。在该区域，我们根本就没有回路，无法准确感知自己，无法正确应对某种情况——比如亲密关系出现危机，精神或情感产生冲突，或身体罹患慢性疾病。

我们真的打开或激活已经离线的回路时，就在那个脉轮中唤醒了我们的精神意识。身体的、精神的和情感的疗愈发生在我们与那一脉轮对应的生活领域。当我们一点一滴地记住自身存在的完满，把生命的力量带回每个蛰伏的区域，我们就会自动回归到健康状态，充满活力。虽然我们经常认为治愈是“解决问题”，即治愈功能障碍或者疾病，但实际上并非如此。真正得到治愈，问题就会消失，因为我们已经营造了一个全面的健康状态。从定义上来讲，具有基本生命力是一种完全健康的状态，功能障碍和疾病无法与之共存。

萨拉（Sara）的经历展示了回路在线的成功之处。开始上我的一级课程时，萨拉很难做到向别人表达她内心深处的真实情感。她曾经历过非常严重的情绪焦虑和压抑，甚至有一次连课程都无法进行下去，只得离开训练室几个小时。萨拉发现，一想到要揭示自己存在的真相，或者大声说出真相，她就感到“心惊胆战”，因为她以前从未体验过这种受欢迎、安全或者舒适的感觉。这种抵抗心理在能量方面影响了她的整个系统。

通过我们的共同努力，她学会了“开启”各个脉轮的能量，并开始体现真实自我。经过无数次与众不同的治疗，她终于痊愈了。她现在也在传授能量密码，帮助其他人，生活得非常愉悦。

因此，能量密码的目的不是解决一些能量医学方法（古代和现代的）就能解决的问题，而是体现你最真实、最完整的自我，在生活的每个领域都会产生治愈效果，但治愈效果只是副产品。精神是治愈我们生命的力量；也就是说，当能量存在（真实的我们）在其所有回路中被激活时，就会产生疗愈效果，能量存在或精神就是内在的疗愈者。

那么，如何才能打开感觉神经系统的回路，或者激活感觉神经系统的回路，来感知我们身体内的微妙能量、感知灵性自我呢？我们如何在能量层面“记住”（实质上是重新组合）自己，重新连接我们的能量流呢？如果知道怎样做，我们就能够由内而外而不是由外而内得到治愈。我们需要的不仅仅是换一种思考方式或者用全新的方式使用大脑，而是要采用一种整体的方法，让思想、身体和精神共同协作。

通过统一思想、身体和精神（或呼吸）来进行整合

全面整合系统，让我们的系统像环形人一样以最理想的状态流动，这一整合需要双向进行：一方面，我们要整合未解决问题的能量和潜意识的干扰，这些干扰使我们支离破碎，一直活在保护性人格之中。另一方面，我们还要激活更多未经开发的内置高频能量回路，那就是灵性自我。这两个方面其实就像是一枚硬币的两个面，因为我们是在处理一个完整的自我，包括身体、心灵和呼吸。

下面让我们从总体上看一下身体在其中扮演的角色。

身体的作用

当我们处于支离破碎的状态、处于保护性人格之中时，我们会认为自己是理性的人，相信自己拥有身体、精神或者灵魂（如果我们在精神上乐于这么想）。但是实际上，正如我们所了解的那样，我们是灵性存在、能量存在，我们既拥有身体又拥有思想。身心只是工具而已，它们会帮助我们获得最为美好、最为神圣的尘世人生，但是我们并没有按照身心的设计初衷去使用它们。

我们不只是拥有物质经历或世俗经验的灵性存在，还在能量谱的物质端拥有灵性体验。两者之间可谓天差地别，这一区别在于是以保护性人格还是以灵性自我去生活。身体在这种差异中起到了非常关键的作用。

我们通常认为身体是经历物质生活的一个媒介。但是，身体将我们置于三维世界，赋予我们形体，让我们与物质互动。与此同时，身体也是我们接触精神维度的工具。实际上，身体是灵魂的

主要沟通手段，灵魂将身体当作中介或者翻译，与头脑意识进行“交谈”。

有形身体中发生的任何事情都会首先发生在能量层面。身体的感觉是发生在能量体内的能量转移。因此，身体是一个重要的入口，我们可以借此进入生活的能量领域。正是通过身体，思想才能感觉到微妙的能量变化，揭示能量场。通过身体，思想可以与这一领域互动，然后引导能量改变能量场的模式。由此，在生活中就会取得不同的结果。

现在，我们来看一看心智的作用。

心智的作用

在保护性人格中，心智专注于保护自己，守卫我们的身体，还有个人身份认同（或者称为自我意识）。这时，心智处于操控地位，它利用了大脑及生理学中更古老、更具应激性的那一部分。心智时刻保持警醒，不停地回顾过去来进行比照，不停地展望未来，探寻可能存在的威胁。心智会产生不同程度的“战”或“逃”的反应，不断地向身体输送压力化学物质。

要想成为觉醒的灵性自我，我们必须善用观察、见证的心态，来感知能量体内正在发生的一切，发现能量分散，引导能量整合。大脑中古老的应激反应部分无法做到这一点。这一工作需要一个更高级进化的创造力及直觉中心，对灵性自我进行剖析，必须使用中枢神经系统的感知能力来操控这一切。我们本身是拥有这些工具的，但都没有得到充分利用。据说，提到这一点时，阿尔伯特爱因斯坦（Albert Einstein）曾经说：“直觉思维是神圣的天赋，理性思维是忠实的仆人。我们创造的社会尊重仆人，却轻视了天赋。”

换句话说，你的应激性思维就像一个快速旋转的吊扇，你绝不会伸出手指，试图穿过扇叶去触摸吊扇的另一面，因为会被擦伤或割伤。思维也是如此，思维快速运作，致使基本能量无法平稳自然地流动，而基本能量正在逐渐增长，即将觉醒全部潜能。那里有你的灵性自我和基本能量，却被你保护性人格的错误观念和下意识反应所限制。

有一个版本的生命，这个版本的生命超越了思维的“飞速旋转的叶片”，我们必须接触一下这个版本的生命，才能挖掘我们的全部潜能。我们需要使嗡嗡作响的扇叶慢下来，只有足够慢，才能让我们通过扇叶瞥见它的另一面，更不必说真的去触摸另一面。能量密码可以通过一个强大的方式，通过使用思想、身体、呼吸，来做到这一点。就像我们将密码依附在身体之上一样（这时，我们充分地使用思想，将思想作为观察者和引导者），我们把思想束缚在身体中时，身体就会慢下来。这是因为身体振动的频率比思想振动的频率更低。一旦思想通过意识与身体相连，思想就开始放慢速度，其与自然和地球的联系也就更加紧密［这是大脑的阿尔法频率（Alpha Frequency）状态，你之前可能听说过］。突然间，我们（作为纯粹意识）就能够从一个不同的、溢满恩典的视角来感知生命。

把思想和身体联系起来，有助于我们放慢思考的进程，不断探求安全感。能量密码实践将心智恢复到其预期的角色：使用心智的焦点、注意力、意图和意志，来感知、锚定、激活我们身体内的基本能量。实际上，我们将重新训练心智，锻造和强化神经通道，让我们与自己的更深层版本（即灵性自我）紧密相连。不是被恐惧和保护所驱使，而是被智慧和爱所驱使，在灵性自我信息的指引和推动下，我们将快速无痛地进化。

然而，建立身心联系、减缓吊扇速度的基础是呼吸。下面讲解呼吸的作用。

呼吸的作用

我们都知道呼吸的重要性，呼吸是我们身体至关重要的一大机能。我们可以几天甚至几周都不喝水或不吃东西，但只要几分钟没有呼吸，我们就会失去与身体的联系，离开这个物质世界。呼吸是大多数冥想练习的主要部分。当呼吸浅而疾，大脑原始的生存状态就会接管身体，让心智产生应激性防御功能（像风扇叶片一样嗡嗡地呼啸起来），并触发身体的“战”或“逃”的反应。这与缓慢、从容、深沉的呼吸方式有所不同，这种深沉呼吸可以深入肺的下叶，激活肺下叶的大量副交感神经末梢，能够立即帮助身心平静下来，脱离生存模式，进入更具创造性的状态。清醒有意的深呼吸会把我们从生活的表面吸引到生活的内部，你可以亲眼见证这一点。现在，继续阅读，用鼻子深深呼吸，放慢呼吸速度，你会发现呼吸会让你更加关注这一刻，让你捕捉更多信息。短而浅的呼吸会搅乱你的系统，分散你的能量，特别是在你身负压力时。

呼吸不但攸关性命，而且还能够改变生命，呼吸实际上是精神的“物理”形式。呼吸就是生命力。呼吸之所以会停止，是因为灵魂彻底离开了肉体。不难理解，把生死攸关的生命力带到缺乏生命力的领域，可以激活经脉（或者说是能量路径），激活我们系统中尚未联通的回路，在这一过程中，呼吸将起到至关重要的作用。

通过这种方式，呼吸可以帮助我们整合体内分散的能量：将灵性自我的高频能量注入我们系统内的低频沉积，增大振幅，唤醒在这些区域的意识，连通那些回路。事实上，呼吸通过我们的能量体纳入智慧能量，并将这种智慧能量注入我们的肉体，智慧能量是所有创举的源泉，它通过粒子之间的空隙进入我们的肉体，这些粒子构成分子，分子又构成细胞，最终构成我们身体的所有组织。

肉体、心智和精神（或呼吸）这三个重要部分翩翩起舞，在本书第二部分，你将了解步调一致的具体舞步。事实上非常简单：灵魂与肉体交流，肉体将这种交流翻译给心智。如果肉体在说话，心灵却没有去倾听，这时连接就会断开！我们将教导心灵如何去倾听，这样就会很容易放慢“思考”的速度，让心灵足以听清身体说话，感受到灵性自我，并遵循这些觉醒信息。

用你的想象力去练习

让你的能量系统发挥效力需要一些想象力。量子科学告诉我们，一切事物都是先发生在能量层面上，然后才会发生在物理层面上，于是我们开始有意识地通过将亚原子粒子排列成特定的模式来表现我们所想的一切。想象力是改变能量模式的工具，但这并不意味着我们将要做的事不是“真实的”！这只意味着你的思想是生成性的、原创的、受启发后而产生的，而不是习惯性的条件反射。我称之为“阿尔法思维”，因为这种思维使用大脑的阿尔法频率。你的想象力让你重新接触到你真正自我的其他方面。

现在，我想和大家分享一个故事，讲述我的一个学生运用本书的一些方法所取得的实际效果，你也会学到同样的方法。

音乐重新回到杰拉琳的生活中

我刚刚带着大家做完一次冥想，这次冥想是为了在秘鲁（Peru）库斯科（Cuzco）开启一次名为“觉醒之旅”的远足，这时，一位女士拿着一小张照片走近我。

她在我面前跪倒，双手颤抖着把照片递给了我。“这是我儿子，迪伦（Dylan）。他一直想去马丘比丘（又译“麻丘比丘”，在秘鲁境内，有保存完好的哥伦布时期的印加遗迹，也是秘鲁最受欢迎的旅游景点——译者注）。但是现在他不在了，所以我告诉他我会替他完成这个旅行。”我点点头，让她继续说。

“我上网搜索‘马丘比丘神圣之旅’，你的照片就出来了。我原本以为会和一个秘鲁萨满一起，但迪伦告诉我要和你一起去，所以，我们就来到了这里。”

就在这次远足的三个月前，迪伦自杀了，杰拉琳（Jeralyn）心碎无比。我向她保证，我们会帮她找到一种平静的感觉，但我也知道，鉴于她这一故事周围的能量强度，她可能会发现更多，不止是平静感。

我把照片塞进背包，在接下来的几天里，我了解到更多有关杰拉琳的事情。不堪配偶的虐待，所以杰拉琳已经和他离了婚；迪伦早已离开人世，而杰拉琳还在为了钱奔走无门。我们见面后的那些天，她走遍了秘鲁圣谷（Sacred Valley of Peru）大大小小的庙宇，一直神情恍惚。虽然我们小组一路上都在给予她拥抱和关心，但她始终无法融入其中。这一切我都看在眼里，所以当她告诉我她不打算像当初计划的那样加入小团体登顶华纳比丘山时，我一点也不惊讶。她的压力太大了。

我告诉她我理解，我们会记着她。

在山顶，为了生命精神（the Spirit of Life），我举行了一个仪式，我想给迪伦“展示”一下，如果站在我们所站的这个有利位置，他会看到什么。我们团队的格雷格（Greg）给我拍了一张照片，拍照时我手里拿着迪伦的照片，这样我们下山后就可以和杰拉琳分享了。

那天晚上，在乘坐火车回酒店的路上，格雷格坐在我旁边。他给我看他在山顶上拍的照片时，眼里充满了泪水。此时仿佛有一道利箭般的光芒从天而降，照在照片中的迪伦的脸中央。我与格雷格四目相对，泪水夺眶而出：我们愿意相信这是迪伦在给他的母亲捎口信，让母亲知道他其实一直都陪伴在她的左右。

我向杰拉琳讲述了这个明确无比的迹象之后，杰拉琳开始潜心钻研能量密码，开始用呼吸去突破心如死水的悲恸情绪。不久以后，她就感受到了精神和情绪上的解脱。接下来的几个月，杰拉琳尽心竭力，努力学习一切关于作为灵性自我如何生活的知识。我在世界各地举办或参加各种活动时，她来看过我，她说：“我知道会有答案的。我能感觉我已经截然不同。”

杰拉琳是一位受过专业训练的歌剧演员，对音乐深爱无比。因为能量密码的一部分重点就是挖掘我们真正的本质，我认为音乐可能是她康复的一个途径，但事实远远不止如此。

通过练习能量密码，并与公交站对话相结合，杰拉琳开始意识到，在她最大的痛苦中蕴藏着丰厚的礼物。她找到了自己的呼吸和核心存在。她还发现了一个新的表达方式，去展示她精湛的才华，杰拉琳开始用音乐疗愈自己。虽然曾受过专业训练，但杰拉琳现在歌唱、调音、创作音乐却来自内心深处一个不同的所在，声音有所不同，更重要的是，感觉有所不同。杰拉琳学会了把自己固定在自己的核心，以舒适的节奏用腹部呼吸，运用在我们的课堂上所学的练习方式，她再次感觉到了新的生活。有了这些工具，杰拉琳可以感受到自己的悲伤、痛苦和幻灭，并将这些情绪一一化解。

通过让自己离线的部分重新上线，杰拉琳能够打破困扰她的痛苦和困惑，找到一种全新的感觉，绝对清晰和明确，这种感觉她以前从未有过。享受到这种全新的宁静和力量，杰拉琳开始和其他丧子的父母交流。她还为癌症患者举办了康复音乐会，使这些癌症病人的痛苦极大减轻，又恢复了活力与欢笑，开始像杰拉琳一样去帮助他人走出悲伤。

所有这些觉醒都发生在杰拉琳痛失爱子的第一年，在我们团队之外，没有人经历过如此彻底的变化。“慈心之友”（Compassionate Friends）是一个国际组织，专门为失去孩子的家庭服务，该组织的首席执行官表示，在担任首席执行官的 15 年里，他从未见过有人像杰拉琳这样在这么短的时间内做得那样好。“她是怎么做到的呢？”这位首席执行官问道。

因为杰拉琳的量子翻转，她每天都能感觉到儿子与她同在，他甚至以一种神圣的合作方式去引导杰拉琳。她知道这一点，因为她可以沉入核心，从她灵性自我锚定和扎根的地方出发去生活。在那里，她所经历的世界没有分离，那是她一个人的人间天堂。当然，杰拉琳有时还是会感觉到迪伦在肉体上的消亡。一旦有了这种感觉，她就会求助能量密码，通过练习成为灵性自我，深入自己的核心，在那里安定下来；在那里，她再也不用思念她的儿子，因为儿子就在她身边，正通过彼此神性自我的永恒能量紧密相连。

七大能量密码

七大能量密码是成为灵性自我的路线图。按照第二部分的指导，你可以遵循这些原则和方法去练习，这些练习有助于治愈精神、情感和身体机能失调；在生活的各个方面创造平衡和幸福，让你活出真正本性，实现生活目的。

七大密码中的每一个密码均对应一个脉轮，每一个脉轮都是身体的一个主要能量中心，从脊椎底部一直到头顶。这些密码建立在彼此联系的基础之上，因此在理想状态下，你应该按照这些密码的排列顺序进行练习。

以下是七大能量密码的概述。

1. 锚定密码。锚定密码让我们回归自己的身体。我们靠心智生活，并且相信心智就是一切。因此，我们努力想办法过上更好的生活，身体中的原始能量却向我们展示了一个关于真实本性的别样现实。锚定密码将注意力向内转向身体，将我们的意识根植于那里，带我们迈出第一步，将我们的注意力从外部世界转移到能量核心，能量核心才是我们的真正本质。这样一来，我们就会把能量核心视为本质，从而活成灵性自我。

2. 感觉密码。感觉密码是灵魂的语言。把注意力锚定在身体核心之后，现在继续唤醒感觉神经系统，训练感觉神经系统，看看它可以感知到什么。感觉到身体内发生的能量转换时，我们就开始了一场真实自我，也就是我们的灵魂和思想之间的神圣对话。这场对话给了我们一种革命性的新方式，用来理解和回应我们生活中发生的事情，同时，建立起灵性自我之存在。

3. 清除密码。清除密码是潜意识的疗愈力量。对我们大多数人来说，在关键的人生经历中，意识和潜意识之间的交流会由于情感过载而被关闭。这就意味着我们无法在生活中创造自己想要的东西，因为意识之外尚未解决的问题阻碍了我们前进。在清除密码练习中，我们可以学会如何打开通往潜意识的大门，解决困在那里的残余经验，将纠缠在一起的能量重新整合到系统的能量流中。与此同时，给予我们所需的能量效力及能量的一致性，以便让我们意识到自己的愿望，更接近完满的生活状态，更接近灵性自我。

4. 心灵密码。心灵密码堪称万能溶剂。我们所经历的被称为“爱的振动频率”就是灵性自我的能量。这种能量是我们的真实本性，也是我们在这个世界以物质形态所能体验到的最高振动。它是一种万能溶剂，能够解决所有障碍，调节所有干扰，治愈所有创伤。在心灵密码练习中，我们有意在自己内心产生这种令人敬畏的振动，这是最有力的体验，尽管我们曾相信需要从别人那里才能获得或找到爱。然后我们用这种震动来消解保护性人格的低频能量沉积，创造更多的感觉神经回路，来感知并激活灵性自我，让灵性自我充满生气。

5. 呼吸密码。呼吸密码是生命本身的力量。显形化就意味着进入物质形态。在这里，我们学习如何去使用最强大的工具，让精神或能量以物质形态的呼吸显形呈现。呼吸就是能量，就是活力，就是生命力，就是生命本身。

我们系统地将基本能量吸入到能量沉积中，也就是我们被困的所在，我们的保护性人格就会有所减少和减轻。当我们的呼吸直达身体核心，就会充满能量，充满活力，成为灵性自我。在之前的练习中我们也一直在这样做，在呼吸密码中我们将学习更多更高级的呼吸法则来继续唤醒我们的最高意识和全部潜能。

6. 化学密码。化学密码是体现灵魂的炼金术。通常我们更习惯于对外部环境做出被动反应，而不是主动地从内心去创造我们所热爱的生活。因此，我们的视角和身体都处于生存模式，这样就会产生一种基于压力的化学反应，即“战”“逃”或“惧”的反应。化学密码为我们提供了关键方法，这样就可以快速高效地将生理状态从“遭受威胁”转变为“安全”，进一步促进我们从保护性人格向灵性自我的转变。化学密码教会我们如何创造一个最佳的物质环境或“家园”来提升灵性自我之存在。

7. 精神密码。精神密码是合众为一之所在。作为心智存在，我们把自己与万事万物分离开来：我们与彼此分离，与自然分离，甚至与自己的能量、与真正的灵性自我分离。然而，我们的系统设计之初却是为了在能量层面上让我们相互连通，浑然一体。我们开始练习精神密码时，已经整合了先前分散的能量，足以激活更高层次的大脑中枢，让我们生活在或“战”或“逃”或“惧”的反应状态之上，我们会自然而然地从不同的角度去看待生命。在精神密码练习中，我们专注于让思想平静下来，真正活在当下，这样就可以轻而易举地感知到身体内不断升腾的心灵交流，在行动中毫不犹豫地遵循这些交流最终成为创造者，成为灵性自我。

能量密码是一种全新的疗愈方法。总的来说，我们的文化总是用由内而外、从上到下、从今及古的方式去看待幸福。如果我们想要创造理想的生活，或者想以创造者的身份来掌握自己的命运，那么就必须做出改变。

为了从这项工作中取得尽可能多的收获，创造出能量密码所承诺的整合和具象水平，我们必须在对健康、治疗以及身份的心理认知方面，做出如下改变。

（1）我们的伤害和痊愈并非来自外部世界。我们不能再认为只有病毒、细菌和其他微生物才会使我们“染上疾病”，只有医学和外科手术才能让我们“恢复健康”。我们必须明白，真正的完满、疗愈和整合均始于内在，因为这一切都始于我们的能量场。

（2）我们不止是“芸芸众生”。我们追求什么，就会成为什么。我们是能量生物——因为宇宙中万事万物都紧密相连，我们与神圣能量融为一体，这种神圣的能量就是源头。我们要在地球上充分体现神圣自我，这便是我们的守护之战。

（3）你的生活中并没有什么“错误”，没有什么需要克服的障碍，也没有什么需要战胜的困难。实现量子翻转，站在模型正面看待生活时，我们就会看到，从来就没有什么错误而言，因为我们的一切生活经历最终都会让我们受益。凡事皆利于我，这是亘古不变的真理。

在能量密码练习中，你可以找到每个密码的详细信息、练习指导、效果描述。每一项练习都会使你收获满满，甚至超出预期。你会学到所需的一切，来实现自己的量子翻转，完美活出灵性自我。让自己以完整的能量自我贯通连线，整合自我存在的所有层面，越是沉浸于此，你对上述真理的理解就会越发通透。

已经了解了这么多，让我们开始使用能量密码吧！

第二部分

一种全新的存在方式——能量密码计划

第四章

04

锚定密码：回归你的身体

有天下午，我坐在餐桌旁，为一门受邀教授的课程写说明。突然，我感到大脑里一阵振动。振动非常强烈，我摇了几次头，想要摆脱这种感觉，努力厘清头绪。振动停了下来，我又接着打字，不一会儿又开始了，我又摇了摇头。顽固的振动一直在持续，不一会儿振感就变得愈发明显。迫不得已，我只能把工作放在一边，躺了下来。

把头枕在枕头上的那一刻，我感觉大脑及其周围一直在振动，而且还发着光，感觉就像一道金光在我的身体核心上下游走，从头部中心到脊椎末梢。这种感觉的出现让我开始关注自身内部。因为有过一次提升体验，我知道我又一次觉醒到了一个不同含义的“我”——只是这一次，我是在身体内部体验到的。我本质的精神层面在物质形态中显现，我就能在身体深处感受到自己，我之前一直不知道还可以这样，感觉好像能看到自己的胸部、颈部和头部的内里。我能看到一些似乎非常熟悉的景象，但肯定不是我去过的任何地方，至少我想不起来曾经去过。但我觉得自己似乎是属于那里的，就好像我曾经去过无数次似的。

在接下来的几个星期乃至几个月里，我一直都有这种振动的感觉；我觉察到，如果我把注意力集中在身体的核心部位，不用停下手头正在做的事情，就可以控制这些振动，而控制的过程并不会干扰日常活动。只要稍一挤压身体核心的肌肉，稍微吸气到那些振动区域，我就能引导和汇聚这巨大的能量。这样做的时候，我能感觉到能量在我的核心聚集增强。与此同时，我觉得自己的内心深处好像正在记录些什么。

随着这种变化，我的思想、情绪及身体内部好像都发生了戏剧性的变化。精力越集中，我就越感到自由自在。我不再像以前大部分时间那样感到极度脆弱、焦虑和解离，我明显地感到自己的身体和世界更加集中、稳固。正是从这种状态开始，我的生命才真正展开，开始愈合，开始流动。这种能量在我体内越来越强，我逐渐认识到灵性自我已经开始掌控我的生活，此时，在我生活中的每个领域，都发生了根本性变化。

在我的身体上和生活中曾有过类似的振动感觉。在某种程度上来说，我们可能都有过类似的感觉。我这样说是因为我经历的这种感觉非常明显，无法忽视，但这并不是什么新现象，也并非我有过顿悟经历所致，只是我的觉醒放大了它的能量。

几年后我才知道，这种把注意力集中到身体核心的行为被称为“制感”（梵语为*pratyahara*，意为把感官收摄于内心——译者注），是一种“栖居”于统一体的方式。但是，在这个能量突飞猛进的增长过程中，我用自己系统的指引作为指南，找到了一个专属的进入身体的方法。能量密码正是从那时我践行的“锚定密码”练习中逐渐显现出来的。顾名思义，这个密码可以让我们锚定本质中对有形身体来讲重要的能量部分。这是迈向灵性自我的第一步。

什么是锚定密码？

作为能量存在，我们在公交站选定红尘所向，选择以最适合成长的方式来到这个世界。但是在公交站对话之后，我们在降入这三维尘世的触底瞬间，分崩离析，就好像我们的心智走了一条路，而身体却走了另一条路，灵魂或呼吸也走了其他路。我们不记得自己究竟是何许人也，又来自何方（这是最有意思的地方），我们想要弄清楚自己是谁，身居何处，是否安全，该如何融入，该怎样遵守规则，又该如何取悦那些貌似对我们的生存至关重要的人，凡此种种。我们努力想要厘清头绪，弄清楚一切之后，最终决定用心智来对待整个存在——几乎全凭心智生活，与我们的身体、能量以及真实本性的其他部分失去联系，而没能考虑自己内在的固有认知和真理。我们的文化教导我们去强化这种存在方式，这是因为我们周围的大多数人皆是如此。

然而，凭心智生活会产生一个问题，那就是，我们从来都没有彻底感觉到完整的自己，或者说我们从来都没有自由自在地安居一隅。我们感觉不舒服、不完整，也不安全。我们耗费了所有的时间和精力，为的就是努力纠正或极力否认这种不完整感，但我们所做的这一切都无法解决问题，就是说我们没能把自己当作一个整体，当成一个灵性自我。要想活出完满，其关键在于我们自己的生命、呼吸和身体之中。

若想在这个世界上活得轻松自如，用真正的能力来营造健康、幸福和创造力，我们必须将自己的意义、真实自我作为能量存在锚定在这个俗世层面，锚定在有形的身体之上。我们不能只活在心智之中，更要活在整个系统中，我们需要将思想、身体和呼吸结合在一起。毕竟，身体是能量最集中的一个层面，与我们须臾不离。如果我们根本不存在于身体之中，那么我们就离开这个俗世了，由此可见，身体与我们身处红尘的缘由之间的联系千丝万缕！

我们用思想和身体在地球上深刻体验，但不应该把思想和身体与我们的实际身份混淆。为了将精神、思想和身体结合起来，我们必须停止向外寻求指引，并且应该将感官调谐到灵性自我的振动频率。

我们如何才能做到这一点？

我们需要把注意力放在身体核心的能量中央通道上，在那里，脉轮处于最集中的状态。中央通道是灵性自我的家园。通过练习这一密码，我们将开始构建这一家园，感知灵性自我，让我们的完满占据上风。

锚定密码将你固定在身体之内，会为你提供支持，让你继续努力，不再全凭心智生活。这是将注意力和焦点从外部世界转移到我们真正本质能量核心的第一步。你仍然在使用你的大脑和五种感官，只是使用的方式与以往有所不同：为了将你的心智、身体和灵魂带入彼此真正的关系之中，要将你的大脑和五种感官引向内部而非外部。这种统一将赋予你能量影响力，并整合你分散的能量，从混乱中制造结构，构建“家园”。这会唤醒内在的疗愈力量，也为你的日常体验、心灵平静和整体的幸福感提供更多的活跃能量。你的生活就变成了你选择的一场冒险，而非为了生存逆来顺受。

练习锚定密码可以有力地增强我们接受线索和信号的能力，灵性自我不断向心智发出信号，告诉我们如何去展现真正的伟大。虽然这一密码只是一个更大、更强的过程中的第一步，但只要勤加练习就足以在你体内产生明显的能量转移。当你在中央通道内统一各种能量，形成更大的能量流动之时，这些变化将显著改善你的身体、精神和情感生活。

锚定密码练习源于古老的传统（比如前面提到过的“制感”），我对这些练习进行了改进和精简，这样一来，我们每个人都可以信手拈来去练习。你可以在任何地方、任何时间，在短短几分钟内就可以做这些练习。

在我们开始进入能量密码练习之前，我想提醒你一个关键点：这些实践不能仅靠心智来完成，并且不能只是想象着自己在做这些练习。你必须切身体会这些练习，运用你的整个系统来构建回路：身体、思想和精神（或呼吸）的回路。

用身体来进行练习，我们可以绕过思考阶段（或称为故事阶段），绕过这些戏码及对痛苦的感知，直接针对问题的根源和解决方案。能量密码练习是你的“操作手册”，用来训练你的思想、身体、呼吸，让你活出灵性自我。

我们来开始练习吧。

锚定密码练习

练习 1：主体—客体—主体

你有没有看过这样一部电影，电影情节起伏跌宕，摄人心魄，引人入胜。也许你会不由自主地对着屏幕说话，在追逐的情节中踩下想象中的油门踏板。也许你会沉浸在痛苦的对白之中，不知不觉地流下眼泪。突然又无缘无故地回过神儿来，感觉自己和其他观众一样，只是在剧院里看电影而已。重新返回现实之中，你的内心会发生某种巨大变化。尽管这种变化很短暂，但你仍感觉就像身处在另一个世界中。

我们度过自己一生的方式与此几乎并无二致。我们专注于身外之物，被其深深吸引，忘记了身体内的经验是由我们自己掌控的。我们把能量豪掷于关注的对象之上，把能量锚定在那里，而不是把我们自己锚定在那里。若能量被所有这些外在的实体所吸引，我们就永远无法完全放松，因为我们感觉不到强大、安全和完整。这种分散会削弱我们的系统，导致我们的免疫力和治愈力崩溃。

即使我们把能量投入到所爱的人身上或是让我们体会到极大快乐的事情中去，也会发生这种能量分散。一旦我们脱离实体，即使是在积极的情况下，也会产生一种抽离效果，这是因为我们失去了自我意识。人们在人际关系中有时会感到“迷失自我”就可以说明这一点，因为这些主体没能以自我为中心，而是被自己的情感对象所牵绊。

反过来说，若我们把注意力和意识拉进自己的中央通道，即使我们参与到俗事之中，仍然可以集中能量。我们还有更多的力量可以支配，因为它们来自一个锚定的稳固之所在。

为了帮助人们有意识地进入这个赋能之所，我使用了一种叫作“主体—客体—主体”的练习方式。以下是具体的练习方法。

（1）看一看你周围五英尺以外的某物。可以是一个人、一个物体，也可以是其他的任何东西。

（2）全神贯注，仔细研究此物，感觉你好像在把自己的能量注入那个物体，你甚至可以用爱意来潜心注视此物。

（3）现在把你的意识拉回到自己的核心中。感觉你现在回归自己的身体，透过自己的眼睛在向外看。

（4）注意这种感觉。你的周边视野扩大了，你甚至可以看到自己的鼻子或者脸颊。更重要的是，你能感觉到自己再次归栖到自己的身体之中。

（5）吸气和呼气时，保持这种自我意识。

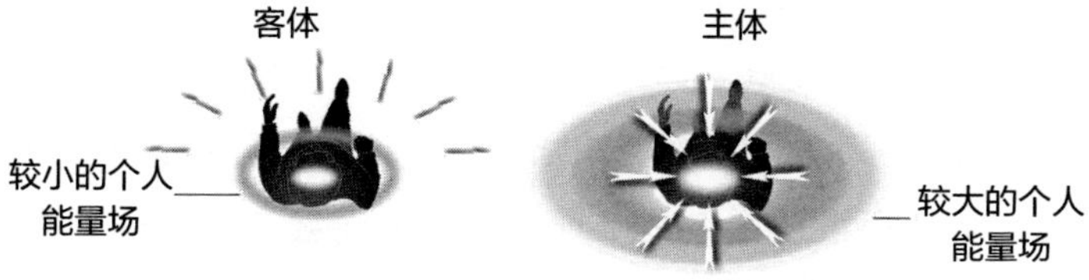

图 4-1　主体—客体—主体

我经常带领小组成员一起演示这种做法。

讽刺的是，当我们把所有的能量和注意力都投入到某个物体或某个人身上时，对方实际上会把这些能量或者注意力推开。这样一来，就可能导致各种关系变得复杂，包括困惑不解、信息混杂及失控。不要千方百计地弄清楚为什么有人在极力逃避我们的爱，甚至是退避三舍，根源就是我们没有用精力去维护这种爱，也没有竭力寻求这种爱。明白这一点，我们才能够负起责任，才能够有所响应（我将在后面的内容中详述恋爱中的灵性自我）。

把我们的注意力从自身外部转移到自身内部，从客体转移到主体，这会对我们在人际关系和创造性努力中得到的结果产生影响。我们把精力分散到这个世界，并习以为常，导致我们甚至可能都不知道自己在做些什么，这种行为让我们一直生活在保护性人格之中，生活在随之而来的各种戏码之中。

要想活出灵性自我，只需要我们在意识上做一个小小的转变，那就是回归自己的身体。其余的锚定密码练习，将为你提供这种转变所需的工具。密码中的每个工具都会在你“专注自我”的时候更加有效。实现这种专注自我并不会让你的生活变得困难，还可以使你不再受条条框框的束缚。事实上，如果你不再依赖外部世界来获得认可，反倒会在生活中变得更加随遇而安。

练习 2：中央通道锚点

以结构化的方式将你的意识锚定在身体里，是体现灵性自我的第一步。中央通道锚定点是实现这一步的主要工具，因为中央通道（或核心）是灵性自我的大本营。

在这个练习中，我们使用四把主“锁”或锚定点来控制通道中的基本能量。根轮是我们与地球连接，充分存在并参与到这个物质世界的门户。因此，我们会先关注这里，使用一种古老的版本进行练习。这个练习被称为“会阴收束法”（梵语为 *mūla bandha*，意思是“根锁”）。

会阴收束法

因为下面的这个练习，我收到过无数的电子邮件和感谢。这一练习会立刻把我们锁定在身体里。但是要小心，这可能会让你再也无法好好地“沮丧”下去！人们总是给我讲述他们的经历，告诉我他们练习了会阴收束法后变得“不再疯狂”了。

为了完成这一令人惊喜的能量转换，你要把意识集中在脊柱的底部。这会立即触发机关，开始聚集整个系统的分散能量，把这些能量牢牢拴在那里。

想象一下，有一个房间，到处都散落着氦气球。我们使用会阴收束法，抓住所有气球上的细线，把这些气球拉在一起，并将其绑在一个小沙袋上，然后扔（锚定）在地上。砰！混乱的局面就这么平息下来，变得条理清晰。我们的知觉突然从我们系统的外层、表层重新定向到身体的核心，在灵性自我的道路上迈出了一小步。

结果是一种根深蒂固的幸福感和归属感，这种生活就是“你的工作”。当你继续收集那些充满活力的气球时，把自己组织起来，脱离那种飞溅、分散的状态时，你就会开始感觉到自己的力量和存在。你再也不会把自己看作任何事件的受害者，而是作为自己生命的创造者开始生活。

以下是练习方法：

（1）收缩骨盆底部的肌肉，并将其向肚脐方向提起，就像从地面向上将能量吸入身体一样。如果你需要几天甚至几周才能掌握这一点，不要担心，该来的终会来的！

（2）一旦你练习了几次收缩肌肉并感觉到了，尽可能地挤压肌肉，然后释放一半，保持这一状态，同时从腹部向外呼吸，而不是胸部 [胸式呼吸会激活“战”或“惧”反应，腹式呼吸会激活愈合和创造力，此时（副交感神经）神经末梢会平静，并增加肺下叶的血液供应]。

（3）现在再释放一半，保持这一状态，用腹部呼吸几次，直到不需要花费太大精力就可以感觉“这种状态就对了”为止。我们的目标是在通常意识不到的组织中创造意识，然后在这个领域将我们的知觉发展得更精细。最终，当你在这个练习中取得进展，调谐好组织后，你只需稍稍绷紧肌肉，就可以集中能量——但现在，要倾尽所有！

（4）每天多练习几次，依据你的喜好，可以任意增加次数。

会阴收束法带来的变化可以轻而易举地让能量场一直拴牢在脊柱根部，使那里的组织开始苏醒。这时会产生一个新的振动，这种振动将让身体明白灵性自我正在进入！

收缩心脏

下一个锚点，我们将顺着中央通道向上移动到心脏中心，这个地方位于胸部中间，称为“心轮”（Heart Chakra）。在心轮这里，我们要收缩肌肉，以便重点关注这个区域并把能力“锁定”在这里。

以下是练习心脏中心锚点的方法。

（1）挤压或者绷紧胸部中心的肌肉，收缩心脏中心空间，不要靠左，那是心脏肌肉的位置，而是要在脉轮区域，其中心位于脊柱一线。向后朝着脊柱方向收缩胸。靠拢双侧肩胛骨，然后再一起向下拉。向下拉三角肌（在肩膀上方的一圈），然后收紧。随后从那里进入胸腔（如果你觉得细节有点不太清楚，想象一下你正在做仰卧推举，即“卧推”，朝着天花板推举重物，或者通过拿起或推举某些非常沉重的东西，注意一下，哪里的肌肉比较活跃）。

（2）绷紧肌肉，保持住，做几次腹式呼吸。然后，就像我们做会阴收束法那样，把绷紧的肌肉一半一半地放松，再多做几次腹式呼吸。

（3）再放松一半，继续呼吸。随着你对这种练习越来越适应，让你的意识深深地进入胸部。试着收缩在脊柱周围、心脏后面、身体核心深处的细小肌群。

（4）每天多练习几次，喜欢的话想练多少次就练多少次。最终，同时收缩两侧和后面的肌肉，打开心脏中心的前侧。在进行这种练习时，想象一下，你在这个支撑之下，感到很放松。

（5）以这种方式挤压心脏，就像我们在根轮通过会阴收束法所做的那样，将我们的意识、基本能量与身体集中在一起，给我们提供另一个接触点来锚定灵性自我。这样，会进一步将意识从外部转移到内部，从身体上将有意识的能量吸引到心脏中心，激活平静、放松、疗愈和爱。你的心智会开始体验被爱充盈的奇妙感觉。

缩紧喉咙

我们在中央通道的下一站便是喉咙。在这一站，我们要缩紧喉咙，像达斯·维德（Darth Vader）那样呼吸—收缩气流通道，在呼吸通过时可以感觉到呼吸，听到呼吸的声音。你的呼吸在吸气和呼气时都应该发出明显的声音。在瑜伽中，这被称为“乌加依呼吸控制法”（*Ujjayi Pranayama*），或称“胜利呼吸法”。这种呼吸法让我们能够“跟随”声音进入我们应该生活的地方，即量子翻转获胜，进入灵性自我。

以下是练习的方法。

（1）下颌微微张开，嘴唇紧闭，把舌头从后面往上拉，轻轻地收紧喉部肌肉，收缩开口。将下巴微微向后拉（不要咬紧牙关），感觉你的后脑勺和头顶朝着天花板升起。

（2）用鼻子吸气呼气，做几次深腹式呼吸。让空气进进出出时发出嘶嘶的声音，就像波浪涌上沙滩，还有点像打鼾。你可以大声呼吸，多大声都可以！

（3）把喉咙缩紧到一定程度，足以听到呼吸声时，你就会知道你的基本能量通过中央通道锚定在这一点。用意念追随着声音进入身体的中央通道，进一步将意识引向身体的核心。

成为双眼背后的人

沿着中央通道一路走来，我们的最后一站是头部的中心。能量从喉咙流上来时，我们要引导它通过大脑中部，到两个大脑半球的下方和中间那个区域。这个区域是松果体（Pineal Gland）的所在地。

松果体含有受光细胞，称为“杆状细胞”和“锥状细胞”，与我们眼睛中的细胞相似。松果体的功能有一部分可能会“看到”和接收内部世界不可见的微妙高频能量，而我们的眼睛则接收传递可见的光能量。换句话说，松果体就是你的内在或第六感的家园。自从我开发了自我体现的非凡感官知觉和回路以后，我就亲自体验到了这一点。

下面是这个练习的方法。

（1）眼睛或睁或闭，注意力放在前额中心，眉毛之间，被称为“第三只眼”的地方。把你的注意力集中在自我（主体）上，注意力集中在这个地方的时候，体会这种感觉。

（2）如果你需要更多的感觉来真正体会到被固定在哪里，那就把你的眼睛往上翻，直到你感觉到眼睛后面有些紧张。

（3）用腹式呼吸吸气呼气数次，暂时保持这种紧张状态。

与我们的“主体—客体—主体”练习相类似，这个锚点的目标是承认自己是“眼睛背后的人”。这会极大地将注意力从外部转移到内部，从“外面”转移到核心内的“家园”。要想锚定在身体里，你需要成为意识，通过你身体的眼睛向外看。

现在你已经熟悉了沿着中央通道的四个锚点，你要将其看作一条重要的流动能量通道。最终，当你能够在没有锚点提供的额外指导的情况下进行练习时，你会放松这些锚点，释放一种坠入身体的感觉。以后会有更多这方面的练习，现在这一刻，先努力挤压吧！

开始逐一收缩锚点：根锁、心脏中心、喉咙和第三只眼（见图 4-2）。保持这种紧张感，同时用鼻子大力吸气和呼气。一旦开始在通道上练习，就把这四个区域连接起来，就像有一条铅垂线在通道上下垂下来一样——从双眼背面的紧张感，到正在收缩的心脏，到可以听到呼吸的喉咙，到正在挤压的心脏，再到会阴收束法，从那里一直到大地，就像树根一样深扎大地。

练习感受这种排列，去体会和想象，如果有必要的话，可以诱导这种感觉。练习越多，你就越能开始在这个区域建立感觉，而感觉系统的回路会有所增加，会提高灵性自我意识和能量流动。

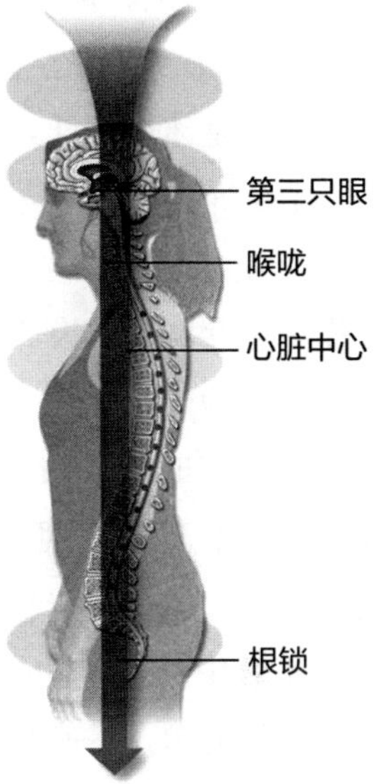

图 4-2　中央通道锚点

还记得经常被认为是出自阿尔伯特·爱因斯坦的那句名言吗？“直觉思维是神圣的天赋，理性思维是忠实的仆人。我们创造的社会尊重仆人，却轻视了天赋”这种感应能力就是我们应该使用理性思维的方式——作为直觉思维的仆人。你正在以与过去完全的不同方式来运用心智指导和使用你的感官，与以前使用的方式有所不同。其结果是，在你的真实本质中，你变得愈发觉醒，而你此前从未如此觉醒过。

除了这四个锚点之外，还有一个强大的方法，有助于将真正本原完全引入中央通道，那就是下面将要介绍的独特的呼吸模式。

练习 3：中央通道呼吸

如果让我说为何人们活得不够充实，那可能就是他们几乎从不练习呼吸！呼吸就是能量——所以当我们练习呼吸时，也是把能量移入和移出能量场。在呼吸的同时，保持与锚点和地球的有意联系，是激活我们的能量中心（脉轮）和巩固中央通道能量的有效方法，是体现灵性自我的所在。

中央通道呼吸是能量密码的一个基本练习。通过身体核心来呼吸，会让你切实感受到多维现实（身体、心灵、精神），并迅速将你从生存和反应模式中转移到拥有更高目标感的视角之中。

与其他练习一样，在这里你需要进行腹式呼吸——每次呼吸时，在吸气时伸展腹部，呼气时压缩腹部，而不是在胸部浅浅地呼吸。按照下述说明，在通过中央通道呼吸时，要特意让注意力在身体核心的每个能量中心上下移动，就像电梯在上下移动一样，不要跳过中央通道的任何部分。这是点燃你所有的电磁和最终神经回路的关键。下面是练习中央通道呼吸的方法。

（1）从锚点开始——先用会阴收束法抬起骨盆底，再像做“卧推”一样挤压心脏，再使用达斯·维德式的喉内呼吸，然后体会眼睛背后的紧张。

（2）把注意力放到头顶上大约六英寸处，从那里吸气。起初，可以随着呼吸想象有一个白色或金色的光球，这样做或许会有帮助，可以尝试一下。（但最终，你要意识到你就是这个光球，所以你可以感觉到自己通过头顶和中央通道向下移动，就像你通过电梯下到地下室一样，而不是从外部焦点看到自己。）

（3）通过通道一路吸气，吸入腹部，尽量保持锚点的收紧状态，吸气时伸展腹部。

（4）腹部呼气，气流通过会阴收束法进入地球，继续收紧四个锚点。呼气时腹部向脊柱方向收缩。

（5）现在反转动作：从地面吸一口气，让气流通过会阴收束法进入腹部。呼气时，感受自己的能量通过中央通道的升降机向上流动，然后从头顶出来。

重复整个循环练习。请注意，一个完整的循环包括两次完整呼吸：从顶部开始吸气，在你的头部上方六英寸处进入心脏、腹部、核心空间，然后呼气进入地面；从地面吸气到心脏、腹部、核心空间，然后再从头顶呼出（见图 4-3）。

开始第一次练习时，用一个舒适的节奏去呼吸。这样一来，你可以集中精力去维持锚点的紧张，并（随着呼吸）在中央通道上下移动。一旦熟练起来，你能够自然而然地掌握锚点的时候，就可以随意加快或减慢呼吸来创造特定的结果。采用更活跃或更激烈的方法练习时，呼吸会更急促、更有力、更大声，有助于透过组织内的沉积和脉轮间的遮盖物；而缓慢温和又深沉的练习方式可以针对复杂细节构建回路，整合微妙的能量。缓慢的呼吸还会促进放松，缓解压力和过劳造成的影响。随着本书的讲述，我将提供更多细节，教大家如何掌握这项技能。

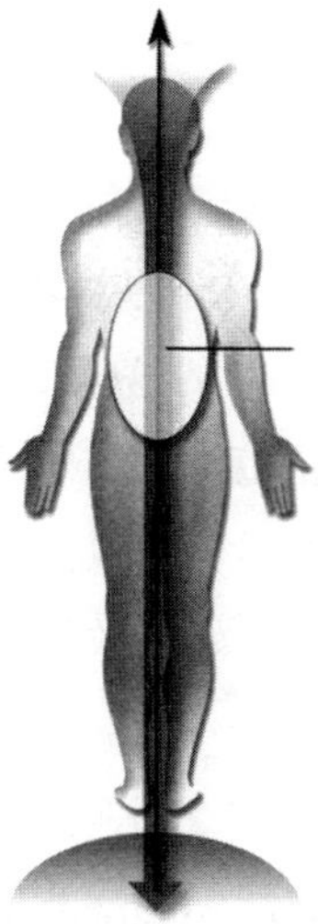

图 4-3　中央通道呼吸

若想进行更积极的中央通道呼吸法练习，呼吸四次：吸气两次，呼气两次。你会注意到这时呼气会发出“呼”的声音。你可以想象，这个有力的呼吸可以穿透沿着中央通道观察到的任何阻滞。

如果要使用更温和的方法，可以将呼吸放慢到六次、八次或十次，保持吸气和呼气的长度均等。

不管使用何种形式进行中央通道呼吸，最重要的事情是有意跟随呼吸（理想的情况下，与呼吸合二为一）在系统中上下移动，激活路径上的所有回路，不要跳过任何锚点或者通道之内的任何区域。

如果在一天中做多次练习，你会进步很快——特别是每天晚上睡觉前，把这个练习当成是睡前最后一件事；还有在每天早上醒来后，起床之前的这段时间练习。这两个时间段，恰好处在睡眠的两端，是潜意识和意识彼此交流最多的时候，也是为自己创立一个新现实的最佳时段。

为了取得最好的效果，每一天的每一次呼吸，最好都采用中央通道呼吸！

每次从身体之外吸气，穿过身体，然后再呼出到身体之外的时候，都在激活你的潜意识，使你意识到自己不仅仅是物质存在，还在多维度地汲取能量，从而不断让自己恢复活力。我就是通过这种方式才能在一周的时间内取得这么大的成就，而且我感觉自己越来越年轻了。

练习 4：来去自如

来去自如是一种能量流动更自由的中央通道呼吸法，目的及用法略有不同。就像“主体—客体—主体”练习一样，这种呼吸方法把所有的能量从头部、肩膀、身体上方，聚拢到身体中心。在这个练习中，能量向下流淌，像湍急的瀑布那样一路流过身体，在流动的过程中聚集沉积，然后强力释放它，进入地下。

这种“冲击”对我们而言有着巨大的价值。它能让我们摆脱停滞不前的能量，比如旧的思维模式、故事或其他习惯，让我们不再试图控制环境和境况。我们之所以想抓住这些无用的能量，不是因为这些无用的能量让人感觉良好，而是因为我们只有这些能量，并且我们熟悉这些能量。然而，如果我们不让这些能量消失，这些分散的沉积将继续削弱我们的能量场和能量流动，这些能量非常想得到释放，这种渴求会在我们的生活中产生诸多痛苦和冲突。

然而，在这个练习中，如果我们可以积极地熟悉变化的过程，让能量得以释放，让能量流过我们的身体，熟悉这种能量冲过身体的感觉，我们就会越来越容易放下那些无用的想法和念头。这是因为通过身体释放能量，复制了一种能量模式，如果我们能够真正在精神和情感上放下某一事物，就能体会到这种能量模式。因为对心智而言，在故事的层面上放手更为艰难，在能量的层面上可以更容易、更快捷，而能量正是沉积之所在。然后，我们就能转换心智，去追求更具创造性和更有成效的事物。

比如，你和某人起了冲突，你真心希望那个人明白并接受你的观点。然而现在那个人突然间明白了你想说什么，并且完全同意你的观点。这一瞬间，你为了说服他而付出的所有努力都付诸东流。你的任务完成了，你就不用再将其提上日程了。外在世界的改变，即因他人的改变而产生的改变会导致你内心世界的改变，一股能量会随着你的愿望得以实现而涌向你的身体。

当然，这个例子讲的是由外而内的改变，这是我们最终无法控制的——但反过来，我们可以从内而外去创造改变。我们可以练习一下，如果在别人弄明白我们想说什么之前，他们就已经理解我们，那会是一种什么样的感觉呢？这可以让我们在摩擦 / 冲突产生之前就得到及时的遏止。这样的练习非常有效，有助于释放受困的能量、瓦解保护性人格。

接下来说一下具体的练习方法。

（1）注意一下头部和肩膀周围的能量。（这些能量可能比你的腹部、臀部和腿部的能量更明显。）

（2）深吸一口气，吸到核心位置，立刻将所有的紧张感投入头部中心位置。放空上半身。

（3）缩紧四个锚点，把自己集中在核心之内。

（4）现在，呼气时，让这一能量通过中央通道一路下降，进入地面，不管你是坐着还是站着。然后，释放所有锚点，专注核心。“进入”会让大脑中央的创造力中心感受到更多的能量，“进入”会让你放下其他一切，锚定你稳固的根基。这种感觉很舒畅！

（5）用会阴收束法持续地练习来去自如。骨盆底下沉，腹部下沉，肩膀下沉，脚底打开，在你走路的时候下沉到地面，感觉每一步都有爱之瀑布流过。

当我们对某物产生依恋时，就会阻碍我们的能量。能量阻滞住了，会导致任何东西都无法移动，无法改变，或者无法流动。囿于能量人的精神体层面，从而使我们无法进入核心，不允许揭示真相。主动移除阻滞的能量只是我们在能量密码中所追求的自我控制的一部分。我们需要习惯移动的能量，而不是紧紧握住的能量，这样我们就能在锚定于身体的同时，处于一种非附着的流动状态。这种最佳状态为创造力、爱和一种不依赖于外部环境和认可的幸福感创造了更大的空间。稍后，在其他密码章节中，你将了解到爱的力量，爱就像篝火一样，将这些沉积、黏滞的能量转化为创造力，让我们的生活大放异彩。

与锚定密码相关的脉轮：根轮

练习这个密码不但会深刻地影响你的整个系统，而且还会对聚焦于脊柱底部的根轮产生特别的影响。因为每个脉轮都管理着某个特定方面的意识、某个生命领域和某个身体区域，因此改善脉轮的功能和流动将对你的健康、你的体验及你看待和对待生命的方式产生特定的积极影响。

根轮，也被称为“基轮”或“海底轮”（梵语为 *mūlādhāra chakra*，意为“根本支持”），是与我们最原始层面存在息息相关的能量中心，它代表身体上的生存和安全。根轮不活跃的人在身体或物质生活中不是很踏实，往往感到焦虑、不稳定和不安全，不断被生存相关的问题所困扰。他们可能会表现得很世俗物质，很飘忽不定，或很轻浮，或者只专注于外部。他们往往在沟通、感情和自我方面会遭遇很多巨大挑战，因此会经历好几段婚姻，工作也换来换去。他们可能倾向于把这些通通“塞”入身体深处，虽然内部经历了巨大的冲突，但外表看起来却很快乐、很强大。在某种程度上，他们的身体在这种能量消耗下再也支撑不住了，他们无法超越自身的恐惧。

许多根轮有问题的人也会有一种强烈的无法融入感，就好像他们内心有一种现实感——在他们的眼睛后面——与他们所处的现实不相符。因此，他们倾向于怀疑自己，如癫如狂，或干脆退缩，敷衍了事。由于根轮及其在我们意识中的水平，在总体上控制着我们的身体存在和健康，身体的症状可能包括健康状况不佳、免疫力下降、活力低下，以及身体结构系统的问题，如骨质疏松症、关节疼痛和虚弱以及腿脚不便。

如果你不在你的根脉里，你就不在你的身体里。如果你没有完全在这里，你就会受苦。锚定密码练习可以帮助你！

表 4-1 为根轮的一些关键特征，请留心其能量特征与身体部位的对应关系。

表 4-1　与锚定密码相关的脉轮：根轮

名称	第一脉轮，根轮，基轮，海底轮
位置	脊柱基部
颜色	红色
音符	C
关联身体部位	骨骼，骨骼体系，臀部，腿部，脚部，生殖器，脊柱底部，肾脏，身体的生命力，牙齿，指甲，血液，细胞构架，肾上腺
模型“背面”症状	精神昏沉空虚，内心无法平静，骨关节炎，整体健康状况较差，缺乏生气
模型“正面”特征	自制，体能充沛，踏实稳重，健康有活力，能够认识到“我就是源头”“这是我的工作”“我有归属感”“我会创造我所想要体验的一切”
练习	· 主体—客体—主体 · 中央通道锚点 · 中央通道呼吸法 · 来去自如
呼吸法（详见第八章）	通过中央通道呼吸
获取更大融合的瑜伽体式	· 幻椅式（*utkatāsana*） · 战士一式（*vīrabhadrāsana I*） · 金字塔式（*pārśvottānāsana*） · 树式（*vṛkṣāsana*） · 站立前屈折叠式（*uttānāsana*）

由于根轮位于中央通道的底部，处于能量（真实的我们）从地球进入我们身体的位置，根轮的动摇或者损害会引起涟漪效应，动摇通道的其他部分，使得大脑的高级中枢无法被激活。这样我们就永远无法体验真正的命运。相反，我们会继续身处模型的背面，陷于生存模式之中，努力地想让生活尽可能好起来。因此，要在根轮中激活我们的基本能量，让能量以最佳方式流动，对于我们的福祉来说至关重要。

通过锚定密码练习，你可以建立强烈的安全感、归属感和幸福感，这一切都是根轮整合的结果。你开始认识到“这个世界就是我的工作”“我可以搞定这个”。你可以培养并终身维持这种活力。与其认为你必须千方百计地融入世界，不如将此生视作你的游戏，用你的创造性去冒险，去体验至高的身体健康、活力无限、自我掌控的状态。

锚定密码瑜伽

为了帮助你提高练习能量密码的能力，强化能量密码的益处，现在，我想在这一组合中加入一些专门的瑜伽练习。瑜伽练习专注存在，是思想、身体、灵魂或呼吸的完美融合。瑜伽把注意力集中在身体的某个区域，你可以移动，也可以呼吸。这恰恰是你需要的合作，可以真正稳妥地锚定身体中的基本能量，从而获取能力，来引导和管理能量模式和能量流动。

身体觉醒瑜伽是我个人的教学实践，可以在每个体式中建立身体意识交流的回路。如果你以前不喜欢瑜伽，别担心，即使你从未做过瑜伽，你也可以尝试这里所建议的基本练习。但不要被表面上的简单所迷惑。许多拥有 30 年以上教学经验的瑜伽老师也会对身体觉醒瑜伽练习所产生的强大作用感到震惊。我相信这些练习也会对你有所帮助！

现在，进入锚定密码体式。

幻椅式

幻椅式很简单，几乎每个人都可以练习。幻椅式可以强力整合根轮，将你的能量固着在中央通道的基础之上。这样一来，你就可以开始建立你的存在，成为灵性自我。如果站立或平衡对你来说是一种挑战，你也可以坐在一把椅子的边缘上练习幻椅式。

练习幻椅式时，身体模仿坐到椅子上的动作。以下是练习方法。

（1）双脚分开与臀部同宽站立。把你的脚后跟和脚掌的重心放在地上，感受自己和你所站地面之间的联系。

（2）弯曲双膝，臀部向后坐，就像要坐在椅子上一样。把坐骨向后推，膝盖不要向前超过脚趾。保持膝盖平行，别让膝盖向外散开。如果需要更多的支撑，双膝可以并在一起。

（3）如果肩膀的柔韧性允许，将手臂举过头顶；如果不允许的话，只要把手臂尽可能举高就可以了。

（4）保持这一体式，呼吸 3 ~ 10 次，然后伸直双腿放松，双手放回身体两侧。

现在，让我们将锚定密码练习和身体觉醒瑜伽中的幻椅式结合起来，以提升所有练习的好处。

（1）保持幻椅式，同时，将注意力集中在站立的地方下面两英尺的空间，感觉自己锚定在那股能量之内。

（2）抬起脚趾，然后放回原位。脚跟向后靠，体会打开中央通道；然后脚趾向前倾，体会关闭中央通道（这是一个很好的练习，有助于找到中央通道的感觉）。准备好以后，再往后靠，将注意力放在中央通道上，保持这一姿势。

（3）注意力进入右脚，然后进入左脚，放松脚趾。转动脚踝，注意力进入脚踝关节，这样你就可以“感觉到自己居于内部”。轻轻站起，稍稍下降，注意力放在双膝之上。收缩大腿和臀部肌肉，缩紧髋关节的前部、后部、内部和外部，同时像我们之前练习过的那样，沿中央通道上下深呼吸。如果双膝并拢能为你提供支撑，那么现在将双膝挤压在一起，感受那里形成的回路。

（4）使用会阴收束法。并拢肩胛骨向下挤压心脏后部空间。将手臂完全向上伸展，同时用力将其“插”回肩窝，并收拢下巴。眼睛向上看，感受眼睛背后的紧张。体会自己沿着整个通道和脊柱的前面贯通，然后穿过中央通道，沿着双腿进入双脚，最后进入地面。

（5）进行数次中央通道呼吸。从你站立的地方下面两英尺之处把能量从地球上吸上来，通过双腿的整个通道向上吸入，进入中央通道。将呼吸集中在核心部位，通过心脏、喉咙、第三只眼向上呼气，然后通过头顶呼出。下一次吸气时，从头顶向下，通过头部、喉咙、心脏、腹部和会阴收束法；然后通过双腿向下呼气，进入地面。理想情况下，你最终会将身体与呼吸合为一体，成为呼吸本身。

整合根轮的其他瑜伽体式

除了幻椅式，还可以使用战士一式、金字塔式、树式、站立前屈折叠式来强化锚定密码联系。一旦你用每一种体式时，都能感到稳定和踏实，就可以开始整合中央通道呼吸，通过中央通道从脚底吸入能量和呼吸，通过头顶呼出，然后吸气进入中央通道，一路向下，使用会阴收束法向下，穿过脚底进入地球。

练习锚定密码时的常见挑战

在进行锚定密码时，会不可避免地出现一些常见的挑战。这些问题通常可以通过练习加以解决。

挑战 1：你无法同时挤压和呼吸。

通常，当人们发现难以同时进行腹式呼吸和挤压 / 提起腹部和盆底时，他们会感到困惑，不知应该做哪一个。他们会问："我是该挤压还是该深呼吸？"我的回答总是："是的，同时！"你必须同时做这两件事，这样你才能感受到由此产生的阻力——摩擦力。

同时挤压和呼气所产生的内部摩擦是我们意识进化的一种内部替代方法，可以替代以故事为基础或者碰碰车的方法。我们在这个世界学习到的方法之一就是对抗。例如，在和某人辩论时，因为双方之间认知的差异，我们会变得更了解自己。是因为我们之间认知的不同。同理，我们同时向内进行腹式呼吸和向外伸展肌肉，会产生内部阻力，因为呼吸在向外扩展腹部，而肌肉却在向内收缩，阻力生成了一缩一扩之间的差异。我们可以凭借感官系统体会到这一点，找到自己应该"活在"身体何处，我们以前可能从未注意到这种感知方式。通过阻力，我们了解到"我们是谁、我们身在何方"。因为在内部制造了这种阻力，我们就不必在外部世界的种种关系中制造这种阻力了。

因此，心智会得到放松，身体上"战"或"逃"的反应也会放松，我们创造了一个更为利于显露灵性自我的环境。然后，放松盆底，保持自我感觉。

挑战 2：挤压某些区域时，你无法体会或者感知这些区域。

我们中的很多人已经全凭心智生活了许多年，已经失去了体会身体微妙感觉的能力。不过没关系，如果你在练习时感觉不到内部收缩，那就把手放在外部，轻轻按压，直到能体会这些区域的感觉为止。比如，为了帮助将注意力集中在脊柱底部，进行会阴收束法练习，可以按压下腹部，就在耻骨上方，可以坐在你的双手或双脚之上。为了体会心脏，可以用手指压入胸骨，像是要“插进去”一段，然后用手向外按压，或者仰卧，举起重物，就像做卧推那样。对于喉咙部位，可以用手掌或手指轻轻按压颈部（前侧或后侧），再次“插进去”，然后向外按压。对于头部中央的松果体，在向上转动眼睛时，在双眉之间按压头部中央的松果体。你真的不必担心做得是否“正确”，在下一章中，你会对在这种情况下该怎么做有更多的了解，但现在请尝试如下建议。这里的目标是把你的注意力和意识带到正在练习的区域中，这样你就可以开始建立光子密度，即灵性自我之存在。你将恢复并建立感知它的能力！

挑战 3：感觉好像要同时做的事有点多。

开始做这些练习时，特别是中央通道呼吸法练习时，人们可能会觉得同时要集中精力做很多事情。但是，我们在生活中精通的许多事情都是如此，比如在学习驾驶时要手脚协调，或者做一顿饭要同时完成好几个菜，或者打高尔夫完美挥杆——超级棒！我邀请你加入这些练习，提供所有的能量密码工具，我知道在练习伊始，你可能会感到有点笨拙，有点机械，但是，就像你曾经学过的其他事情一样，随着不断练习，你会让这一切变得更加容易。事实上，你可能在短短几天内就开始感到练习更加轻松。保持对自己充满爱意，就会更快感到轻松自如。如果不能同时缩紧所有锚点并通过中央通道上下呼吸，可以从单独练习会阴收束法开始。工作的时候，花点时间抬起骨盆底，体会一下你自己在那里的能量存在。吸气几次，呼气几次，然后放松。只要想起来，就可以重复练习这个动作。在此基础上收缩心脏、腹式深呼吸时，练习将你的意识放在这两个中心。然后再加上喉咙，最后是眼睛背面的注意力练习。你很快就可以在通道内进行上下呼吸了！

最重要的是，不要放弃。任何人都可以做会阴收束法，即使是只做这一个练习，小小的努力也会产生很大的影响，因为这一练习会开始引导思想走向我们努力用能量密码创造的量子翻转。所以可以把这些密码练习分解成多个小项，一步一步来，在中央通道内建立意识，通过每一项练习来呼吸，坚持下去，直到这种练习变得信手拈来，所有其他密码的练习也是如此。

一旦你将注意力锚定在身体核心之内，就可以进一步参与并认同灵性自我了。通过感受体内发生的与生活经历有关的特定能量模式，就可以做到这一点。你会开发出一种全新的方法，来理解和回应生活中所发生的事情，比起只在故事层面上继续学习，会更快地获得益处。我的真正意图是让你不再为了回应世界而生活，而是作为创造者去生活，因为你本该如此。世界需要更多的原创型思想者，他们能充分意识到自己的能力——你就是其中之一！这是你的时代。接下来，我们将在“感觉密码”中激活更多能量。

第五章

05

感觉密码：灵魂的语言

几年前，我结束了一段长达八年的关系，我曾以为这段关系会伴我度过余生。虽然我已经开始建立新的回路，整合我内心深处“光明之旅”经历中打开的大部分东西，但这是新的领域。

这件事并不令人愉快。我刚刚在一年前失去了母亲，现在这段关系也分崩离析。我们就如何解除关系达成了协议，但事情并没有完全按照原计划发展。一个周日的晚上，我从机场回到家，看到房子空了一半。狗原本应该和我在一起的，现在也不见了。我感到沮丧无比。

我做梦都没想到我会经历这种直击灵魂的痛苦，并且因事出反常而显得更加糟糕。分开这段期间，我开始旅行，开始做公众演讲，我知道这才是我真正的人生道路，但我也有责任去照顾诊所、其他医护人员还有病人，他们需要照顾和指导。我常常因为航班取消和出差无法履行对病人和团队的承诺。一种从未有过的压力在我体内积聚。

有一天，我刚要离开家去办公室，就想起来好像忘了什么东西。我穿过卧室走回去，走向我的衣柜……然后瘫倒在床上。我彻底崩溃了，伤心欲绝，忍不住号啕大哭。泪水仿佛从我的骨头下升腾而起，带着绝望的声浪穿过我的喉咙，从我的嘴巴和眼睛里倾泻出来，甚至从皮肤里倾泻而出。

我穷尽很多能量，一直都在坚持，我决心奋勇直前，让奇迹发生。我告诉自己："不要再想了。"我无法想象还有一件事需要我去感受。但在情绪疲惫的状态下，它就像山洪暴发，冲垮开裂的大坝。

我躺在那张床上，泪流满面，放下了一切，我任由自己陷入痛苦之中。也许我已经厌倦了抗争和坚持；也许就是到了我该觉醒的那一刻。不管是因为什么，就在那一刻，我对自己身份的内在体验永远地改变了。我抽泣着，抓住胸口，抓住腹部，紧紧抓住我的核心。然后这些话出现在我的脑子里："纵使一切都离我而去，至少我还拥有自己。"

在那一刻的泪光中，我体会到了有史以来最大的喜悦感。这种感觉非常令人困惑：我比多年前更难过，同时又欣喜若狂。

放弃试图让它变得更好的想法，却恰恰会让事情峰回路转。我一直表现得像个行伍中的战士，但我已经达到了极限，再也无法那样坚持下去。当我卸下盔甲，任凭自己去感受时，一切都昭然若揭。我能放下那种想法，不再认为我有多么强大，也不再努力去维护一切。所有保护性人格的努力在瞬间化为乌有，所有悬而未决的情绪在轻松释然中喷涌而出。

我躺在床上，我的思维及保护性人格向灵性自我缴械投降。直到那一天，我才知道自己一直处于战士模式。我保护自己、"修复错误"的意愿一直停留在潜意识中，直到将我压垮，让我找到了自己的核心，于是我决定放手一试。在这一刻，我多年前的顿悟经历再次进入我的体内，比以往任何时候都深刻。现在，我不再等到溃不成军时才投入进去，而是大多时候都身居其中。但如果有什么东西把我从核心拉回来，我就会再次投入进去，一旦我感觉到有什么东西在能量场中产生电荷，我就放开自己，去感受真正发生的事情。我不再用心智和保护性人格去处理事情，也免去了许多痛苦，我要让我的身体、感觉，告诉我该做些什么。

什么是“感觉密码”？

通过锚定密码，我们开始把灵性自我的能量与肉体联系起来，给灵性自我提供一处居所。我们把心智集中在身体上，静待其变，在心智、身体和灵性自我之间建立了一种关系。这种新的联系为增加灵性自我的存在感铺平了道路，我们开始接受这三者之间宝贵的沟通，充分体验生命的意义。生命是唤醒灵性自我的觉醒计划，这样就能从最高的真正本性出发与世界对话。这种觉醒通过摩擦产生。没有摩擦，我们就无法意识到自己的哪些部分还处在黑暗中；我们需要摆脱现状，这样才能知晓需要在哪里重新引导能量，来整合支离破碎的自我。

我们无法避免摩擦。我们别无选择。在我们完全成为灵性自我去生活之前，摩擦会向我们展示需要在哪里建立回路以唤醒我们的伟大。我们可以选择发生在内心世界的能量层面上，抑或是发生在外部世界的故事层面上。

有一个例子可以说明这一点。假设在生活中有人说了一些你不喜欢的话，你感到非常沮丧。你对这个人的话产生了心理和情绪上的反应，你给自己编了一个故事，告诉自己这些话对你、对你与他人的关系以及对整个世界意味着什么。你头脑中会说这样的话：“为什么会发生这种事情？”“他本不应该这样做。”“现在发生了这样的事情，我该如何继续生活呢？”一段时间之后，你可能会问自己：“为什么这件事我就过不去呢？”或“为什么我不能原谅这件事？”

你“过不去”的原因是因为心智在故事层面上运作，直到从经验中收集到你所需要的东西，使某些回路连入系统，重新整合分散的能量，你的心智才能处理你的感受。在此之前，你的整个系统一直在努力阻止你继续前进，心智无法处理你的感受。很多时候，这种重新整合表现为“顿悟”或者“豁然开朗”。一旦能量转移，回路启动，故事就会改变，心灵与引起摩擦的事件的关系也会发生改变。

从保护性人格视角来看，摩擦看起来就是：“太疯狂了。我放不下这件事。我无法摆脱这件事！”从灵性自我视角来看，摩擦在说：“我们就要把这件事记在这里，一直就这样，直到你专注这件事，真正屈服于它——即使这样做会让你筋疲力尽。”因为，无论你是主动缴械还是因疲惫不堪而让步，就灵性自我而言，让步就是让步。就像在说：“没关系的，我就在这里，等着你准备就绪时来发现我——不管怎样我都等着。”

摩擦当然会引起我们的注意。不可否认，摩擦也在助力我们成长。一般来说，我们会给自己讲一个痛苦的故事，努力弄明白“为什么”会发生这样的事情。我们可以在摩擦中成长，但是不一定非要通过故事方式——这就是感觉密码要帮助我们去做的事情。相反，我们可以只关注伴随那件事情而产生的能量变化。与能量变化所揭示的东西同力协作，并管理能量。在灵性自我和心智之间的持续对话中，身体扮演着中介或者翻译的角色。这种对话就是感觉密码所关注的内容，感觉密码让我们更有意识地选择什么样的现实。

将导向从心智转向身体、从思考转向体会、从理性转向感性，如此一来，将启动感知的急剧转变。这将提高直觉能力，增强能量流动，让肉体得到治愈，因为它不再陷于压力和“生存主义”的故事情境之中。这样做，可以打开心灵、身体和灵性自我之间直接交流的通道。但为了有效使用感觉密码，我们需要知晓感觉和情绪之间的区别。

在传统心理学中，当我们谈论“体会我们的感受”时，意思是让自己充分体验我们的情绪状态，这样我们就可以让被拒绝或未经处理的情绪的滞留能量再次流动起来。但体会我们的感受和感受我们的情绪之间是有区别的，两者都存在于系统的同一带宽中，但如果注意力停留在心智之中，我们就会体验到“情绪”；如果注意力专注于身体，我们就会体验到一种内脏细胞层面的感觉。感觉密码能认识到能量场的感觉层和情绪层之间的区别。

人们曾经一度认为迷走神经负责从中枢神经系统（大脑）到身体器官的输出感觉，现在人们认为迷走神经负责从内脏器官到大脑的 80% ~ 90% 的感觉输入，即向大脑报告来自核心的提示。从深层本质自我去感知世界很是微妙，但要想唤醒我们内在的更大现实，这种感知必不可少。感觉神经系统的神经数量是运动神经系统的十倍、百倍甚至千倍，这表明感知内部世界实际发生的事情比随后在外部世界采取的行动更为重要。

迷走神经可以从肠道层面传输信息，这是肠道神经系统很神奇的一点，所以肠道神经系统被当成身体的“第二大脑”。有了迷走神经，我们就能整合信息，进行信息代谢，并在核心中产生反应，而不必与大脑进行核对，就可以对真理和主观认识产生深刻的感觉。能量密码教会我们如何在更微妙的能量层面上进行感知，以便更容易、更有效地展现出来。

世界产生摩擦时，你对它会产生三种反应：心理反应、情绪反应和身体反应（或称身体感觉）。现在，有了对能量的了解，我们就不会再去关注情绪（情绪与故事有关），而是去关心身体反应，身体反应由能量场的转变而产生。

尽管某个状况（如结束一段关系或失去一份工作）可能发生在一年前、十年前或二十年前，但如果这种状况在能量场中产生的摩擦没有得到解决，它仍然会在身体中引起某种感觉。当我们注意到，并学会如何处理这个问题时，我们就建立了回路，让能量通过该区域。如果停留在故事层面，能量就只能绕道而行，在中央通道上游走，在我们的外部生活中产生相应的功能障碍。换句话说，如果直奔源头，生活就会更为轻松。

大部分回路处于睡眠状态时，我们只能在情感上多下一点气力。我们会在情感上疲惫不堪，处世也不如以前灵活。我们没能忍辱负重，而是彻底崩溃。我们未能展翅高飞，而是一蹶不振。接通更多回路，我们就会更勇敢、宽容、快乐、灵活，一切将变得易如反掌。因为这就是我们真实本性的品质，只有唤醒更多本性，我们才能充分利用固有能力来参与生活。

感觉密码提供了一种新的能量语言，我称之为“身体对话”。这是接受灵性自我的交流并将其翻译给头脑的关键，这样就可以开始在每个生活场景中发现教训和启示。在后面的章节中，我们将掌握与利用这种交流的高效方法，整合摩擦所要求的经验，成为更完满、更和谐、回路更完整的自我。

感觉密码练习

练习 1：关注身体

关注身体，就是说中断旧有模式，不再关注故事层面，而是把注意力集中在身体上。通过关注身体，我们可以整合故事层面的能量，不让能量继续“编故事”，继续在头脑中循环。这种做法史无前例，因为它是一条进化捷径，完全改变了游戏规则，直捣问题的源头——能量，然后将其加以解决，从而在心智和情绪层面出现问题时，不必再沿用陈旧的解决对策。

这个练习虽然简单，但足以改变生活，下面就是这个练习的方法：每当你的生活中发生摩擦，产生情绪波动，或产生“带电”反应时，立即问一下“在哪里？”，而不要问“为什么？”例如，应该问“我身体的什么地方感觉到的？”，而不要问“为什么这会发生在我身上？”

（1）将注意力转向内部，集中在身体内。感知并体会伴随情绪反应而产生的能量变化。某处会有一个“电荷”，就像紧绷或者紧张时发出振动或嗡嗡声的那种感觉，或抖动，或颤抖，或钝痛，或剧痛，或热，或冷，一阵阵突然袭来，转变即将发生。

（2）回答以下关于感受的问题。

•在你身体的什么地方出现了这种感觉？是在心脏、喉咙、头、内脏还是大腿？这种感觉也可能会偏离身体的中心线，在肩部、手臂等部位。这种感觉是否会从一个地方传到另一个地方？

•这种感觉是什么样的？（再次说明，这种感觉可能会有好多种特征，不要去判断或解释这些感觉。只需要留意，然后体会或体验这些感觉。）

•这些感觉的位置与哪个能量中心、脉轮或意识区域最为呼应？

（3）接下来，与意识中的这个疏离的部分沟通，使其知道你正在与它建立联系。可以通过在内部收缩你体会到那些感觉的区域来做到这一点，这会让你的身体知道，“我听到了，我正在让心智去关注你”。

（4）当挤压这个部位的肌肉时，按照你在锚定密码中所学到的中央通道呼吸法那样去做，并在练习中留意特定的部位。从最接近挤压部位的通道末端开始呼吸，然后“揪住”这个部位，把它带入能量流中。例如，如果你感觉到了大腿一阵震颤，将呼吸从脚底，通过中央通道引入大腿，同时收缩大腿，然后“抓住”这种震颤，使用会阴收束法和其他三个锚点，将其带入通道的能量流之中。

继续吸气，让能量上升到腹部、心脏部位，然后从腹部、心脏部位呼出，通过中央通道抵达头顶。然后反过来：从头顶吸气，通过中央通道的锚点流入心脏部位、腹部，一边呼气，一边收缩大腿肌肉，将能量推向地面。你可以想象：大腿和小腿的中间是中空的，能量可以直接流过。

重复以上动作，至少做完两个完整循环（提示：一个循环周期包含中央通道的一次自下而上和自上而下的循环）。感觉到能量发生变化，就可以停止，如果感觉不明显，那就循环 6 ~ 8 次。最终一定能感觉到能量的变化！

让能量在身体内循环是最有效的一种练习，可以加速意识演化。不需要浪费时间和精力编造故事，也不需要关注发生的事情究竟是“对”还是“错”，也不必责备自己或怪罪他人，也不必努力避免发生这种情况，你只需找出那一刻身体里激活的部位，开始解决那个部位的问题，因为那个地方需要你的关注。注意，该部位不只是刺痛或抖动而已，而是一个激光指示器，告诉你需要在哪里建立能量流、建立感觉神经系统的回路，最终才能更充分地感知自己的内在，唤醒更多能量。这是灵性能量在通过身体向头脑传达信息，告知头脑信息和能量流的哪个部位还存在隔阂。

让心智以这种方式参与进来，不再使用故事模式，一开始你可能会觉得很陌生——但尝试其他任何事情都是徒劳，因为我们并不是为了故事才来到世间。我们给自己讲的那些故事除了告诉自己应该解放神性之外，与我们的神性实则毫无瓜葛。在卓有成效的尝试中，我们不会通过故事去改变现实。我们会运用原始、真实而又永恒的能量来改变现实，这些能量才是最纯净的自我。能量会跟随你的意识。利用这种练习，建立回路，有意识地通过中央通道去呼吸，就能更充分地体现完满。

我想在这里强调一点，我绝不是要求你去否认任何已经出现的情绪。正如我在工作室告诉人们的那样，永远要先去“拥有你所拥有的一切”，去体会你所感受到的一切，与此同时，练习一下，把这种感受带入身体。如果你想真正感知一切，就必须有意识地去面对一切。但我相信，只要使用能量，你最终一定可以更快、更全面地感知一切。大多数人最终都会发现，他们可以直接进入这个层次，而不需要停留在情感的能量体中。你会发现，要想将能量带入身体，首先需要我们变得脆弱。但是，正如我经常在课程中告诉学生的那样，你的弱点恰好就是你的力量所在。你愿意去感受自己身体里真实的一面，去体验它、利用它，虽然这样做显得势单力薄，但这就是在承认真实的自己。必须放弃所有防御策略，放弃保护性人格，不要再努力去保护自己不受伤害，而是应该通过感受，与内心感到痛苦、困扰和伤痛的地方建立联系。

具有讽刺意味的是，在能量层面上去处理伤痛、阻滞及伤害远比在故事层面去处理这些问题容易得多，而且也没有那么可怕。

我们不再执迷于对错、纠结情绪和妄加评判，我们只需简单地让碎片化的能量回流到身体中，让这些能量最终整合在一起。然后，周遭产生的情绪电荷就会突然消失。曾经的恐惧和冲突堪称奇迹般地荡然无存，取而代之的是智慧、坚韧及快乐。

练习 2：不要描述，要感知

另一种力量练习也很有效果，这种练习旨在尽量不要再浪费时间和精力去讲述故事（即你的症候）。讲述能量阻滞的症候只会火上浇油，这样一来，这种症候就显得更加“真实”。要记住，我们越是关注一件事，这件事的存在感就越发强大。

当你遇到某种状况，引发某种负面情绪，并且陷入这种情绪时，你可能会想要描述这种情绪。你可能会注意到，这样做只会让这种情绪更加严重。为什么呢？因为现在你不仅在感知这种情绪，同时还在创造一个关于这种情绪的心理故事。例如，遇到交通拥堵，你就会开始感到焦虑，身体的某些部位可能会感到不安、紧张甚至刺痛。如果直奔根源，开始使用中脉呼吸法，“利用”那部分身体及感觉，立即重新整合能量，几乎立刻就会感觉好起来。然而，如果你还沉浸在焦虑的情绪中，不仅会感受到这种焦虑带来的不适，甚至还会因为这种状态做出一些情绪化的反应。

当你描摹自己的感受时（尤其是那些被你贴上了负面标签的情绪，比如焦虑、恐惧、愤怒或悲伤），你已经被情绪所主导，因为你对它们以及它们对你的意义产生了偏见。你不想焦虑、不想害怕、不想愤怒，也不想悲伤，所以你抗拒自己的感受，或者逃避自己的感受，这反而会让你更难释怀，让事情更加难以解决。如果你能跳出评判及讲故事的思维模式，就能快速地从负面情绪中解脱出来。

所有情绪生而平等

所有能量生而平等，因此，所有情绪也都是生而平等，理解这一点可以帮助心智从故事层面转换到能量层面。当我们认定某些情绪不受欢迎，比如我们认为快乐和满足都是“好情绪”，而恐惧、愤怒、悲伤、羞愧和内疚则是“坏情绪”。如此一来，想要从能量层面利用这些情绪就变得更为困难。但情绪不过是不同频率的能量，所有情绪在整体能量脉动中扮演其独特角色，不断拓展，不断锚定，如此反复，我们自身和自然界的万事万物都处在这一自然循环之中。

所谓的消极情绪就是我们想去不断扩展，而积极情绪就是我们想要努力锚定下来。例如，愤怒和恐惧阻断了我们的联系，使我们无法与重要的东西连在一起，这些情绪就是更为沉重的能量，振动较低。反之，爱、希望和灵感打破了我们自身的界限，帮助我们通过更高的振动频率得以扩展。

让我们来想一下：一只水母在水中通过不断收缩和扩张自己的身体来游动。实际上，水母是靠收缩身体向前移动，而收缩之后还需要再次扩张身体。每一种体验都有其目的，人生的所有际遇都不可或缺。例如，愤怒是一种默认方式，让你缩得更紧、更接近“内在”，而非进一步分散。也就是说，除非你学会有意识地投入其中，从而完全缓解愤怒的能量振动需求。

所以，现在，唤起你的愤怒吧。想一想真的让你很烦的某件事或者某个人，在你肉体内部及周围的能量场中，将会发生一次收缩或者“锚定”。留意一下这种感觉，下次再遇到时你就可以识别出来。然后再想一想能给你带来巨大快乐的事情，这次你可能会经历一次“扩展”。当我们生活在故事层面时，伴随着这些能量收缩和扩展而产生的情感只是能量本身的一个反映或者附属品。

这两者都很必要，但如果我们能够学会利用能量，而不是等着它自动转为情绪状态，我们就能在被生活控制之前控制生活！

如果我们能够从一开始就把情绪看作各种锚定或扩展的力量，我们就不再惧怕悲伤。我们不再转移自身的羞耻感。相反，我们会意识到，每一种情绪都在不断膨胀的洪荒宇宙之中扮演着一个角色，占据一方领地，引导我们去注意能量分散或破碎的所在——这是灵性自我的一个层面，即我们尚未觉醒到的层面。这种精密编排的相互关系，让我们不断建设好回路，走向充分整合。

疾患阻滞能量

身体疾患也是一种能量。许多人都惧怕生病，但还有另一种看待疾病的方式：疾病有助于我们发现身体能量场中需要激活的部位。如此看待疾病，我们就可以迅速掌握疾病背后的问题，从而解决问题，而不是归咎于自己，认为是自己“招致”了这一祸端。我的许多学生一听到这种说法都松了一口气，并认为这是冥冥之中的又一次感召，给我们提供了另一种视角，来深刻意识到自己的伟大——就像一位永远不变的朋友，不到我们见证自己的辉煌那一刻，绝不会放手。

你可以用类似处理情绪的方式处理以身体疾患方式显现出来的体内能量阻滞。事实上，生病的过程不过是能量分散的一个副产品；换句话说，这是一个回路问题！我们并未意识到能量正以某种方式飞溅出来。当我们完全把注意力集中在外物之时，就会忽略身体内部所发生的事情，察觉不到这些细微变化（即微妙能量流中的波动），所以能量需要大声“讲话”来吸引我们的注意。因此，正是生活和（或）身体的不适，唤醒了我们对身体能量的关注。

只有收回自己的感觉，将这些感觉引入到内部领域，关注并重视内部所发生的一切，才能据此做出决定。否则，为了引起我们的注意，成为灵性自我的呼唤之声就会越来越响亮。由于没有回路，在一些能量阻滞的地方意识尚未唤醒，能量无法在系统内畅通流动，就会不停冲撞，产生摩擦，以致过度刺激周围的阻滞。我们可能就会经历炎症、易怒、机能亢奋，或是疲惫。我们普遍认为这种细胞分裂是一种慢性退化性疾病，但实际上，这完全是灵性自我想要引起我们注意的一种尝试。创伤或疾病的存在只是为了帮助我们找到需要打开的通道，以便让我们不断提升自己，成为最好的自己。

不幸的是，对我们所受的伤害施以必要关注，往往是我们最不想做的事情。症状严重时，我们有一致的想法，那就是想远离这种症状——避而不谈，把它当作发生在自身之外的很陌生的事情。然而，我们越是忽视能量不流动的地方，身体上的失调或疾病就会越严重。

我想请你去做一件事，这件事一开始会让人感觉有点反常：向问题倾斜，向痛苦倾斜。专注问题，直面痛苦，然后全身心投入到问题或痛苦中去，让你的心智获取信息，知道那里需要些什么，因为如果你在内心有所感觉、有所体会，身体会揭示给你。可能并不是通过语言来揭示的，但现在你将学习如何用头脑诠释并回应灵魂的语言。熟悉这一点以后，再通过能量练习，你将能够侦测到能量中的摩擦或电荷，从而解决这些问题，得到疗愈，甚至可以预防疾病。

玛莎（Marsha）把 18 个月大的女儿希瑟（Heather）带到我的办公室，孩子很是狂躁，玛莎说希瑟在过去整整 18 个月内排过的便便没有一次比杏仁大。除非是坐别人开的车，她从未睡过超过 20 分钟的整觉。玛莎、她丈夫和她母亲每天 24 小时轮流照顾孩子，尽可能地让孩子舒服一些。我问了两个问题：在分娩过程中遇到过困难吗？或者婚姻中有过什么困难？这是我见过的婴儿健康问题中最常见的两个神经性情感原因。玛莎开始痛哭。这对夫妇曾计划离婚，就在那时，玛莎怀孕了，为了孩子，他们决定复合。

我使用生物能量疗法来治疗婴儿，指导玛莎去练习能量密码，去向现实倾斜，要知道她仍有未解决的能量问题需要处理。玛莎的能量开始再次移动，她感到自己再次精神焕发起来。我们在婴儿的系统中建立了清洁和过滤的流程，没过几天，婴儿的肠道功能和睡眠模式都开始恢复正常。玛莎的内心世界也得到了解放，生活重新开始。她能够与来自内心的暗示建立联系，对她最深层的真相——她的灵性自我有了更大的认识。她与丈夫重修旧好，“从此以后过上了幸福的生活”。

真正理解这一点时，我们就会明白我们的系统设计得多么完美。即使是慢性病也会向我们展示哪里最需要关注。而且，谢天谢地，实现疗愈永远不嫌太晚，因为生活一直在引导我们这样去做，所以这件事与其说是疗愈，不如说是揭示真谛。

我希望你能像我一样兴奋，不仅是因为我们拥有巨大的疗愈能力，更因为我们还具有内在的指引，总是努力管理生活，为最高利益服务。能量密码将告诉你如何建立回路，如何在干扰在物理世界中表现出来之前就将其从能量场中消除，从而在伤痛及健康问题方面防患于未然。但是，我想向你保证，如果你的身体已经存在某些状况，那也没关系！不管是在已经产生病患的地方建立回路，还是通过建立回路来预防疾病，这两个过程其实一模一样，都受同样的机制调控。能量再次以最佳方式流动起来时，无论疾病是否存在，都会恢复健康，因为这种最佳流动是一种能量状态，在物理世界中表现为健康或福祉。

“不要描述，要感知”作为感觉密码练习的一部分目的是引导你不要再描述病痛。就是说不要自我诊断，究其原因，这与我们不要描述自己的情绪一样：描述某件事情的时候，我们就进入了这件事情的故事之中。我们在网上查找诊断，想知道如果现在已经发生了这种情况，看看还会有什么情况发生在我们身上。虽然我们绝对希望自己行事可靠，能在生病（有某个症状无法解决，或者病情反反复复）时寻求关注，可是我们就是无从下手，但却又不想忽视更大的潜在真相：现在表现在物理世界中的症状或状况实际上始于能量场，如果我们希望真正“治愈”这种症状，就必须在能量场中解决这个症状。因此，你在练习时绝不会想再重温旧痛，若你仍心有疑虑，不免会想要向他人求援。每当你想放弃时，我便想将父亲常挂在嘴边的一句话奉送给你：“你头疼不是因为你的身体里缺少阿司匹林！”让我们先看看原因，然后再去和它为我们提供的“礼物”沟通一下。

打断旧有的观念模式，让能量在故事层面之下流动起来，我们就会开发出奇迹般的领域，一个超越逻辑的世界，一个终极创造力所在的世界。第一步，从感觉密码开始，教会心智感知并支持能量的运动，解决任何需要我们关注的问题。如果我们能在心智偏向故事之前进入这种状态，就能让灵性自我掌控方向，引导我们走向完全整合。这时，我们开始展现真正宏伟的自我，展示我们创造者的真实身份，而不仅是治愈伤痛。

练习 3：关注内在

通过前两种练习，你就会明白“关注身体”在这项训练中的重要性。因此，我想请你把“关注身体”作为一种持续性练习，最终成为一种生活方式。我称其为“关注内在”。

当出现一些令人不安的事情时（甚至当一些美好的事情发生时，我们想建立回路以维持其益处——稍后将详细介绍），“关注身体”更像是一种分流工具，而“关注内在”就像是听起来那样：在我们每天清醒、展开行动的过程中，持续关注在身体能量层面上发生的事情。

迅速处理能量转移，不让事情升级为更大情绪、故事或疾病，随之而来的就是平心静气，掌控大局。除此之外，关注内在，我们还会得到一个巨大的益处，那就是不断地与灵性自我进行其他类型的沟通——创造性的冲动、灵感和认知，不断地从核心深处上升到意识、心智之中。进行这些灵性交流的时候，我们就真正得在这个物质世界中为自己赋予了生命，成为了灵性自我，我们最终会获得一种真正神奇的、灵性的生活方式。

为了养成关注内在的习惯，我强烈建议从现在开始，每天扫视一次中脉。下面就是扫视的方法。

（1）当早上醒来还躺在床上时，非常缓慢地将你的注意力通过中脉向下，从头顶到大脑中心，然后向下到头骨与颈部的交界处。在那里做几次中脉呼吸，再下到喉咙，然后一寸一寸地下到胸部中央——心脏中心的所在。然后，从核心的深处往下走，穿过太阳神经丛，然后进入胃和肚脐区域。在肚脐下方进入第二脉轮的智慧中心区。从那里继续往下走，穿过腹部，走出脊柱底端。

（2）注意，要一寸一寸、彻彻底底、慢慢地扫视，你可以接收到任何涌动的能量，你可以捕获到任何区域，但你的注意力似乎把这些都跳过了。留意感觉，或者留意一下中脉的能量流是否还有间隙。你会识别出这些“空白点”，因为你会聚焦每一寸中脉，追踪每一寸中脉，向下穿过头部、脖颈、上胸部……突然你的注意力就到了心脏上，好像在中脉跳过了三英寸，或者你会发现你正在考虑这一天的待办事项！发生这种情况时，你知道你无法在每一寸中脉上都保持专注，因为你的能量回路在这些区域内并没有形成有意识的连接，也没有在整个中央通道上形成有意识的连接。

（3）如果你注意到一个区域或其中的一个空白点，去挤压它，并沿着中央通道继续上下呼吸，贯通这一区域或者空白点。这样一来，就会开始建立感觉回路，将更大的意识带到那个区域，激活那里的意识能量。它也会告诉你，你的生活领域和你的基本、真实的自我的各个方面，或许也在那一天引起了你的注意。

（4）如果在融入这个领域时有任何感觉、意识或者信息，请记录下来。如果你通过某种感觉听到了内在智慧在说话，请引导大脑倾听内在智慧所说的话。请和你的发现“待在一起”，这一点尤为重要。在这一整天再次重温那个地方时，留意一下，看看这种意识会产生什么影响。

（5）如果觉察到某个特定区域疼痛或有什么感觉（或没有感觉），不要把这些症状解释为需要治愈和处理的“东西”。相反，你只需专注于整合能量。在我的工作室里经常发生这样的事情。回到家后，人们经常汇报说，他们不再描述那么多的东西，因此他们需要治愈的“东西”越来越少。一定要记住，我们是一股流动的能量，必须保持能量的流动。当能量被断开，即身体出现症状时，我们往往会将其描述为某种需要治愈的东西。我想请你先尝试一下用这种方式来使用能量，看看事情会发生怎样的变化。

（6）留意能量场在一天中发生了什么。再说一次，不要描述你所察觉到的情绪或感觉，只需关注内在，去获取意识——意识到下次你该如何整合，该如何练习中央通道呼吸，该如何去挤压出现感觉的那些点。

（7）晚上睡觉前，躺在床上，做另一次扫视，特别留意一下早上注意到的区域。有什么不同的感觉吗？挤压任何出现感觉的点或者空白点，同时练习中央通道呼吸，然后放松入睡。

我个人的许多回路都是在凌晨 3:00 ~ 5:00 通过这种练习建立起来的，所以如果你半夜醒来，不要伸手去拿手机或平板电脑，也不要躺在那里让大脑讲述你失眠的故事，把时间花在这些练习上才是明智之举，这样你就不会再被各种担忧所困扰。顺便说一句，在古代东方传统中，这个时刻非常神圣，在这个时刻，可以完成意识进化中最重要的工作。

早起的第一件事就是扫视一下自己，晚间入睡前最后一件事也要扫视一下自己，关注内在，这样做很容易，也很有益处。你也可以在任何时候使用这个扫视练习来了解更多的生活经历，看看这些经历是如何持续地影响你的。例如，你可以花一点时间，思考一下你现在正在经历的冲突或挑战，然后关注身体，看看这个冲突或挑战会在哪里显现出来；然后挤压那个地方，把呼吸带到那个地方，之后再开启你这一天的生活。

也可以回顾你的一生，想一想或者记录下来，这些经历显然是公交站对话的一部分（你知道这些是什么，因为这些才是你生活真正精彩的部分）。当反思其中某次经历时，请关注身体是否会显现出什么东西，再按照本章前面的说明进行练习。

练习得越多，就越容易解读灵性自我在身体中所表达出的能量语言。后面要介绍的能量密码练习与之有更多细微差别，但是现在，尽可能多地花时间关注内在，熟悉感觉语言的节奏，让它揭示在哪里可以把更多与生俱来的辉煌连接到系统中来，最终你会从内在出发去生活，那才是你真正的力量所在。

练习 4：不要“想要”，要“拥有”

在感觉密码的最后一个练习中，我们将比较系统中的不同能量，获取一种感受来真正帮助你展现你想要什么。本书不仅会为我们成为灵性自我、疗愈生活和健康的所有领域提供指引，还会通过充分体现能量和本质，来显化内心的真实渴望。

物质实相会根据能量模式铺陈开来。这种相互关系是结构性的，而不是个人的；能量的振动频率决定了生活中会显现出什么。在这个练习中，我们将进入内在，去感受两个不同能量频率之间的对比。这些频率起着至关重要的作用，会决定你能否从灵魂的激情中显化自己。这是一个体会能量、体会“想要”和“拥有”之间的差异的练习，然后，锚定所需的能量模式，来创造我们所渴望的一切。30 多年来，在我与病人和客户一起练习的过程中，谈起他们的健康和幸福，这一直是他们实现自我转变和治愈的一个最好的工具。现在，这个练习也可以让你享受到同样的益处。

根据定义，如果某个东西在某个频率上振动，它就不会在另一个频率上振动。“想要”的频率与“拥有”的频率不同，所以，如果我们处于“想要”的振动之中，就不会“拥有”。再说一次，这是一个结构性的关系，每一个能量模式都会运动起来，会造成一个特定的结果。因此，要想在生命中显化某些东西，必须在振动中体现“拥有”这种东西，必须在身体中创造某些感觉，如果你已经“拥有”了你想要显化的东西，这种感觉就可以创造出来。如果你一直沉浸在“想要”的渴望之中，光子排列就变成了“想要”，而不是“拥有”，如果不去改变振动频率，你想要显化的东西就不可能实现。

好消息是，一旦从“想要”转变为“拥有”，“想要”的东西就必定会显化出来！

试试下面的练习：

（1）闭上眼睛，沉入内在。头脑里想想你真正想要的东西，注意身体的感觉。仔细体会是哪里出现了感觉？这些感觉的品质如何？

（2）现在想象一下，你已经得到你想要的结果，它已经显现出来，已经成为日常现实的一部分。注意力集中，在身体内部体会一下，“拥有”的感觉如何？注意体会哪里的能量得到了强化，体会一下差异。

（3）接下来，随意回忆“拥有”的振动频率，这个振动频率保持在意识之中，能多久就多久。每当注意力转到“想要”的东西上时，唤起那种“拥有”感的振动，甚至可以把突出的领域彼此联系起来。这样一来，就可以在能量场中拓出一条新的连接路径。坚持这样做，很快练习就会变得简单起来，甚至能自动进行。

我目睹了这种练习已经改变人们的数百种模式。

克里斯（Chris）已经为一段新关系做好了准备。他有一段破裂的婚史，后来又准备开始一段新关系。然而，当他描述他“想要”的生活时，他既渴望又紧张，所以他说话的时候，能量都在上升，几乎离开了身体。当我让他留意这个事实，让他想象一下，如果他已经“拥有”了那段恋爱关系，他的身体会有什么样的感觉时，他的能量立刻下降到了心脏区域，甚至更深入地扎根在他的核心。通过呼吸来建立维持能量的回路，在身体中感受到能量，想象“拥有”这种关系而不是“想要”这种关系，他立刻感受到了解脱。

格里（Geri）来到我面前时，带着一个沉重的能量场，这个能量场似乎陷入停滞，变得非常“萧条”。她的话证实了她已经在一个黑暗的地方滞留很久了。她告诉我，她有过自杀的念头。她希望改变自己，但又无能为力。

我通过一个简单的练习帮助了格里，我让她想象自己已经熬过了这段艰难时光，这时她开始了转变。通过练习中央通道呼吸法，她的能量开始移动，同时在她身体里创造感觉，假定她已经“拥有”更加快乐的生活，而不是“想要”这种生活在将来某个时候到来。通过建立新的途径，让能量从给人以力量的中央通道流出。那天结束治疗的时候，格里感觉自己像换了个人一样。几天后，用她的话来讲，她仍然保持着“开放的心态，头脑也更轻松”。格里把未来带到现在，让身体建立一个新的能量模式，就像未来已经是既成事实。几个月后，我发现她更加阳光了，“没有任何有害或令人痛苦的想法”。事实上，她确实“真正感受到了快乐！”

记住，为了每一步开悟，为了灵性自我的生活，要坚持发力，要其体现出来。如果你把这种体现的元素加入到任何仪式之中、任何你正在从事的活动之中、任何做出的肯定之中，或者你的任何梦境之中，你正在努力创造的东西就会更快地在物质世界中显现出来。为什么会这样呢？因为最终所有的接纳、释放、创造和演进都必须发生在身体内部，在我们的能量场中体现出来。

同样地，随着越来越多的沟通回路在内心深处和思想之间激活，你会发现你的欲望在改变，你开始远离保护性人格。你会发现你“想要”的和以前不一样了。内心深处的这种冲动可能会令你感到惊讶，但当这种冲动显现出来时，你的内心会快乐地歌唱。

抓住，不要错过！

你可以利用这些练习，一边练习，一边关注内在，去体会那些喜欢的经历，锚定你在生活中的经历。我把这种练习称作“抓住，不要错过！”它的练习方式和所有练习一样，只在产生奇妙的电荷时使用，不要在产生令人不安的电荷时使用。这就好比在整个能量或脉轮系统中“传播好消息”，用喜悦时产生的高频能量来激活回路。例如，在我和学生的觉醒之旅中，每当游览世界各地遇到美丽的景色时，我们都会做这种能量练习。每天、每时每刻、循序渐进地呼吸，将心智与灵性自我连接起来，你就会开始在你的日常生活中发现更多快乐的时刻。

与感觉密码相关的脉轮：生殖轮

感觉密码与生殖轮（即第二脉轮，梵文为“*svādhiṣṭhāna*”，意思是“自己的座位”）相关。生殖轮控制人类能量系统的情感（或感觉）层面或人的能量体。因此，整合生殖轮对情绪有稳定作用。生殖轮不再抖动，我们就不再编故事，较少在情感上产生反应，就更能去体会身体的能量层面。

许多生殖轮有问题的人都会遭遇情绪及精神健康问题，比如抑郁或者焦虑。他们可能会过度情绪化或采取逃避行为来处理压抑的情绪。他们可能很难信任自己，也很难信任他人。他们可能有下消化道问题、排泄系统问题（包括肾脏和膀胱），甚至是生殖器官问题。

表中总结了第三脉轮的一些关键特征，需注意其能量特征与身体部位的对应关系。

表 5-1　与感觉密码相关的脉轮：生殖轮

名称	第二脉轮，生殖轮
位置	肚脐正下方

续表

颜色	橙色
音符	D
关联身体部位	膀胱，前列腺，子宫，骨盆，神经系统，背部下方，体液调节，肾上腺，性器官
“模型背面”症状	性冲动不平衡，情绪不稳定，孤独感，阳痿，性冷淡，膀胱及前列腺问题，背部下方疼痛
“模型正面”特征	内在认知，信任，表达，善解人意，创造力，“我通过生活来感知自己的存在方式”“我不需要你给我任何东西，我来这就是为了分享”“我遵从直觉”
练习	· 关注身体 · 不要描述，要感知 · 关注内在 · 不要“想要”，要“拥有”
呼吸训练法（详见第八章）	血管呼吸（佛腹呼吸）
获取更大融合的瑜伽体式	· 船式（*navāsana*） · 鸽式（*eka pada rajakapotāsana*） · 自行车式（*dwichakrikāsana*） · 半鱼王式（*ardha matsyendrāsana*） · 喷火式（*kapalabhati prānāyāma*）

通过改善生殖轮的能量流和活力，感觉密码会提高创造力，改善人际关系以及与金钱、权力和时间的关系。与其他脉轮一样，生殖轮也可以通过特定的瑜珈体式去提高身体健康。

感觉密码瑜伽

在能量中心创造协调和流动的一个主要体式就是船式。

船式

以下是练习船式瑜伽的方法：

（1）坐在垫子或地板上，双脚并拢，膝盖朝天花板弯曲。

（2）双手放在大腿后侧，支撑自己。现在尽量坐高，使用会阴收束法，拉伸脊柱，保持胸部张开（下巴保持正中，不要朝向天花板）。

（3）双手仍放在大腿后面，向后倾斜，直到手臂完全伸直，躯干与地板呈 60 度角。不要向后倾斜太大，否则脊椎会开始弯曲。如果继续抬高盆底（会阴收束法），继续拉伸脊柱，就能感到核心肌肉的参与。

（4）运用核心肌肉来稳定自己的身体，将手从大腿上移开，向垫子的前面伸展，手掌相对，在大腿两侧。躯干以 60 度角悬停时，感受内在的力量。

（5）如果感到身体有力且能保持姿势的平衡，把脚抬离地板，直到小腿与地板平行，或者做一种更高难度的动作，完全伸展小腿，使之与大腿完全成一条直线。保持躯干稳定，脊柱拉伸。

（6）屏住呼吸 5 次，然后把脚放在地板上休息，呼吸 1 ~ 2 次。

（7）重复 2 ~ 5 次。

现在，让我们在进行船式瑜伽练习时结合自身的感觉密码和身体觉醒练习。

（1）保持这个姿势（双脚着地或离地），找到着地中心，同时，专注坐骨与垫子接触的下方两英尺的空间。

（2）收缩四个锚定点的中央通道肌肉，包括向上转动眼球，体会背部的张力，加快核心运动。

（3）收缩大腿、小腿和脚的所有肌肉（这样可以建立数千个微小的回路来传输能量信息，激活通信连接组织矩阵）。

（4）收缩手臂和前臂的肌肉，伸出手指。

（5）使用会阴收束法通过双脚和收缩的双腿吸气，然后通过中央通道呼气，一直向上收缩，从头顶呼出。下一次吸气时，从头顶向下吸气，通过中央通道，再通过双腿和双脚。

（6）在这个体式中，激情呼吸的时候，带着喜悦的成就感，把手心向天空，你就会发现巨大的回路正在建成！

整合生殖轮的其他瑜伽体式

除了船式，还可以使用鸽子式、自行车式、半鱼王式、喷火式，来强化感觉密码练习。

保持这些姿势，同时收缩感知区域，有助于将自己集中在身体核心，促进碎片能量的整合，建立回路来维持自己的导向。不管是在垫子上练习瑜伽时，还是在其他时刻，记住，在身体中制造阻力可以让我们调整自己的方向，防止我们与外部世界产生摩擦。

收缩能让你找到真正的核心，但在这些体式中保持放松也很有益（与收缩感觉区域相反，就像在本章所讲的练习那样），因为这样能让你的系统体验到“软化”的感觉。在这些体式中多做几次呼吸，同时想象一下同一个路径，既可以引导能量，又能够促进整个系统放松。

练习感觉密码，通过身体进行与灵性自我交流时，我们熟悉了灵性自我的语言，我们学会了倾听以身体感觉呈现出来的暗示和线索，这表示灵性自我能量场发生了转变。这些交流告诉我们，要想达到完满境界，还有哪些过去及现在“未尽之事”需要我们去处理。

接下来，我们将在清除密码中采取另一个强有力的措施，通过更充分的了解何时未尽之事会致使回路离线，然后清除这些最佳能量流的阻塞，重现真正的潜力。我们将研究潜意识（而不是意识）是如何决定我们在生活中的表现的，并探究如何清除潜意识，以加速疗愈和灵性自我的整合。

第六章

06

清除密码：潜意识的疗愈作用

在我小时候，有好几次，我凌晨 5 点起床，走下楼，会看到父亲正坐在书桌前沉思，头上亮着一盏孤灯。

“你坐了多久了？”我问。

“说短不短，说长不长，”他笑着回答，“我在思考一件事，就快想明白了。”

后来父亲还真的有所收获！他走在了时代的前列，满怀激情地把毕生所学倾囊相授，世界各地数以百计的医生慕名而来，向父亲请教，并用学到的技术救治了数以万计的患者。

一切都要从 20 世纪 70 年代初说起，当时父亲开了一家推拿诊所，他很好奇，为什么同样的疗法对有的患者有用，对有的患者没用。为了找到答案，他研究了各类自然疗法背后的原理和技术，力图找出治愈患者的共同点。

他发现，当患者体内有能量流动时（尤其是电磁能量），就能恢复健康，如果能量流动受阻，就无法治愈。

量子科学研究的正是能量流动及其产生的能量场，这拓展了父亲的研究和理念。他将量子科学理论应用到临床实践中，每次都即刻生效，这让他颇为欣慰。（当然，科学仍在不断发展，比如说，以前人们以为是电神经脉冲形成了我们周身的电磁场，后来才知道是先有磁场，才有了神经系统！能量是我们存在的基础和主宰，这也是我们研究它的原因。）

父亲的研究有这样一个核心认知：身体出现的疼痛或功能障碍100 % 是心思郁结阻碍了能量流动造成的。他发现能量系统的运行机理与消化系统类似，能将我们的生活经历分解吸收。但是，当我们遇到不知所措的事时，就会掩耳盗铃，置之不理，就像没有被完全消化的饭菜一样，滞留在身体的系统内。随着这种悬而未决的生活事件（及相关的想法情绪）越积越多，累积起来的能量最终就会阻碍身体内能量的流动，如果不加以干预，身体就会出现病症，有时候甚至是相当可怕的顽疾。

父亲还意识到，我们的想法会影响自身的情绪和能量流动，从而影响病症的治愈，多数人对此一无所知。很多想法是潜意识里出现的，并不在意识控制的范围内，但对身体和生活的方方面面都起着决定性作用。他发现如果想要治愈身体，就必须找到并释放潜意识里堆积的想法和情绪。幸运的是，他找到了释放的方法。

父亲的研究解释了意识和潜意识在神经系统中的关系，还解释了促进或抑制两者间沟通的机制，我把它称为“活板门”。

父亲开发的技术打开了这扇“活板门”，让我们能够发现未解决的潜意识干扰（或者说能量分散），防止其影响我们的心理、情绪、身体健康。连接释放这些阻滞的能量，就可以恢复身体系统的能量流动，达到维持身体健康、恢复活力、治疗疾病的效果。

我父亲开发了生物能量整合技术（the BioEnergetic Synchronization Technique，简称“B.E.S.T”），能将被压力击散的能量整合起来，使之重新在体内流动，从而诱发身体的自我修复机制。从本质上讲，它能恢复体内中断的联系。30 多年来，全球有数以百计的医生采用 B.E.S.T 疗法治疗了成千上万名患者，效果斐然。

跟随父亲一起工作，让我认识到了自己的使命——将父亲的研究发扬光大，让人们意识到自己具有控制能量、改变生活的能力，让人们能靠自己的力量消除滞胀的能量，解决能量干扰问题，实现自我疗愈，而不是凡事都仰仗医生。我希望把这种能力交付到更多人手中。于是我求助父亲，希望能开发出患者自用的 B.E.S.T 疗法。为此我和父亲、哥哥共同努力，撰写了《B.E.S.T 公开版》，2006 年，在芝加哥的一次聚会上，我们将这本书赠给了一部分试用者，随着人们开始尝试，现场再一次出现了“奇迹”。

现在每年我都会以现场授课的方式指导好几百名学员学习 B.E.S.T 疗法，在此也希望能通过这本书将这一疗法交付于你，里面还有不少有效的训练方式，它们是清除密码的基础。

什么是清除密码?

有时候会发生一些令人极度苦闷的事，我们的意识无法完全处理，就会被潜意识收入囊中，给意识留下空间，以继续处理日常事务。

我们可以将意识想象成大脑中的一个小屋子，屋内的地板上有个活板门，活板门下面就是潜意识。一遇到不愉快的事，负面情绪就会像洪水一样倾泻，灌满这个小屋子，其中很大一部分也会涌入打开的活板门，漫入地下室（潜意识）。遇到极度苦闷的事，大脑系统不堪重负，就会出现短路，即活板门关闭，地下室的洪水就无法排出。在这种情况下，“苦闷”就成了活板门关闭前最后一个进入潜意识的信息，标志着身体进入了“紧急状态”。

潜意识控制着心跳、呼吸、消化等无意识的身体机能，这种不安的信息会让身体进入紧急状态，但由于活板门是关闭的，新的信息无法进入潜意识来叫停这种紧急状态。一段时间以后，通过理解、原谅、放下执念、接受现实，我们可能已经在意识层面上消除了这种苦闷，认识到痛苦已经结束，我们安全了。但如果活板门不打开，潜意识得不到“诸事顺遂”的好消息，就会以为问题仍然存在，并做出相应的生理反应，身体就会继续保持紧张状态，不断消耗精力，最终造成身体崩溃，出现症状。但是由于问题出在潜意识上，我们并不知道发生了什么，也记不起是什么原因导致的。

当然，活板门只是个比喻，真正起作用的是丘脑和下丘脑之间的沟通，它们是大脑的两个核心区域。丘脑与意识有关，是大脑通过五感接收信息以了解外部世界的区域；下丘脑与潜意识有关，负责控制主观意识之外的信息。下丘脑从丘脑获得信息，并给出相应的指令，控制身体内部做出反应。它在能量密码练习中也会起到重要作用，能将信息从体内上传到意识，让我们从意识层面感知来自内心深处的智慧。这一过程很大程度上是通过迷走神经和肠神经系统来实现的。

活板门指代的是意识和潜意识的关系，意识负责做出决定，潜意识负责接受这些决定。例如，经过漫长的一天之后，丘脑通过感官意识到已经是晚上了，一天的工作结束了，于是开始传达信息：现在安全了，是时候放松下来准备睡觉了。但是如果下丘脑接收不到这些信息，我们的身体和大脑的其他部位就无法放松，而是继续马力全开，从而造成失眠、焦虑和其他功能障碍。如果遇到极度苦闷的事，导致丘脑和下丘脑之间完全或部分失去联系，我们就会失去有意识地控制个人生活的能力。此时，不论意识在做什么，生活都会由活板门之下的潜意识控制，我们就会发现世事难料，无法如愿。这就是人体系统的奥秘：躲在幕后的潜意识试图走到台前，操纵意识。

每当我们回避某件事的时候，就会出现这种破坏性的短路。仔细想想不难发现，生活中的每件事，我们要么全盘接受，要么完全回避，每当我们说“这不是真的”“我不能接受”，哪怕只是产生了这样的念头或感受，也都是在回避现实，不愿面对，因为现实是我们不愿看到的或没有达到我们的预期。此时，我们就无法完全处理这件事所蕴含的能量。一旦开始回避，我们就失去了恢复能力，无法放下包袱继续前进，内心的抗拒也会变成干扰和阻碍，阻断能量的流动。

我们回避的事并不会凭空消失，而是穿过活板门藏到了潜意识里。除非我们打开活板门一探究竟，否则这些隐藏的东西会一直存在，控制我们的思想决策、生理活动和振动频率，从而决定了我们在生活中会遇到什么样的事。尽管我们“看不见”这些东西，但还是会为之注入能量，这就占用了本可用于疗愈和生长的资源。这不仅使我们的注意力无法集中，而且还后患无穷。

还可以换一种说法：如果我们不接受眼前发生的事，就无法立足现实，而是幻想事情“应该”是怎样的，为自己辩解，或是编造一个新故事，把自己塑造成受害者，导致我们无法按照实际情况构建回路，无法显现灵性自我，并陷入困境。作为我们存在本质的能量无法继续流动，作为能量体映射的身体也会受到束缚，无法像以前那样有效运转。就这样，一开始是能量出现问题，最终是器官机能失调。

也许你一直想要掌控你的生活，却没有实现真正可持续的转变，也许你已经尝试了一些自助手段，比如讲些振奋人心的话、写愿景板，但你所缺少的其实是对潜意识的认识——你的愿望没有实现，是因为头脑中的那扇活板门关上了。虽然你在有意识地行动，但这些行动背后散发出的振动能量却充满了犹豫、怨恨、恐惧，抑或是人生中的重大挫折给你带来的其他负面情绪，而正如我们所知，你发出的振动频率决定了你身边的物质世界。

要想过上真正热爱的生活，保持健康喜乐、关系融洽，必须得从接受现实开始。从积极的角度看，你得明白，生活中发生的每件事都是最好的安排，是 100 % 有好处的。然后，你需要找到打开活板门的方法，从而更新你的能量模式，告诉潜意识：过去你所回避的问题已经解决了，现在一切都好起来了，不需要再维持紧急状态了。

改变造就当前生活体验的能量模式，这正是我想帮助你实现的。要想做到这一点，必须从身体下手，打通能量流动的中央通道。仅仅是意识上领悟是不够的，还必须把这种认知体现出来，因为所有的现实都是通过身体释放的能量由内而外产生的，只有把它具象化，才能在潜意识层面改变能量的表达形式，从而改变我们在物质世界所创造和吸引的事物。在清除密码这一部分，我会介绍如何找出潜意识里郁结的原因，如果你知道了哪些东西会造成生活受挫和身体受难，相信你一定会选择谅解，放下这些包袱。这些东西藏在意识层面之下，不同于你之前给自己和他人讲述的阻碍你进步的原因。如果能接触到脑内的活板门，你就能通过本章和后续章节的练习，清除潜意识里的干扰，重塑能量系统。这样就能自然而然地回归灵性自我，拥有自主选择的无限力量。

开始练习之前，我想先分享我的一个病人的故事，她叫蕾切尔

（Rachel），她接受了医用版 B.E.S.T 的治疗，从此改变了命运。她的经历告诉我们：看似已经愈合的创伤，可能仍存在于潜意识里，长期地影响着我们。

蕾切尔最终摆脱了她的创伤

悲剧发生时，蕾切尔正在医院的产房里，即将生下她的第三个孩子。产房的工作人员让她侧卧着，以便给她做硬膜外麻醉，但是穿刺针扎不进去，于是他们让她在手术台末端坐起来，翻了个身，这回麻醉成功了。照顾她的两个护士凑巧都转身去做别的事了，蕾切尔却从手术台上摔了下来，硬膜外麻醉切断了她对自己双腿的控制，她重重地摔在了地上，并开始自然分娩。

三天后，蕾切尔在医院的病床上苏醒了过来，婴儿一切健康，她本人却出了问题，每次从枕头上抬起头都会感到头昏目眩，剧烈地恶心。接下来的三年她一直在床上或沙发上躺着，一坐起来就会产生剧烈晕眩，呕吐好几个小时。

后来我见到了她，一边是她丈夫，一边是她公公，搀扶着她“走”进了我的办公室，每一步都摇摇欲坠的，像是站在小船上。我们只聊了一小会儿，她状态太差了，我想马上对她展开治疗。

我立即开始探究她的潜意识内是什么干扰阻碍她好起来，想知道为什么三年过去了，她的身体还保持着事故三天后的状态，没有一点恢复的迹象。

第一阶段，我用 B.E.S.T 对她进行治疗，她突然开始恶心、呕吐，然后感觉好些了，我们就聊了聊之前发生的事以及她现在的状态。蕾切尔说她和医院打过官司，但得不到赔偿，因为没有医生愿意为她看病，他们都不想惹祸上身。来到我这之前，她感觉自己完全不被接纳，十分沮丧，并感觉前路黯淡。显然，那次受伤的经历造成了她非常消极的情绪，三年后这种情绪仍然禁锢着她。

接下来的治疗让我进一步了解了事态的全貌。表面上，她已经不再对医院感到愤怒，甚至说愿意原谅他们，但内心深处还有一部分无法释怀。我告诉她，为了身体痊愈，她可能得撤诉了，因为潜意识层面上，她的身体系统可能想要维持这种病态，认为她的疾病一旦痊愈，就打不赢官司了。（当然，这不是她的主观意愿，但潜意识就是这么想的。）

于是她撤掉了诉讼，但身体仍然维持着防备机制，活板门还是关闭的。随着进一步治疗，蕾切尔通过能量密码练习重建了生物能量的神经通道，可以看她的身体系统敞开了，并立马开始恢复。三个月后，她已经可以在我们康复中心赞助的垒球队打三垒了。在很多人眼中这是个奇迹，其实，能取得这样的效果，是因为我们打开了她体内的活板门，消除了对身体、心理、情感造成影响的创伤。之前，所有的愤怒、焦虑、犹豫等情绪储存在她体内，她身体处于紧急求生状态，甚至没有尝试自愈。

在清除密码练习部分，你将自行操练那些帮助蕾切尔和其他成千上万名患者恢复健康的做法。

清除密码练习

练习 1：莫特步

莫特步（见图 6-1）是一种日常练习，能激活并协调多个高级大脑中枢和身体系统，包括感官皮层、运动皮层、负责大脑整合能力的区域、身体左右两侧、左右脑、上下肢、视觉中枢、呼吸中枢，以及负责平衡并储存潜意识记忆的小脑。它像一个万能重启键，能同时激活这些系统，让我们能够更轻松、快捷、高效地整合体内能量。莫特步与20世纪60年代乔治·古德哈特（George Goodheart）医师（我父亲的同事和朋友）研究的应用人体动力学原理类似，应用人体动力学提到了一种对侧运动（也称“交错爬行”），介绍了它对自我疗愈的诸多益处。通过练习莫特步，我们能消除潜意识里的郁结，以及因之而来的压力，从而达到灵性自我的状态。

以下是练习莫特步的步骤。

（1）两腿开立，与胯同宽，上身挺直。

（2）右腿向前迈一步，右膝弯曲呈弓步，感受右侧大腿肌肉被激活，将意识的关注点下沉到身体上。

（3）左手向前伸出，45度向上，指向天花板和墙面的交界处，调整手掌方向，使拇指朝上。

（4）右手向后伸出，45度向下，指向墙面与地板的交界处，拇指朝下，四指用力张开。

（5）头部稍微向左倾斜，眼睛沿着左臂直视左手拇指，闭上右眼。

（6）保持这个姿势，采用腹式呼吸深吸一口气，屏住。专注于一种幸福感、宽恕、接纳、

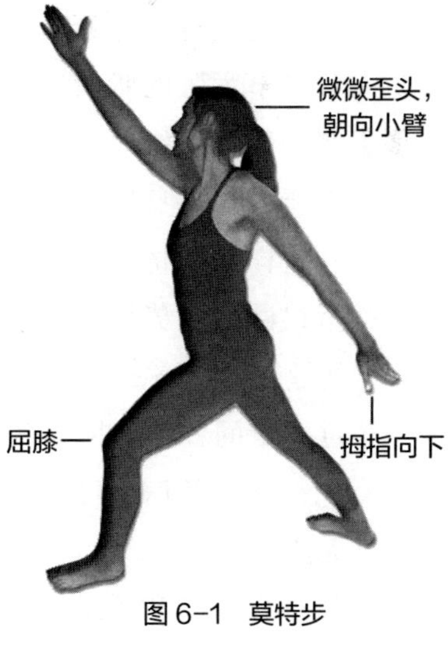

图6-1　莫特步

爱等深层意识。

（7）屏住呼吸，直到憋不住的时候，或者慢慢从 1 数到 10。

（8）呼气撤步，与后脚平行，与胯同宽。

（9）换左腿重复，然后再换腿，总共四个循环。

清除密码练习的次数越多，变化就越明显。如果你无法站立，可以躺在床上做这个练习。

它是如何起效的呢？说起来颇为神奇。身体的生存系统是有优先级的，会率先将能量和资源用于处理最严重的威胁，如果创伤没有愈合，就会留在潜意识里，使身体持续做出反应，仿佛这仍是一个紧急事件。也就是说，当大脑不堪重负的时候，会关闭活板门。中断意识与潜意识的沟通，潜意识无法获知危机已经解除的信息，仍将身体维持在紧急状态。因此，为了将身体从过往的创伤中解脱出来，释放被困的能量，我们首先要说服神经系统，使之认识到有更重要、更紧急的事要做，这也就是练习莫特步时要屏住呼吸的原因。当你屏住呼吸时，神经系统会产生疑问：你在短时间内还能再次呼吸吗？假如你不能，神经系统就会让在自我防御状态下紧张的肌肉松弛下来，减少氧气的消耗，这样你就能将更多的氧气和能量精准地用于应对当前的状况。不堪重负的感觉会有所减轻，身体系统会再次高效运转，身体和头脑都会感到安全。这样就能将能量重新分配到疗愈上，而不是浪费在悬而未决的危机感中。莫特步的姿势能激活大脑不同区域，连接旧的回路，构建新的回路。

经过能量的释放和回路的重连之后，我们就能将新信息传递给潜意识，这个新信息可能是我们原谅了某人，可能是我们接纳了某件无法释怀的事，也可能是我们战胜了自我与某人相知相爱。一旦开始选择谅解和接纳，借着莫特步的体式，能量场就会发生改变，因为这种转化会整合能量，神经系统也会对能量进行重新分配。当神经系统得知郁结在潜意识里的问题得到谅解和接纳后，能量在体内的流动就会恢复，这样我们就会越来越积极地生活，成为真正的创造者，一整天都会更有精神，自在乐观，充满灵感，活出灵性自我的状态，而不是无意中成为某件事的受害者。

我跟很多人分享过莫特步的练习方法，他们都觉得它对身体整合很有帮助。几年前在伦敦的希思罗机场大厅，偶然遇到有个人吸引了我的注意，当时他正在做莫特步练习，我不由得穿过拥挤的人流，给了他一个拥抱！

为了实现更好的整合，这里还有一个莫特步的进阶版，我称它为“移动力量步法”，建议先练习掌握莫特步，使之成为你的第二本能，然后再开始练习移动力量步法。

练习 2：移动力量步法

移动力量步法在莫特步的基础上增加了新的步法，能够增强身体的能量场（包括脉轮系统），同时改善神经系统。这套练习将改变你的生活方式和认知方式，让你不论在什么境遇里，都能成为生活的创造者。

移动力量步法能拓宽中央通道，提高身体核心的光子密度，通过增强觉醒，真正达到灵性自我的状态，使感官神经系统更灵敏，这将极大地促进量子翻转，实现保护性人格到灵性自我的转变。在移动力量步法练习中，专注于精神内核，就能同时打开多个脑区和身体部位，将其依次激活，让神经系统（特别是大脑）更快地获取信息，从而快速解除旧有的不良模式——这也正是我们的目的所在。

练习移动力量步法的步骤：

（1）按莫特步的姿势站好：右腿前伸，左手向前伸出，45 度向上，右手向后伸出，45 度向下，头部微转，向左微倾，闭上右眼。

（2）伸展手掌脚掌，激活手掌、脚掌上的小脉轮（想象手掌、脚掌像开花一样展开），抬起脚趾，再放下。

（3）调整两个手掌的方向，使拇指朝上，注意将身后的手向外翻，这样就不会扭到胳膊。想要保证动作正确，可以双手并拢举过头顶，然后张开双臂，两个掌心都朝右，将后手摆到朝下 45 度的位置。收紧肩胛骨，挺胸。

（4）然后站稳身体，收紧会阴（那是你的根基），缩紧心脏的中心，仿佛在胸腔内拥抱它。收紧喉咙，直到你能感受到气息从喉咙通过，听到呼吸的声音。看向举起的手指时，将注意力拉回眼睛后面。另外，收紧双腿，提紧会阴，让更多的能量进入身体。

（5）像锚定密码中所做的那样，专注中央通道的上下呼吸，从头顶上方吸气，吸入身体的核心——腹部，同时收紧大腿上部，保持锚定点稳定，感受能量涌入身体，产生愉悦感，真实的自我就会越来越多地显现出来！屏住气，然后通过脚呼出到大地。

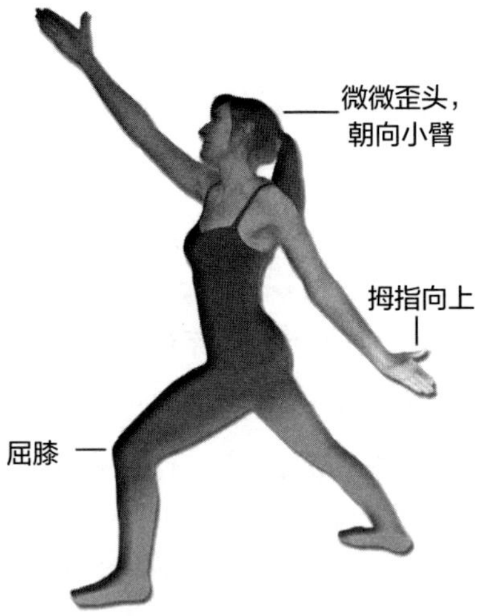

图 6-2　移动力量步法

（6）通过脚和腿再吸入一口气，感受气息从地下两英尺传入你的腹部，然后尽可能久地屏息，以便再次产生愉悦感。

（7）通过中央通道，用鼻

子快速有力地呼气，感受呼气的能量从头顶射出，像鲸喷水一样。试着把肺里全部的气都呼出去。

（8）呼气完成后，深吸一口气，撤步，两脚与胯同宽，挺直脊柱。

（9）换左腿重复上述动作，然后再换边，总共四个循环。

进行上述练习时，你的身体可能偶尔会站不稳，这很正常。如果出现眩晕、迷失方向的情况，可以站在沙发旁边，或者倚着墙做支撑。这些练习能帮你实现想要的改变，不断接近本真，活出灵性自我。

通过这项练习，不但可以清除神经系统中旧的不良模式，建立起新模式，在我们肉体的核心构建一个新的能量体，同时还能向潜意识发出信号，告诉它这个更放松的状态才是我们更想要的，是我们的新起点。练习这些动作的时候，如果能怀着一颗感恩、喜悦的心，就能更快实现潜意识的转化，激发出更大的动力，实现保护性人格到灵性自我的转变。

现在你已经掌握了莫特步和移动力量步法，可以开始学习B.E.S.T 释放法了，它可以帮你找出并释放潜意识里给你造成困扰、让你生活不如意的因素。

练习 3：B. E. S. T 释放法

通过清除密码练习，我们将发现并清除不再适合我们的旧模式，精准定位最严重的潜意识干扰，找出那些阻碍我们按照真实意愿好好生活的东西，以及我们最需要重建能量回路的地方。

首先，我们可以通过一种叫“肌肉测试”的方法来找出这些郁结的所在。我们的潜意识通过中枢神经系统直接与身体沟通，通过肌肉测试，可以找出隐藏在潜意识里的东西。

你可以独自进行肌肉测试，也可以邀请伙伴帮忙。练习 B.E.S.T 释放法的时候，哪种方法更适合你，就采取哪种方法，不过一开始你对肌肉测试还不了解，建议你最好找伙伴帮忙，有伙伴参与时，可以观察大臂肌群，更容易获得正确的结果。

开始肌肉测试：寻找“真相”

有伙伴参与时：

（1）面朝伙伴，让他向侧面举起一只手臂，左右都可，让手臂平行于地面，手掌张开，手腕放松，手掌朝下，向前平视，眼睛睁开。

（2）继续面向伙伴，一只手搭在伙伴伸出的小臂上，另一只手搭在伙伴的另一侧肩膀上，在他做测试动作的时候，帮他保持平衡。

（3）让伙伴保持不动，慢慢加力，把伙伴的小臂往下压，因为我们做的是手臂力量测试，你的伙伴必须用足够的力量抵住你施加的压力，寻找合适的力道，既能让他用力抬着手臂，又不会超出他的承受能力。

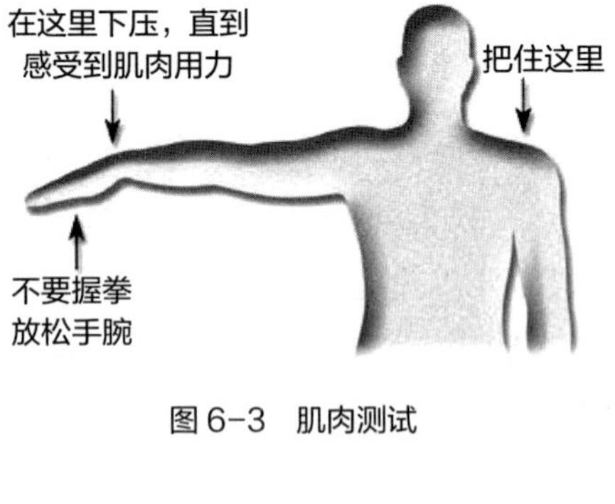

图 6-3　肌肉测试

（4）让你的伙伴讲一句真话。比如说，如果伙伴的名字叫玛丽，就让他说“我叫玛丽”。测试手臂的力道，应该维持在原有强度。

（5）接下来，让你的伙伴说一个谎。比如说，如果伙伴的名字叫玛丽，可以让她说“我叫贝蒂”，测试手臂的力道，可以发现力道减弱了。接着可以让你的伙伴想一句“谎话”（也就是他所认为的郁结的原因），如果头脑里想的和潜意识里真实的情况不一致，手臂的力道就会变弱。

采用O形环法自行测试：

（1）左手右手都可以，用拇指与食指或中指比一个环（环1），手指捏紧。

（2）用另一只手的拇指与食指或中指再比一个环（环2），一会儿要用这个环撬动环1，测试手指肌肉的力道。

（3）将环2捏扁，塞进环1内。

（4）讲一句真话，比如说，如果你的名字叫玛丽，就说“我叫玛丽”，用环2撬动环1，此时环1应该维持原有的力道。

（5）接下来说一个谎，比如说，如果你的名字叫玛丽，可以说“我叫贝蒂”，用环2撬动环1测试力道，环1应该被撬开。

留心说真话和说假话时力道的区别，以及两者对你肌肉力量的影响。

测试潜意识的回应式认知和情绪

（1）在上述测试方法中任选一种，想一个让你真心感到有意义的理念或目标（也可以让伙伴帮你想），用肯定句的形式表达出来，不要说你以后要如何，而是要把它描述成已经发生的样子，比如说“我的身体非常健康”“我很幸福，也很满足”“我很富足”等，不要说“我想瘦10磅”这种想要摆脱现状的话，

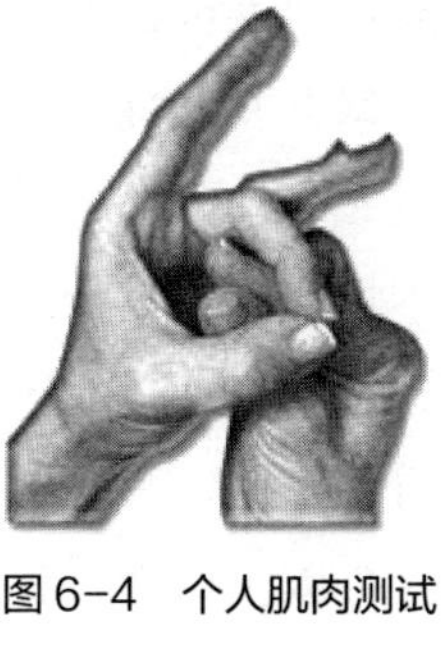

图6-4　个人肌肉测试

可以表达成你的理想体重，描述成你已经达到了目标体重的样子，比如“我体重是 130 磅”。尝试做这种肯定性的描述，有伙伴帮忙的话，就测试手臂力量，自己的话就测试手指力量，看看说到哪句话时力量变弱了，就说明这是你潜意识里郁结的一个点。

（2）确定了你认知模式的弱点以后，请继续用图 6-5 所示的清除列表中的六个关键词测试手臂力量（或手指力量），确认造成这一弱点的回应式情绪，其中的几个词可能会造成手臂（或手指）力量减弱，如果有两三个词造成了力量的减弱，可以反复测试这几个词，找出你身体对此反应最为强烈的词，几轮过后会有一个词脱颖而出，它就是隐藏在你潜意识或能量场里的情绪模式，可以通过接下来的 B.E.S.T 释放法进行改变或清除。

恐惧
愤怒
爱情
悲伤
乐趣
论断

易被记住：错误判断

图6-5　清除列表

如果肌肉力道变弱，就表明在潜意识里藏有心结。当一个人的意识脑里出现一件事，并被放大之后，就会产生短路效应，使其无法既维持这一思想，又保持肌肉力道，必须舍弃其一，所以肌肉力量变弱了。肌肉测试用到的是人体自身的沟通系统，能帮助我们找出身体系统中仍有郁结的情绪体验。

清除列表包含了心理学研究中确立的四种基本情绪，所有其他的“次级”情绪都是在此基础上衍生出来的。比如愤怒就是一种基本情绪，由它可以产生恼火、憎恶等一系列情绪。恐惧也是一种基本情绪，能催生出焦虑、紧张、强迫等情绪。我们在这个练习中，通过运用这些基本情绪，就能找出能量郁结的根本原因，无论其表象有多复杂。

在临床工作中，我和同事发现，缺乏判断力和乐趣会让人丧失活在当下的参与感，无法保持活板门的敞开，即无法维持能量流动。实际上，论断是造成自我孤立和保护性人格的罪魁祸首。我们发现，患者一旦对某件事形成一种论断，比如“太糟糕了，不应该是这样的”，接下来他们就会对这件事产生抗拒，不愿再面对它，这样就无法过上快乐、完满的生活，从而失去了生的乐趣。

爱情这种情绪是如何造成干扰问题的呢？其实爱情本身并不是问题，而是我们对爱情的看法和过往的经历出现了问题。如果受过情伤，有过沮丧的经历，潜意识就会把爱情当作一种危险的东西，对其保持警惕。当你再次坠入爱河时，潜意识就会破坏你的爱情（用一种非常负面的方式），来保证你的“安全”，防止你再次受伤。

改变储存的认知模式

（1）练习莫特步或移动力量步法等整合能量的体式（根据自身情况选择合适的练习方法，不过请注意，最终还是应该采用移动力量步法，因为它更关注细节，效果也更好，所以请保持练习）。

（2）保持好姿势，专注于这个想法：我原谅某某情绪（填入适合你个人情况的回应式情绪，如恐惧、愤怒等），它只是由我已知或未知的（即意识或潜意识里的）目标造成的。

（3）继续保持整合能量的姿势，吸气，屏住气，你会感到身体的能量模式立即出现转变。然后换边，重复动作。

（4）重复上述动作两个循环。

（5）通过肌肉测试，再次测试这些回应式情绪，手臂（或手指）应该能保持力道。然后再次测试最初的目标／认知，这次手臂（或手指）应该能保持力道。（如果不能，则说明你选错了词，请将其清除并重新测试出正确的词。）

如果这些练习让你无所适从，一开始可以先尝试肌肉测试或移动力量步法，练熟之后再结合其他练习就会更容易。随着你清除潜意识的旧有模式，让郁结的能量重新在体内流动，你一定会奇迹般地变得更加优雅从容，日子也会过得更加舒心顺畅，不需要过度思虑，就能把大小问题都解决好。

与清除密码相关的脉轮：脐轮

清除密码与脐轮（即第三脉轮，梵语为*manipūra*，意思是“一千个太阳的能量”，因此又叫“太阳神经丛轮”）有关。这个能量中心在胸骨基部、肚脐以上 3 英寸处。它同时控制着意识和潜意识，坐落在自我的核心，是个性形成的地方。如果这个区域得到清理，能量流动顺畅，我们就能敞开心扉拥抱环境，而不是回绝周围的人和事。当我们把过往的心理问题都清除掉时，就能打通真正的自我。

太阳神经丛受阻的人往往会在人情世故中陷入困顿，过度关注外界，失去了内在自我，他们缺乏自我价值认同和目的性，失去了自信，不再相信自己的能力，也就无法自力更生或采取行动。反之，他们会产生巨大的野心，为了证明自己，为了争得一席之地，他们会不断压迫自己。

一般而言，脐轮比较弱的都是心事重重的人，头脑里总是在探寻却找不到结果，很容易出现“我不够好”“我不配”这样的想法。他们的潜意识像一口深井，充满了羞耻感、窘迫感和罪恶感，为诸如此类的消极信念所限制。实际上，所有的认知都是限制我们的，因为它们来自头脑。当我们连接到自己的本真，就能变得更开放，将故事层面和认知层面下潜藏的原生力量释放出来，为我所用。

通过练习前文教授的方法，清除各种错误认知，就能脱离故事层面，自然而然地找到真我。

脐轮还储存着与消化吸收有关的能量，包括物质上的、精神上的、情绪上的。它统领着胃、肝、胆、脾脏和胰腺，我们能够消化吸收吃的食物，也印证了我们的意识能够消化吸收能量，如果在吸收过程中能量“阻塞”了，就很难战胜思维，活出灵性自我。

表 6-1 总结了脐轮的一些关键特征，同样，请留心其能量特征与身体部位的对应关系。

表 6-1　与清除密码相关的脉轮：脐轮

名称	第三脉轮，脐轮，太阳神经丛脉轮
位置	胸骨基部、肚脐以上 3 英寸处
颜色	黄色
音符	E
关联身体部位	消化系统，肌肉，胃，肝，隔膜，胆，下背，自主神经系统的“活板门”，脾脏，胰腺
模型“背面”症状	对批评过度敏感，追求控制感，不自信，胃溃疡，消化不良，慢性疲劳，过敏，糖尿病
模型“正面”特征	尊重自己，尊重他人，能量充沛，灵活，高度自信，自主性强，随心所欲。“我有我的活法，你们有你们的活法。”“我对一切可能都敞开心扉。”
练习	· 莫特步 · 移动力量步法 · B.E.S.T 释放法
呼吸法（如第八章所述）	太阳神经丛呼吸法
获取更大融合的瑜伽体式	· 骆驼式（*ustrāsana*） · 弓式（*dhanurāsana*） · 东方伸展式（*purvottanāsana*） · 新月式（*anjanayāsana*） · 喷火式（*kapalabhati prānāyāma*）

通过整合脐轮，清除密码能帮助我们消除对批评过度敏感、寻

求控制感以及其他低自尊的问题，还能在一定程度上改善消化系统。下列瑜伽体式能进一步整合脐轮。

清除密码瑜伽

通过练习特定的瑜伽体式，往往能更容易地连接到脐轮。要想建立这种连接，在脐轮这个能量中心实现能量流动，一个最基本的动作就是骆驼式。

骆驼式

以下是骆驼式的练习方法。

（1）双膝跪在垫子上，臀部与双膝垂直，小腿相互平行，两脚与双膝同宽，不要内扣，简单版的动作是脚趾并拢，进阶版的动作是脚趾张开。

（2）挺胸，脊柱伸直，开始向后仰，想象把手插进后兜里，支撑住脊柱；进阶版的动作是把手伸到脚跟或胫骨处。（如果觉得脚离得太远，可以在双脚外侧摆上瑜伽块，撑在瑜伽块上。）

（3）上身向地面倾斜，尾骨朝膝盖方向拉伸，用髋屈肌和盆底肌的力量拉起上身。向上挺胸的时候，肩胛骨要下沉。

（4）如果没有感到不适的话，可以将头向后仰，张开喉咙，伸展太阳神经丛所在的部位。

（5）坚持大约 5 次呼吸的时间，解除姿势，腹部肌肉发力，恢复跪地姿势，向后坐到脚跟上休息。

（6）重复 2 ~ 5 次。

现在我们将清除密码、身体觉醒练习和骆驼式结合起来。

（1）保持姿势，寻找两脚之下的能量源，想象地下两英尺处有一个巨大的盘状能量源，它支撑着你与自然的链接。

（2）寻找脐轮的能量中心（位于胸腔下方、肚脐上方），朝天空的方向抬起。

（3）采用会阴收束法，通过向内收紧肩胛骨，挤压心脏的后方。

（4）从身体前方吸一口气，向头顶上方呼出，眼睛用力向上翻，感受呼吸的空气在中央通道流通。

（5）下一次吸气的时候，从头顶上方吸气，吸入中央通道，直达核心，然后呼出到大地，收紧放松身体前侧的核心肌群，从心理层面打开脉轮系统。（腿部也要发力。做这个拉伸动作的时候，腿部会自然发力，但要进一步激活腿部，还得将大腿前侧的肌肉向上收紧。）

（6）将整个呼吸循环再重复几次，然后轻轻地解除颈部和背部动作，向后坐到脚跟上休息。

练习这一体式的时候，思想和情绪可能会以排汗或流泪的形式释放出来，这应该是我们乐见其成的，因为它能将储藏在潜意识活板门下的能量释放出来，清理出一条展现灵性自我的通道。练习骆驼式的时候，你可以通过中央通道上下呼吸，反复尝试。

整合脐轮的其他瑜伽体式

除了骆驼式，你还可以尝试其他瑜伽体式（如弓式、东方伸展式、新月式、喷火式），来增强清除密码练习的效果。

收紧身体的感知部位能让你在构建回路的同时将注意力集中

到身体姿势上，而放松感知部位能让你体验到能量的流动。不过，即便是在肌肉组织放松的时候，也要想象能量沿着中脉通道向上流动，经过身体未整合的部位。

至此，我们已经学习了能量的锚定、整合和释放，你的身体系统已经发生了重大改变，中央通道和大脑的联系得到加强，还建立了连接潜意识活板门的通道，为量子翻转奠定了坚实基础，而量子翻转能让你真正活出灵性自我，内心充盈有爱。清除密码是一种真正的解放，能让你跳出故事层面，实现生命能量的流动；它能清除阻碍我们发展的心结，整合三个下层脉轮，释放出巨大的新能量。接下来我们就可以开始寻找世界上最强大的治愈能量——爱的力量。

准备好体验足以改变世界的纯粹之爱了吗？请阅读下一章。

第七章

07

心灵密码：万能的溶剂

在我母亲玛乔丽（Marjorie）去世后的三周里，我只是坐着。我有病人要照顾、有课要教、有我应尽的职责，但我根本无暇顾及。相反，我坐在后院里，抬头看着树，想知道我的妈妈——我最好的朋友——怎么会真的离开。

在我最终觉得是时候回到这个世界上并继续做出贡献的那一天，我来到后院，“感谢”它为我的悲痛提供了空间。当我的目光扫过院子时，我注意到一缕缕晨光穿过树照射下来。我走过天井，穿过小溪，来到一个正有一束光照射的地方。就在光线接触到土地的地方，有一片三叶草丛，它们中间正好有一株四叶草。

我的眼泪掉下来了。我母亲经常寻觅四叶草，但我这辈子只发现过一两株，她甚至给了我一株她在怀我的时候发现的四叶草。这是我们之间的事。我感觉到了她的存在：这是我的标志，表明她仍然在我身边，而且我一定会好起来。我摘下这株四叶草后，就去工作了，我能感觉到其中蕴含着与母亲的联系，与生命的联系。

当天晚上我回到家时，眼里又充满了泪水，我带着破碎的心走到后院那个特定的地方。在那里，仿佛我没有摘第一株一样，又有一株四叶草在傍晚的灯光下闪闪发光！泪水从我脸上滑落。我摘下了它，然后去睡觉了。

第二天早上准备去上班时，我在想四叶草以及找到它们时的感觉。我期待着能找到另一株四叶草，并相信找到它将证实一切都会好起来。当我走到后院去找我的第三株四叶草时，我停了下来，心里想："苏，你不能一直在外面寻找这种证明，你必须学会在内部找到它，这不正是你教别人的吗？"当这个想法落地时，我的眼神也落到了地上，一种温暖流动的感觉透过我的身体落了下来。

当我接受了内在指示，不再在自身之外寻找答案后，我的左脚前面正是第三株四叶草！没错，我摘下了它，然后去上班了。

失去慈母之痛，实际上使我看到了超越常规感官的一层。仿佛我已经与整个生命和某个更深层次的自我建立了联系。我的直觉增强了，随着每一种感觉的出现，我的头脑越来越能接受一些无法解释的见解和认识。

接下来的几个月里，我一共找到了69株四叶草，有自己后院的，也有别人后院的。要是在站牌处看到四叶草，我会抓紧下车去采摘；和朋友们在公园里散步时，我也会落在后面，忙着采摘四叶草，送给身边的人。朋友们会帮我数一共有多少株。附近的孩子们也会在门口，问我是不是四叶草女士。如果是的话，能否教他们找到自己的四叶草？然后我就会带着他们去后院，在那里对他们说："你必须用你的内心去找，而不是用眼睛。"在这种发自内心的第六感的引导下，我会停下来，把手放到地上……在我的手接触到草的地方必然会有一株四叶草。孩子们会高兴地叫起来，我也是如此。这的确是一段神奇的时光。

然后，有一天，一切戛然而止。无论我如何努力寻找，都没有四叶草了。两个星期过去了，还是一无所获，即使我一切照常。我开始质疑自己：“我做错了什么，竟让我失去了这种联系？如果没有母亲那激荡人心的标志在我的世界里闪耀，我该怎么办？”无论我如何努力迫使自己，都无法用意念找到四叶草了。

彼时的我不知道，其实秘诀就在眼前。

几天后是母亲的生日，她本应该是 70 岁了。当我意识到这一点的时候，我的心被点燃了。我立即跑到后院去找第 70 株四叶草……第 71 株……还有第 72 株！当我摘下它们时，我能听到她在虚空中咯咯地笑。她仿佛一直都在那里，等着我去弄明白，四叶草的秘密就是我充满感激、充满快乐的内心。

这就是我为什么能够超越三维现实的面纱，看到一个更大的世界。我是用我的心在看！在母亲去世后，我是如此脆弱和坦率，这让我看到了我通常不会看到的东西——这种坦率让我的生活一直在流动。

这种魔力一直持续到下雪——即便是下雪天，在后院中间的一小片草地上，一株小小的四叶草也会在那里闪闪发光。

这就是敞开心扉带给我们的东西，在非常痛苦的时候，尤其是在悲痛万分的时候，我们会被置于一个建立了联系的神圣空间。许多人在痛苦的时候会觉醒。这种联系是我们真正寻求的。使用能量密码，我们可以顺利地建立这种联系，没有痛苦。

随着我母亲去世一周年的临近，人们不断地问我要做些什么来纪念她，以及我是否会做“四叶草”这类的事情。我回答说：“不，我会让它在我的生活中保持原样，再做一些其他的事情。”所以那天早上，我另辟蹊径，邂逅了另一种美妙体验——但是到了下午 4 点，我又被吸引到后院去寻找四叶草。

我走到草地上，看到四叶草在各个地方盘旋！我不停地采摘它们，足足采了 45 分钟。然后我上楼去拿东西来装它们，再下来继续采摘，又摘了 45 分钟。当我收集这些令人惊喜的宝物时，泪如泉涌；在一个半小时内，我收集了 124 株四叶草。我停下来只是因为我被内心的幸福感淹没了。

前一年发生这种情况时，我只是顺其自然，不确定到底发生了什么。不过这一次，我多加留心。我的内心为我敞开，就像以前一样——只是这一次开放得更大了。从理论上来看，我们都有这种能力，但我现在已经超越了理论，进入了实践。现在的我知道，我可以用这种敞开的心扉与母亲进行真正的联系，甚至是交流，因为她实际上并没有“离开”，她只是回到了宇宙巴士上，去了另一个站点。

那天，我被深深的幸福感围绕着，我承诺与我的客户一起学习研究如何激活他们内心的这种盛放，使他们也能体验到这种程度的爱和身体的合一性。这种敞开心扉的脆弱性和其优雅的流动成为我生活的新基准，它改变了我对如何有意识地与最深层、最本质的自我进行联系的认知。我们不能用意念来驱动这种追求，如果我们想体验真正的力量，过上辉煌的生活，就必须以一颗开放、脆弱的心灵踏入生活。这是因为爱的共鸣有灵性自我的特质。为了真正建立和表达我们内心的“灵性自我”，我们必须在爱的共鸣中立足、发散和生活。

心灵密码将告诉你如何与最深层的“灵性自我”建立联系，然后将其保持住。你将学会用身体，从用意念思考爱，转变为体现爱的共鸣。一旦你做到了这一点，不仅可以创造出充满快乐、建立联系的四叶草奇迹，还可以建立一个良好的清净之地爱自己、爱他人。

什么是心灵密码？

所有古老的精神传统都认为爱的力量是神圣的。当我们感到被爱时，我们倍感幸福。当我们能够毫无保留地爱一个人时，我们会感到更自由、更有能力投入到美好的体验中。

从保护性人格到灵性自我的量子翻转中，其中一个区别就在于体验爱的方式。虽然在保护性人格中确实可以给予爱、接受爱，但这与灵性自我是不同的。保护性人格认为自己与爱是分离的，爱是需要从自己以外的人或地方获得的东西。我们花了大量的时间和精力，试图找出“获得”爱的方法。我们下意识地试图控制或操纵别人，通过取悦、支配和诱惑别人来获得爱。

因为保护性人格试图保护我们不受伤害，所以它自然而然地对我们“何时爱”“爱谁”提出了条件。这种有条件的爱认为“只要具备这些条件，我就可以放心去爱”，或者“只要有这些条件，我就可以放心地去爱”。这些要求大大限制了我们对爱、幸福和快乐的体验，因为我们的条件和期望很难被满足。所以我们抑制了爱这一本能，并小心权衡利弊，再决定是否去爱。围绕着对爱的条件，我们经历了很多焦虑和不安——当我们没有以自己认为应该的方式“得到”爱时，我们就会深入到故事中去，试图了解这种缺爱的情况到底说明了什么问题。

这些考验和磨难是生活在分散中的常见现象——没有体现出灵性自我，也没有自我指涉的状况。然而，它们所造成的伤害不仅仅是简单地挑事或做戏，实际上它们使我们的共鸣停留在一个较低的水平上，使我们无法完全认同灵性自我。

心灵密码会引导你进行一种完全不同的爱的实践，它消除了条件性、依恋性和讨价还价。当我们感受来自爱的振动频率时，我们会感到自己被爱着，因为我们就生活在爱中，内心无时无刻不在产生爱的感觉。我们从一个没有限制的地方给予并爱着。我们无条件地爱着，因为无需从别人那里“获得”爱。我们的幸福感不依赖于他人的行为。我们不再对别人的反应或互动方式感到失望。我们可以简单地存在，并且爱着，日复一日，年复一年。

如果你做了本章中的一些练习，你会在内心获得一种有力、有形的爱。然而，在你开始练习之前，我想消除一些人们在生活中对这种爱的常见恐惧。

经常有人问我：“无条件的爱是否意味着我不再关心其他人？”当然不是！它只是意味着无依恋的爱。

从保护性人格出发的爱是一种依恋的体验。我们依恋于使我们感到安全的思想和信念。我们的爱是有条件的，我们认为它只存在于某些范围内。然而，当我们把自己的身份依附于自我的感觉，而不是依附于外在的思想、形象或目标时，就能自由而喜悦地关心他人，而不是担心他们的安全或损失可能对自己的安全造成什么样的后果。

为了自己的幸福而变得不依赖外部世界，会成就无条件的幸福、快乐和爱，使生活的各个方面都更健康、更好。作为精神层面的一个共同主题，这种洒脱被认为是参与生活和爱的理想方式。

注意，洒脱与孤离是截然不同的。洒脱的重点是爱的行动，而非结果。而孤离是一种冷漠，是在自我和结果之间、自我和爱的行动之间保持距离。这是一种身外之物的体验，让我们一直认为自己是安全的，实际上它只是不断地激起快速共鸣的能量，产生不可靠的体验，讽刺的是，这种体验是不安全的，它使我们对生活漠视、麻木甚至冷漠。

孤离通常是由我们认为需要逃离的心灵创伤或压力环境导致

的。如果我们不能从身体上逃离，就会从精神上或情感上回避。孤离在短期内像是一种保护，但从长期来看，它增加了孤独感、孤立感和抑郁感，减少了灵感和乐观，并影响健康状况。

为了得到最有力、最迅速的疗愈，我们必须在爱的身体里。与爱相关的共鸣是最终的治愈能量——一种能修复它所触及的一切的通用药膏。爱是伟大的中和剂，它使心灵、身体和呼吸达到一致。这种能量在心脏中创造了一团温暖的篝火。任何的难题、分散、干扰，只要我们能将其送入爱的火焰中，就会被爱的振动频率转化，从而使混乱转为清晰、仇恨转为宽恕、偏见转为理解和关怀、分离和孤立转为联系和团结、悲伤转为无尽的喜悦。

爱也是万能的溶剂。我们越是以爱为出发点，越是始终如一地将爱运用到每一种情况和环境中，就越能成为统一的灵性自我。事实上，灵性自我只能通过爱的共鸣在我们的物质生活中来往。

为什么会这样呢？因为爱的共鸣是我们在人类形态中所能得到的最广阔的东西。当我们作为精神走向物质的时候，当我们在地球站从宇宙之车上下来的时候，能量的第一次压缩，这就是我们所说的爱的共鸣。当我们在存在的核心着陆时，很容易体验到爱，因为它是我们的本原。

爱是你的真实本性，而不仅仅是一个参观的地方。心灵密码练习将教会你如何在任何时候、任何情况下进入爱的共鸣，然后一直待在那里。这些练习是通往我们内心的爱的途径。当我们能够学习技能，在身体、感觉层面上记住我们本身就是爱，并且我们可以在一瞬间落入那个振动频率，并最终学会待在那里，就不需要保持在“想要”的振动中寻求自身之外的爱。当我们能做到这一点时，就会持续地、无条件地与他人分享，这就放大了我们来到这里的意义。

灵性自我总是锚定在爱中。这就是为什么灵性自我也被称为“极乐之体”（梵语为 *anāndamaya kosha*）。当处于“灵性自我”时，我们在爱的状态下是幸福的。通过每天练习心灵密码，你余生中的每一天都能拥有这种幸福感。

心灵密码练习

练习 1：创造爱，接受爱

这种做法为你提供了一条直接通往爱的振动途径，这份爱在你体内等待被点燃；为你提供了寻求爱的实质体验，使你不用去寻求自身之外的爱；也给了你巨大的自由，让你成为最真实的自己，没有任何目的。这种清晰的自我是生活在爱的振动中的关键，也是在生活中得以痊愈、进行创造的关键。

（1）想一个你深爱的人或物。可以是朋友、家人、宠物、以前的恋人、现在的爱人，或者你还没有遇到的灵魂伴侣！可以是对春天的爱、最喜欢的地方、一段珍贵的记忆，或者只是一个对你有重大意义的物品，任何能在你内心产生爱的感觉的东西都可以。

（2）当你呼唤出你所爱的这个人或物时，你得明白，这个爱的对象实际上正在向你揭示爱的共鸣。它并没有把爱带给你，而是把爱从你的内心带了出来，因此你的头脑能够感知你内心已经拥有的爱——你就是爱，它使你“走了出来”。

（3）现在让这个人或物或记忆充满你的心。让这个形象充满你的意识，然后把你的注意力转移到身体上。当你想到这个形象时，内心感觉如何？

（4）接下来，把这种体验放大，加倍放大，再加倍。让你对这个人或物的爱充满你的身体，让其溢入房间，然后将注意力完全投入到这个体验中，再让其溢出房间。再次注意这些爱发生时，你的内心感觉如何？记住这种感觉。

（5）现在把手放到胸口上，对自己说："这是为我准备的。"接受这一切。把这溢出了房间的爱放到心中，彻底接受它。这就是你的家——现在回到"主体"上（就像我们在锚定密码中所做的那样），在你身体的每个缝隙中感受它。

（6）当你把手放在胸口时，挤压丹田，在身体上深刻感受一下这种共鸣。然后通过中央通道和核心部位的锚点进行呼吸，就像在清除密码中学习的那样。你将开始感受到爱在体内特定锚点的共鸣。

（7）通过几次呼吸，滋养这种无条件的爱的感觉和共鸣。

（8）接下来，重复步骤 1 ~ 5，只是这次要同时想一想你感到完全地、无条件地、坚定不移地被爱的时刻。也许是祖母的爱，也许是母亲的爱，也许是伴侣或挚友的爱，甚至可能是一只宠物的爱。（如果从来没有过这样的经历，没关系。在这种情况下，想象一下，仅仅因为你是你而被爱，会是什么样子？选择任意一种方式即可。）

（9）注意某处是否有更多的电荷，挤压并通过中央通道向下呼吸，进入大地，同时打开脚底。抬起脚趾，离开地面，然后再放下，设想一下你自己——不仅仅是能量——通过它们向下植入大地。

（10）建立这样一条回路，从胸腔中央的心脏一直到躯干，通过骨盆和腿部，再通过脚部进入大地。

现在你心里的感觉，就是无条件的爱。在做这个简单的练习时，你会发现，曾经认为是由外界的人或物带给你的爱，其实你内心一直都有，你只需要与它建立联系。通过能量密码建立回路，即使没有外部力量的推动，你也可以经常有这种体验。产生了爱，是因为你决定这么做；接受了爱，是因为你能够这么做。

你创造了它，你也接受了它，没有任何附加条件。这是极其重要的！为了让心灵感知身体内更多爱的共鸣，为爱的流动建立回路，你不能只是爱别人，你也必须爱自己。这样就会创造一种光子模式，真正知道“我被爱着 ”。当然，实际上，我们就是由爱构成的，所以我们不可能不被爱着，但我们需要给保护性人格被爱的体验。我们需要体现被爱，在身体里创造被爱的感觉，然后将其反映到世界上。

当你做这个练习时，你的意识会发现你在创造爱，而你的潜意识会发现你在接受爱——所有这些都发生在同一时间。这是一个标志性的模式，你可以每天进行多次练习。让你的细胞熟悉这种放大性共鸣是完全进入该模型的必要条件。否则，我们就不能待在那个位置，因为爱是灵性自我的认同、感受和共鸣。

为了说明这种做法的重要性，我想分享一个关于我妈妈的故事。

我的母亲十分博爱，她总是为别人付出，关心别人，甚至不惜以自己生活的平衡和身体健康为代价。

有一天，她在酒店大堂的洗手间里洗手后，转身去拿毛巾。就是这个简单的动作，她的腿断了，骨折了。我们首先想到的是她有骨质疏松症，这在 60 岁以上的妇女中较为常见。但是检查发现她的骨密度与 24 岁的人一样！

如果这种自发性骨折不是因为缺钙造成的，那会是什么原因呢？

根据生物能量学，即对身体能量场的研究，“骨折”首先发生在能量场中，然后才表现在现实世界中，在马路上踏空就会崴脚，那是我们踩到了存在于微妙能量体中的东西。我妈妈身上一定发生了其他事情，因为并不是每个转身擦手的人都会摔断腿！她的骨折有可能是由能量性骨折造成的——她的能量场有一个阻滞，在她转身的那一刻，这个阻滞就显现出来了。（如果我当时知道如何使用能量密码来锚定、整合能量场，我会通过这一练习来帮助她完全避开骨折！）

有趣的是，我母亲那个时候正在开始努力帮助他人。她正在学习如何发现和表达自己的需求，她那一代的女性大多并不愿意这样赤诚地表达自我，但她正在努力尝试找到能量的平衡。她不知道如何识别并表达她的真实感受（或者说“自我表达”），因此，那些想要锚定并唤醒的能量就缺乏一条能够流畅展示的途径。为了让她学会说“我也是”，能量就给了她一股外部力量——骨折，使这种转变得以实现。一直以来，生活都在以一种爱的方式支持着她，但这声音需要变得更响亮一些，从而让她听到！

是的，真的起作用了。从那一刻起，我妈妈开始在让自己的爱流向别人的时候，也流向自己。当她对我说起她在许多种情况下碰到的问题时，她的话反映了一个新的视角，她接受爱的经验每天都变得更加丰富。对于那些奉献自我的人来说，这些做法将帮助他们在信息量变得庞大之前找到能量的平衡！

通过练习能量密码，我们开始转变看待爱的方式，改变在各种情况下体验爱的可能性。我们弱化了关于爱和体验爱所需的限制。人们经常告诉我，他们在工作时“爱上了”它——这是因为当思想落在身体的核心，并感知、放大我们本性的时候，爱的感觉是其中一个副产品。爱是非常丰富的，它完全没有限制，所以每个人身上都有很多。事实上，你接受的爱越多，你创造的爱就越多，反之亦然。

练习 2：爱的分类

爱是转变的催化剂——我们所爱的任何东西在这种共鸣的存在下都能发生转变。在这个练习中，我们以能量密码为基础，工作性质便是选择爱的共鸣。这能确保我们的工作不会太呆板，它将在爱的精神中进行，因此将变得更加强大。具体来说，我们将用呼吸、爱、存在——把三个改变生活的部分结合起来，以实现转变：呼吸，通过身体移动精神能量；爱，为爱的质量带来转化；存在，把思想集中在特定的部位。

下面是它的工作原理。理想情况下，当我们处于一个令人不安的环境中时，我们会“把它带到身体里”，而不是对其做出反应。找到身体中感觉到电荷的位置，然后挤压那个地方，以确认意识正在建立联系。然后通过中央通道呼吸，在继续挤压和呼吸的过程中，将带电荷的区域带入通过身体核心的能量流。然而，我们现在知道，如果在呼吸时感受爱的共鸣，就能提高疗愈和转化的能力。打开这个“爱的开关”，更能整合那些产生电荷的能量。

这在一开始可能很有挑战性。在你试图在同一时间识别并整合分散区域时，可能很难获得爱，特别是当你第一次学着根据指令获得爱的时候。因此，我给你一个替代方法来处理这个问题，我称之为“爱的分流”。

步骤如下：

（1）当你处于一个具有挑战性或有压力的时刻，把它带到体内。注意电荷在身体的什么位置，挤压那个区域，并记住它的位置，这样你以后可以回来找到它。这不仅会使能量的消耗降到最低，而且会防止在那一刻做任何夸张的事情（例如，它会防止你陷入争论、陷入恐惧，或做出其他会让你后悔的事情）。

（2）稍后，在你压力较小时（比如躺在床上时），再次接近这个场景。做你刚刚学到的“创造爱，接受爱”的练习，想象你真正爱的东西或人，引入感官，如气味、声音或其他任何可以为你的爱增加细节的东西。现在不断地提高爱的感觉的音量，直到这音量大到在这些爱面前，你手里的图像都变得苍白。

（3）注意你身体里的感觉，并试图竭力保持这种能量模式，无论何时。这里的目标是锁定并记住爱在身体中的这种感觉。

（4）当你处于这种爱的状态时，慢慢地通过中央通道呼吸6 ~ 8次，感受到某种转变。

（5）在通过中央通道呼吸时，把具有挑战性的想法带入其中。挤压身体上你最初感觉到散乱的地方，让爱化解这种挑战性，在受影响的地方建立新的回路。

在这个练习中，我们燃起爱的篝火，然后把挑战带到它面前。这与常见的仪式（把挑战写到纸上然后烧掉）不同。在这种情况下，你在自己的心灵空间里生火，在身体内部运作，所以这个仪式不在外部进行。另外，通过在火焰中进行爱的转化，你可以更持久地体现点燃生活中的摩擦时所经历的变化。

在爱的分流中，当务之急是使这种能量干扰变得更加容易化解，因为我们不是在一个令人不安的时刻试图点燃爱。每当生活压力大或不堪重负时，就用这一练习来处理你需要放下或治愈的东西。坚持不懈地使用“创造爱，接受爱”的方法，将会使点燃内心的爱的篝火变得越来越容易。最终就会让能量流动起来，并让所有被卡住和分散的能量融入到这个能量流中时，投入到爱中，然后生活在那种环境下将成为“第一天性”，就像呼吸一样。（对于阅读此文的保健和身体工作从业者来说，在与客户的能量打交道时，要燃起你心中的篝火，而不是像平时的指令那样，在自己周围放置一个“保护性泡泡”，因为这是一种更有效的做法，而后者只是确认了保护性人格和灵性自我的二元性。）

练习 3：视万物为爱（皆利于我）

在过去的 30 年里，我曾有幸坐在十几个人的床边，其中许多人已经处于生命的尽头。令人惊讶的是，与这些人的谈话都有一个类似的主线。“这一切都很好。一切都好。即使是我讨厌的东西，我现在也很喜欢。这都是我的这段奇妙生活的一部分。”他们谈到了自己所有的经历——悲伤和喜悦、胜利和失败、出生和死亡，所有的一切。这就是人们在生命尽头时的想法。

我的问题是：如果我们最终要以这样一种角度接受一生中的所有经历，为什么不现在就转变思路呢？

如果我们即刻决定，认为生命中所有发生的事情都是有利的，并且有意这样想，那就会产生一个不同的过滤器，通过它来体验生命中发生的所有事情。如果我们愿意把生活中的每一个场景看作一种爱的行为——作为灵性自我以爱的方式给尘世的自我一种经历，使它能够唤醒自身的重要性，并扩大爱的能力——我们自然会以不同的方式解释这些场景。同时，抗拒、拒绝和评判力在我们的能量场中造成的扭曲将会更加稳定。接下来，我们就会更容易看到爱、体验爱、揭示爱、分享爱。

爱是丰富的，它存在于万物之中。当我们承认这一点时，再从公交站对话的角度来看，即使是生活中最困难的事情也是基于爱的。我母亲的去世是我生命中最大的痛苦——但面对看似失去的东西，在那一刻，它却打破了我以前所有关于爱的想法，因为它让我和母亲在这个以心为本的现实中重聚。

事实上，生活中的每一次交流都是爱与爱的相互作用，都是不同的爱在建立连接。我们认识到生活就是一个寻找爱的故事——在任何特定场景中，以爱的角度看待生活，促使灵性自我在体内觉醒。这也是我们一直在谈论的“爱的共鸣”。然而，在我们有这种意图之前，生活不可能会如此突然地出现在我们面前。我们需要在经历中体现爱、邀请爱，这正是我们要通过“心灵密码”达到的目的。

我们也可以通过量子科学来理解这一点。量子科学告诉我们，现实中的一切最终都是自我意识的反映——当某件事发生时，是因为自我意识的一部分正在将这种经历引入意识。如果我在生活中是平和的，那是因为我的内心世界被整合到一个我可以感知到平和的地方。如果有动荡，那就反映出有一些回路仍然需要被连接起来，使我能够看到它而不受其干扰。在本质上，三维世界就像一个电影屏幕，让我们看到自己如何进行或不进行整合的。

如果觉察到外部世界的人、地方和事物不是自己的映射，而是与我们相分离的，我们就会想改变这些环境，因为它们让人不舒服。但是当意识到除了爱之外什么都没有发生，所发生的一切都只是一种引导，帮助我们唤醒心灵中充满爱的自我，我们就能以不同的方式体验动荡。当我们遇到真正具有挑战性的难题时，我们马上就能知道，这是自己内部现实的反映，是一份能帮助我们在面对任何环境时找到维持爱、和平及和谐的礼物。我们可以把这个反馈的礼物带到身体里，然后用爱来转化它。这就是我们要做的——把爱带到生活的每一个方面。

“视万物为爱”的练习步骤如下。

（1）想一个目前对你来说是真正挑战的情况——例如，关系紧张、财务危机、重大损失或他人的威胁。

（2）问问自己："如果这种情况只是我给自己的一个礼物或机会，以便我能够扩大我爱的能力，我对其看法会有什么变化？"

（3）利用"爱的分流"和"创造爱，接受爱"的练习，把这种情况带到身体和内心，看看在哪里建立新的回路，并允许爱的篝火重燃。

（4）如果你愿意的话，跟进行动。问问自己："通过这次经历，我现在可以选择在哪些方面更加爱自己和他人？"另一种方法是："如果爱的扩展导致了这次经历，内心告诉我应该怎么做呢？"或者："世界要求我接受我在爱中生活，这需要何种能力？"然后跟随内心！

许多人觉得他们必须等待外部的证明（就像我关于四叶草的一系列经历）才能开始将一切视为爱。但这只是你需要决定去做的事情。就像你在黑暗的房间里不开灯就看不到东西一样，你需要打开头脑中的开关，并且从这个地方开始。我们越是把每件事和每个人都看成生活中的爱的存在（不管它第一眼看上去是否如此），就越能找到爱的共鸣。我们越是练习如何去产生爱的共鸣，就越容易以这种方式去看待世界。我们清除中央通道中的垃圾，消除阻碍感知领域的犹豫不决。强化的爱会引导我们越来越深入地体现灵性自我。

这项练习将帮助你在生活中不依附、不束缚或不扭曲的情况下继续前进。当你把爱体现为灵性自我时，你的幸福指数就会飙升，人际关系会发生变化，恢复和补充的能量就会随着你进入一个持续的和平状态而变得自然。在爱中，生活开始转向合作的状态，而不是生存的状态——一个完全为了你而创造的神奇的、幸福的冒险悄然而至。

与心灵密码相关的脉轮：心轮

心灵密码与位于胸腔中心的心轮（即第四脉轮，梵语为 *Anāhata chakra*，意思是“未受攻击的”，代表了爱的本质）相关。心轮是通往心灵、爱和统一能量场的路径，连接着宇宙中的一切。它支配着表达爱的所有方面。脐轮代表自我意识，而心轮代表我们看待自己与世界、自己与世界上每个人关联的方式。与心轮相关的爱是永远有约束力的，是大多数灵性探究中缺失的环节。

许多心轮有问题的人会感到与他人、与爱、与自己脱节。他们觉得自己“置身事外”，仿佛约束其他人的线根本无法捆绑住他们。这可能导致焦虑、压抑和孤独，以及其他身体状况，如心脏问题、循环系统问题和呼吸问题——从字面上来看，这是无法“接受事物”或接受爱的能量的表现。

心轮是第一、第二、第三脉轮的能量（代表原始的、个人主义的自我意识）与上一层脉轮的能量相遇并融合的地方，上层脉轮反映了我们神圣意识的高频率能量。心轮是我们的神性和人性结合的地方；它在唤醒我们的神性方面起着关键作用。

当心轮的能量被激活时，我们会袒露出最脆弱的一面，并在爱中找到力量和权力。当我们带着心轮的能量工作时，就会变得不那么有偏见，而是更有存在感，因为我们可以接受现实，而不是把个人主义、低级的心轮信念推向自己遇到的每一种情况。我们也变得更有耐心，不批判反而是宽恕别人的判断。我们的身体更加放松，因为没有触发“战”或“逃”或“惧”的反应机制。我们会更充分地享受生活，因为认识到自己是以新的方式爱和被爱。在这一切之下，我们终于体验到我们是神圣的。

世界上一个常见的误解是，我们不可能同时拥有力量和爱。我们认为："如果我有力量，我就不可能爱；如果我有爱，我就不可能有力量。"但这是不正确的。我们可以同时做到这两点。脆弱并不是软弱，因为脆弱能让我们抵达内心，抵达通往无限可能性的大门，进而将我们带入力量的极限。为了活出本性的两个方面，我们只需要把第三脉轮的能量成分（精神层面的、自我认同的自己）与第四脉轮的灵性的、爱的自己结合起来。我们将以"有爱又有力量"的最佳状态存在，这样的我们是脆弱的、真实的，也是善良的、强大的。

当我们的保护性人格试图寻找爱或被爱时，可能是因为太过于努力而没有在个人力量中扎根、整合。这表现为典型的"门垫"，即我们总是为别人做事，试图获得爱、赞赏、感激和自我价值。当我们处于这个空间时，可能会发现自己很难做出选择，包括爱自己。我们制造了一个缺口，所有的爱都向外飘散，而没有被整合到自己的能量场中。

表 7-1 是心轮的一些关键特征的总结，同样需要注意的是，心轮的能量特性对应身体的哪些部位。

表 7-1　与心灵密码相关的脉轮：心轮

名称	第四脉轮，心轮
位置	胸腔中心，胸骨下方
颜色	绿色，粉色
音符	强
关联身体部位	心脏，胸部，血液循环，胳膊，手，下肺叶，胸腔，皮肤，上背，胸腺
模型"背面"症状	害怕背叛，互相依赖，忧郁，呼吸微弱，高血压，心脏病，癌症，无法感知或接收爱
模型"正面"特征	怜悯，无条件的爱，有意识的调情，"绰绰有余""这里只有我们——我们是一个整体""万事万物都是神的反应，都对我有利"

续表

练习	创造爱，接受爱 爱的分流 视万物为爱
呼吸法（解释见第八章）	心脏连贯性呼吸
获取更大融合的瑜伽体式	· 三角式（*trikonāsana*） · 穿针式（*sucirandhrāsana*） · 鱼式（*matsyāsana*） · 脊柱扭转式（*supta matsyendrāsana*）

在平衡心轮的过程中，我们不再依赖他人、不再恐惧背叛、不再惧怕疏离和冷漠，取而代之的是，产生了慈悲、爱和轻松的关系。在身体层面上，可能改善血压、血液循环、心肺疾病，等等。

心灵密码瑜伽

在心灵密码练习中结合下面介绍的瑜珈体式，将进一步帮助你激活并整合能量，使其以最佳方式流动。

三角式

下面是三角式的练习方法。

（1）侧身站在垫子上，双脚分开 3 ~ 4 英尺。

（2）右脚向外转，使其面向垫子的短端，指向远离身体。

（3）左脚稍稍向内转，使脚跟离身体最远。

（4）臀部向右脚方向稍微旋转，稳定住两个膝盖。

（5）通过右腿吸取能量，将膝盖骨向髋部抬起，股骨进入髋窝。

左腿也是如此。通过骨盆底板向上牵引，接触到盆底肌。

（6）现在以朝向垫子后面的臀部为铰链，将躯干尽可能地延伸到右腿上。用右手远远地伸向垫子的顶部，然后让它落下，放在右脚、小腿或大腿上（避免将重量直接放在膝盖上或过度伸展）。你也可以在右小腿内侧直接放一块木块，将手放在那里。

（7）在保持臀部稳定的情况下，躯干转向一侧，将左臂从肩部向天花板伸直，应该能感觉到侧腰和下背有一种拉长和伸展的感觉。

（8）慢慢地将手臂缩回肩窝，激活心脏周围的肌肉。

（9）保持呼吸。停止这个姿势，略微弯曲右膝，将躯干抬到中间，然后将双脚转到中间。

（10）左侧重复。

现在，在三角式中整合心灵密码练习和身体觉醒瑜伽。

（1）保持这个姿势的同时，将你的注意力集中到脚的下方，即地面以下两英尺。同时将注意力转移到你伸出的左手上方两英尺。想象一下你被拴在这两点之间，两点即手的上方和脚的下方。

（2）将大腿并拢，伸展脊柱，伸出手臂，同时将手臂插入肩关节，激活心脏周围的肌肉。把生命的气息注入双手，直到指尖。把自己聚集到核心位置。

（3）呼吸，通过腿部，进入盆底肌，充满骨盆。紧紧地将腹部下方拉向脊柱，并通过拉动肩胛骨挤压后心。这与挤压大腿相结合，为回路产生一个“座位”，将能量从地球上转移到身体的核心。（这有助于大脑释放管理或控制一切的压力，让爱流动起来。它还允许在更深的层次上连接中央通道，并使灵性自我更容易被感知。）

（4）用手的下部（或手腕）按住前腿的内胫，将心旋向天空，同时挤压核心部位。通过整个身体的核心部位呼出这种爱，从手臂、手、脖子和头顶呼出。在下一次吸气时，将爱从头部和手部以外的地方吸入，通过颈部和手臂流到心脏。然后，挤压心脏和盆底肌，将爱从身体向下呼出，从腿和脚呼出，进入大地。呼气时挤压大腿和小腿。

（5）放开盆底肌，然后利用三或四次呼吸的时间重复整个循环，挤压核心，在每个呼吸循环中建立感官意识。这会让你感觉到，在你的内心里产生了更多的爱，并更快地建立起沟通的回路。

整合心轮的其他瑜伽体式

你可以将其他一些体式（如穿针式、鱼式、脊柱扭转式）与三角式结合使用，以增强心灵密码的功效。记住在练习时既要挤压你希望整合的部位，又要放松身体，想象并感觉到能量在中央通道上下移动。同样，当你做每一个动作时，被爱充盈的感觉会极大地增强它们的力量。

在心灵密码中，我们体现了无条件的爱，这是治疗过程中最强大的部分。爱的火焰可以转化成任何限制和挑战。我们可以应用爱的共鸣对有压力或有伤害的情况进行“分流”，使这些挑战的能量不至于阻滞在身体里。爱是生命中每个解决方案的关键，而你恰好是由它组成的。

在下一个能量密码中，我们将利用呼吸为点燃内在的灵性自我添加更多的燃料。呼吸能够赋予生命的能量，现在是时候打开你的脉轮，唤醒每个层面的意识了。

第八章

08

呼吸密码：生命本身的力量

“苏医生，是你吗？”

我沿着大厅向医院的等候室走去，准备去看望一位密友，她刚因中风做了手术。康复区的值班护士沿着大厅轻快地向我走来。是南希（Nancy），她的孩子曾经是我的病人。

“你还记得我吗？”她问道，“多年前你救过我的儿子。”

“当然记得！你怎么样，达伦（Daren）呢？”

“他很好，现在在武装部队——壮得跟头牛一样！”

南希有一对双胞胎，达伦是其中一个。达伦大约 4 岁的时候，我看过他“发育不良”的诊断报告。达伦的双胞胎妹妹聪明活泼，而他却脸色苍白，身体虚弱，患有多种过敏症和呼吸系统疾病。当时达伦的生命力不断下降，预计时日无多，医生们也束手无策，所以南希的姐姐（也是我的一个病人）把这个家庭介绍给了我。

在治疗过程中，通过对达伦的观察，我注意到他的呼吸似乎“颠倒”了。大多数年幼的孩子都是先将空气吸入腹部，然后胸部才会移动。达伦的呼吸却浅而快，从上肺叶开始，腹部很少参与。我利用他头部周围和身体的压力点，运用 B.E.S.T 技术对他进行治疗，还对他的呼吸进行了处理。堵塞物一被清除，他的呼吸模式就发生了变化，身体状况也开始好转，达伦活过来了。第一次治疗后，他皮肤的颜色几乎立即发生了变化——嘴唇变成了粉红色，脸颊在几分钟内变得红润起来。当他再一次来的时候，我注意到，他的呼吸还在沿用那种新的模式。在接下来的几周、几个月里，随着生命力的复苏，他变得活泼好动了。很快，他都能带妹妹一起玩了。

我与其他病人分享了达伦的故事，给他们布置了有关呼吸的具体功课，他们也得到了像达伦那样的效果。我还与父亲分享了这些故事，然后我们把这种方法纳入了 B.E.S.T 的基本训练中。随着这项研究和其他报告成果的发布，接受 B.E.S.T 训练的医生和保健人员也开始在实践中采用特定的呼吸模式，从而在全世界产生了巨大的影响。

多年以后，我开始理解到，激活核心的能量是获得高频能量体验的基础，我也知道了进行有意识的呼吸可能会使之增强。当我下意识地将空气吸入身体中那些没有被激活或没有发出“就在这儿”的感觉的身体部位时，进一步证明了我的预感是正确的。于是我开始教我的病人和学生各种呼吸模式，以唤醒他们身体中与某种症状和模式相关的部位。

在接下来的几个月至乃几年里，我意识到，我们甚至可以通过连续激活那些涵盖了身体中所有层次的能量区域，来预防许多症状和损伤的典型反应。这种做法唤醒了每个脉轮层面的意识，它们之前一直处于休眠状态，这是因为没有人“潜入其中”去唤醒它。人们开始更加积极主动地思考、呼吸和举止，更加自信和富有同情心——这都是因为他们实现了更大意义上的自我。当他们根据自己的身体症状和模式进行呼吸时，保护性人格平静下来了，而灵性自我则觉醒了。

呼吸密码是我多年来对病人和学生以及在我自己的日常疗法中使用的。这些技术很多是来自传统的用于加强脊柱、增加神经肌肉系统的动态愈合的康复疗法。然而，在治疗病人的同时，个人经验和积极的临床效果让我得以把它们编入这些特定的模式。若经常练习，它们将唤醒处于休眠中等待关注的灵性自我。

什么是呼吸密码？

呼吸是灵魂，呼吸是生命，呼吸就是你自己！若没了呼吸，灵魂、生命和你自己都将不复存在。但这并不是一条单行道。实际上，我们可以在这一层面上注入更多的生命，更多的自己，我们可以将灵性自我带入身体。要实现这一点，我们就必须使用呼吸。呼吸密码就是关于呼吸的，它能带来更多的生命力。我们把更多的真实自我吸入自身能量场和身体中，让能量流动起来，这样就能充分表达我们的生命。

这时，我们已经进行了几次呼吸——将意识固定在身体内；开始通过体内系统移动能量；发现、减轻并清除阻滞或干扰；将灵性自我的爱的共鸣注入能量场。现在要特别关注呼吸，加深对“这种能量等于真实自我”的理解，以此来深化和加强我们在前面的章节中所做的练习。

将思想集中在身体的某一位置，同时进行呼吸，并维持这种状态。脉轮是这种能量流动的组成部分，并与呼吸相作用，它能在身体和生活中创造变化。这是我们如何迅速“建立”灵性自我，并体现出重大转变的关键。记住，当能量不在身体中流动时，它就不会在你的生活中流动。

在呼吸密码中，我们强调脉轮，它不仅仅是能量中心，也是容纳大脑各个层次的锚点。用呼吸激活脉轮，能让你轻松、从容、有目的地进行改变，而不是在长年累月中，在极具挑战性且充满艰难困苦的故事线中，在苦难和痛苦中受教。当脉轮没有被生命力量激活时，它就不能正常运作，这种功能障碍会反映到外部世界。当其回路被激活时，我们的身体、思想和情感就会更加协调。

例如，当根轮被激活时，我们会有一种归属感，感受到生命的支持并明确我们的福祉。我们精力充沛、富有活力、并会采取行动来实现梦想。如果根轮处于休眠状态，不活跃、不平衡，甚至被过度刺激，那么我们的思想就不平衡、不和谐，这时我们只是从生存者，而非从创造者或支持者的角度看待自己。

在呼吸密码中，我们可以直接将能量吸入每个脉轮。下意识地使用呼吸密码最振奋人心之处是：在大脑明白发生了什么之前，它就能积极响应并随之塑造一种转变。例如，你将空气吸入心轮（即一个人的力量所在位置），并让它的能量穿过身体，你会感觉身体在不断变化，行动也会更有力量，即便你无意识地知道如何从蕴藏着更强的力量或自尊的角度看待和评估一种情形。你能做到这一点，因为你的能量水平已经改变了。

有意识地呼吸就是一个整合器——它把身体层面的思想、感觉、知觉、化学成分与能量层面的振动和回路交织在一起——它是我们唯一可用的最强大的转化工具，比单纯的冥想更有价值。当我们将空气吸入身体的某个脉轮或位置时，我们选择在那里塑造转变，并把它作为灵性自我的一部分。我们将灵魂和微妙的能量注入到身体能量和形态中，并让其按照最大潜力的形象去重新塑造我们。

72 岁的帕特（Pat），她第一次使用这些技巧，就将空气吸入了身体最核心的部位。同时，她能够接受并释怀童年时被虐待的经历给她造成的痛苦，这些技巧对你也会有作用。

呼吸密码是关于表达的——通过呼吸来实现你在这个世界上的梦想、欲望和愿景。因此，我称其为“表达密码”。呼吸密码提醒我们，外部生活是内心世界的整合、激活、觉醒和构建回路的反映。若内心世界未被整合，在外部世界表现出来的任何事物都可能稍纵即逝，同时也需要大量的能量来创造并维持这些事物。

我们可以从保护性人格中进行表达，但这种表达为不安和恐惧驱动，与我们通过灵性自我进行的表达在外观和感觉上大有不同。有一方赢，就必定会有一方输。我们可能会为了事业的成功而牺牲自己的健康，或者为了得到认可而牺牲爱情。在这些情况下，我们可能是“成功”的，却不会拥有健康或爱情。

要想拥有成就感和满足感，我们必须从一个整合的地方入手。如果学会了整合，并从灵性自我的核心深处而来，不仅会在同样甚至更短的时间内取得相同或更多的成就，还会以“人人都是赢家，人人都能得偿所愿”的方式表达我们的愿望，我们也不必为实现自己的愿景而剥夺自己或他人的重要东西。当我们从一个整合的地方表达出来的时候，我们所创造的事物一定是可持续的。自己会被符合自身最高利益的事物所吸引，因此欲望也会自然生发，并变得更加神圣。

我们越是向脉轮注入能量并使其相互融合来唤醒它们，头脑就越能感知到真相。行动反映本性，真实的生活目的也会显现和流动。当有了支撑更多生命能量流动的回路时，我们就不会把挑战看作问题，不会把事情归咎于个人，也不会陷入迷障；相反，我们会保持能量流动，在潜在的阻碍出现之前将其化解。我们会简单地把生活中的一切看作觉醒计划的许多步骤，把其中蕴含的教训看作需要在何处注入爱、光和呼吸并构造回路的方式。这就是如今我个人生活的表达方式。

越老越年轻

我比 30 年前的自己更年轻了。

这并不是在吹牛。就不断流经我身体的能量以及我的能力而言，我确实更年轻了。我每年有 250 多天会站在观众面前。我管理着一个团队、一个企业，计划并编写课程，开研讨会，带领团队乘机前往世界各地。我的一天从 6 点开始，很多时候直到午夜才结束。会议、教学、乘飞机、写作、采访、治疗、培训、电话会议……都是我要做的事情。更不用说打包行李、拆解行李、找时间带着狗去跑步，以及经营美好的爱情。每一天、每一周，都是这样，但我几乎从不感到疲倦。我平均每天睡 6 个小时……而且迫不及待地开始第二天的工作。

我是如何做到这一点的？都是因为能量的流动。

如今我的生活已与 30 年前大不相同。当时作为一个 25 岁的年轻人，我无法做到这一切。那时，我在诊所工作，每天下午都要小睡一会儿。每年冬天我都会得支气管炎，还有偏头痛、颈部痛、背痛等病痛。但在我的能量觉醒之后，所有的这些病痛都消失了。我每天的工作时间可能比 30 年前多了五个小时，当一天结束时，依然能量满满，还可以轻松地重新开始。这种不断地、持续地恢复，相当了不得。

这种持续的能量恢复给我带来的最大好处是：我对生活和生

命的热情大大增加了，我有能力感知、相信并说出自己的真相，而不必担心别人会怎么想，或担忧是否会成功。我的恐惧因素“犹豫不决”已经大大减弱了。我对亲密关系有了更多的了解，更有能力表达脆弱的一面，更善于倾听并接受反馈，而不必回避或回击。我身上的完美主义已经化为对生活中不完美的热爱，我知道它们都是美好的事物，或是更伟大、更有意义的东西的一部分。我对成就的渴求已经完全变成了庆祝我们生而为人。由于我的能量和资源，我对他人的帮助也越来越大。

我生活中的愿景已经开花结果。我从仅仅把自己看作在单一城市、单一现实中试图“尽己所能”的个人，转变为理解并接受我作为一个拥有全球视野的角色。我已经对外界足够开放，让体内的能量流支持我能够在全世界十几个国家教书育人。来自大洋彼岸的人们参加我的研讨会，进行学习，并在莫特学院接受护理，因为我已经让更大的自我意识被揭示、表达出来。

回想起来，我觉得很神奇。我以前根本不敢说话，因为我觉得自己没有什么重要的东西可以说，或者质疑我的想法是否足够重要且可以为别人带来改变。我使用你在本书中所学的实践和原则，进入灵性自我，了解到我所分享的东西正是人们需要知道的东西。我内心深知，这一直都是命中注定的，我只是为注定要表达的东西注入生命。

我们深知，每个人都有能力获得那种目的，却没有让头脑考虑或支撑足够长的时间让其变成现实。你想成为的、想做的、想创造的一切都已经在你体内，只是在等待你连接必要的回路，把它带向光明。

事实上，我希望你能通过呼吸密码真正开始认识到，整个人生经历都是灵性自我试图引导你以一种更有效、更高超的方式来指引心灵。你会逐渐知道自己是一个多么伟大、强大、有能力的人——因此，利用你在呼吸密码中学到的方法挤压掉你认知的障碍，让气息穿过它，并爱上它所表达的东西。

呼吸密码提供了一种工具，让头脑注意到身体正在表达的东西。当头脑和身体开始相互协作进行呼吸时，真正的命运就会从内部显现，而且变得很明显——让我们不得不予以重视。我们展现的过程是自然而然的，不需要刻意推动或尝试，也不需要像保护性人格中的表达那样消耗巨大的能量。我没有刻意创造任何一种联系，所言也不假。我只是受邀者，因为我正构建回路，以便有机会在所处的振动频率上产生共鸣。当然，你也可以。

通过让自己一直处于休眠状态的部分进行呼吸，可以轻松地唤醒更大意义上的自我。这是呼吸密码对你做出的承诺。特定的呼吸方式将单独激活你的每个脉轮，并有针对性地、主动地连接回路。

呼吸密码练习

练习 1：第一至第七脉轮呼吸法

世界上的一切都是由能量构成的，每种物质形式都由原子组成，原子可以进一步分为亚原子，它们在无限的空间内不断运动。这个存在于所有粒子内部和粒子之间的空间，与本身的形式一样重要。事实上，统一场提供了所有生命所处的背景。举个例子，你是否知道，目前的科学研究表明，植物的根是在泥土分子之间的能量空间中生长，而不是在泥土本身？或者说，你是否知道，我们人类是在能量“垫子”上行走，而不是像我们曾经认为的那样触地行走？每样东西确实都是能量！为了提高健康和活力，我们必须激活并保持身体组织之间的无形能量，并使其具有生命力。为什么？因为我们实际上就是那个无形的空间！我们是颗粒之间的灵魂。当我们进行有意识的呼吸时，一股重要的能量流过身体，有意识地激活整个身体的每一个方面。

当粒子之间的空间减少时，身体的一些区域就会变得更密集，我们也会被压缩。当我们感到不安和紧张时，就会形成能量阻塞，导致情绪或身体的变化。为了优化能量流动，我们要保持粒子之间空间的扩张性。你甚至可以说，我们要给它们“呼吸的空间”！

在古老的东方传统中，呼吸在身体上产生了特定的效果，我把其中的一些包括在内，因为我在自己的经验中对它们进行了调整。在这些练习中，你将打开每个脉轮内的有关康复和创造力的振动，并在细胞水平上将这些振动融入你的身心。

记住，你就是呼吸本身，你要住进一个身体里，那为何不试着搬进你的整个房子呢？

第一到第七脉轮：中央通道呼吸

我在锚定密码中介绍过的中央通道呼吸连接了中央通道上的所有穴位，特别是它能使能量流经根和冠脉。下面是这个练习的简要回顾，记住要在腹部进行深呼吸。吸气时伸展腹部，呼气时压缩腹部。

（1）想象一个垂直的通道从头顶上，通过身体到达脊柱顶端，然后进入脚下的大地。

（2）挤压锚定点：心轮、心脏、喉咙和眼睛后方。

（3）专注于头顶上方的空间，通过头部中央部分向下吸气，进入喉咙、心脏，然后抵达腹部。

（4）从腹部开始，通过心轮向下呼气，由脊柱的顶端排入下面的大地。

（5）下一次呼吸时，从大地深处吸入，通过脊柱顶端向上，进入腹部。

（6）向上吸气，通过中央通道、心脏、喉咙、眼睛后方，从头顶呼出。

（7）现在，随着空气在中央通道上下移动，将你自己化为呼吸。从最后这一步开始，你便有了一种深层次的经历。

这个练习最重要的一点是，你要有意识地关注呼吸过程，关注整个中央通道，不要跳过任何部分。把你自己想象为呼吸，在中央通道上移动。想象一下：这个练习将宇宙中微妙的、更高频率的能量与身体和地球本身的物理能量联系起来，为构成各种能量创造了一个更深入的整合途径。由于所有的脉轮都位于中央通道上，这个通道就像身体的“母板”；而呼吸将电源开关拨到“开”，从这个被激活的地方开始，每个脉轮中心就可以更舒适、更具体地发挥微妙的作用。

第二脉轮：血管呼吸（佛肚呼吸）

血管呼吸建立在中央通道呼吸的基础上，集中在第二脉轮（生殖轮）区域，即下腹部。在呼吸时，通过收缩肚脐以下和骨腔深处的肌肉，你可以在体内保存重要的能量生命力，而不是简单地使空气在体内系统中流动。这种收缩创造了一种“漏斗”，它不仅仅是一个通道，还能让能量在体内保持更长时间，并更彻底地激活组织。

这种练习对每个人都有好处，而且对处理骶骨脉轮的不平衡或堵塞尤为重要。以这种方式进行呼吸可以提高活力，唤醒第二脉轮的创造性能量，培养内在的智慧或我们“相信直觉”的能力。每一毫秒都有数以亿计的信息轰击能量场，这就是培养它们的地方，在下腹部的第二脉轮。相信我们的直觉，就是相信我们有能力根据超出思维头脑处理能力的信息来做出决定，进行评估。

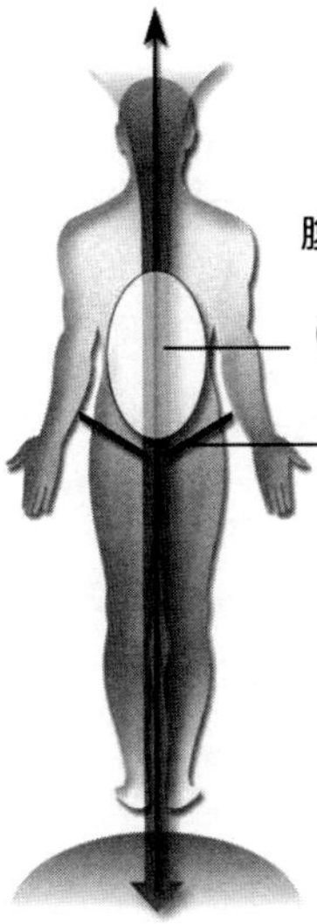

图 8-1　血管呼吸

进行中央通道呼吸，将空气从头部上方通过中央通道移到生殖轮区域的肚脐下方（见图 8-1）。

具体的练习方法如下。

（1）收缩根锁，从内部向上提升括约肌。

（2）继续用心轮吸气、呼气。可能会比较有挑战性，因为你是同时在挤压和扩张腹部。让两者相互结合，在脉轮空间中创造一种意识。这就是前面谈到的有意的内部阻力或摩擦。

（3）将这种呼吸与整个中央通道的呼吸结合起来，从头顶到脊柱顶端下方，进入大地，然后再回来，在整个过程中保持心轮呼吸。这能使第二脉轮的能量与中央通道其他部分的高频能量相融合。

第三脉轮：太阳神经丛呼吸

太阳神经丛呼吸利用额外的肌肉收缩来激活第三脉轮（脐轮），从而达到较好的效果。太阳神经丛呼吸整合了第三脉轮，使我们变得更加果断，更加尊重赋予我们的能量。如果这个区域没有被激活，就很难认识到真正的自己。即便认识到了，也很难对能量

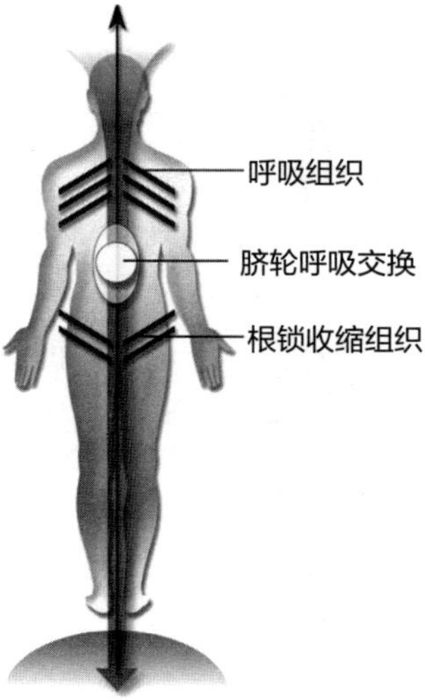

图 8-2　太阳神经丛呼吸

予以尊重。当这种太阳神经丛呼吸与其他呼吸方法一起练习时，会更能激发热情之火，为生活带来改变。

下面是太阳神经丛呼吸的练习方法（见图 8-2）。

（1）在通过中央通道呼吸，收缩心轮时，同时收缩上胸肌（胸部），并将肩胛骨并拢向下。挤压胸部，就像紧紧“抱住”心脏一样，或者把自己搂在胸前。

（2）将吸气的区域限制在从肚脐上方到肋骨下方的空间（在这个空间，如果被敲打了一下，空气就会被击出去）。我把在这个有限的区域进行呼吸称为“棒球—葡萄柚呼吸”。

（3）吸气时，将这个区域向外推，让它变得像葡萄柚般大小；呼气时，将这个区域恢复到棒球大小。

（4）练习“棒球—葡萄柚呼吸”，同时加上中央通道呼吸。从头顶吸气，使太阳神经丛区域从“棒球”扩大到“葡萄柚”大小；然后向大地呼气，使“葡萄柚”减小到“棒球”大小。然后反过来，从地面向上呼吸，穿过身体，在头顶呼出；吸气时为“葡萄柚”大小，呼气时为“棒球”大小。

第四脉轮：心联动呼吸

心联动呼吸专注于扩展第四脉轮（心轮），激活爱的能量和心脏的连接动力，同时将意识锚定在灵性自我之中。这种呼吸也有助于解决冲突和接受爱，随即获得更大的快乐和平静。

具体练习方法如下（见图 8-3）。

（1）从血管呼吸开始，在吸气时将空气填满下腹部或腹部。

（2）继续向腹部吸气，直到中胸（心脏）也被填满，然后胸腔向上抬起，填满上肺叶。

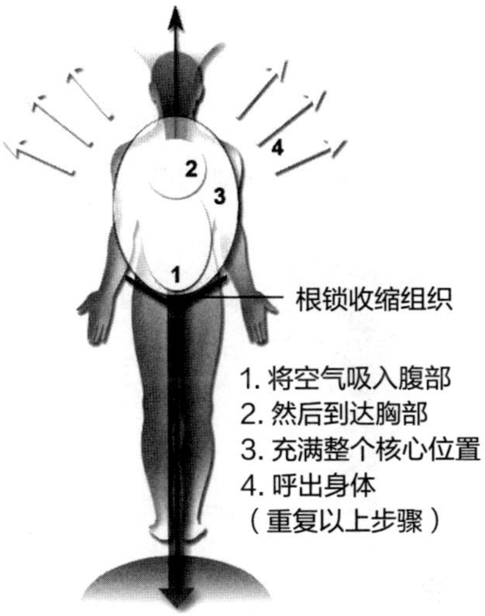

图 8-3　心联动呼吸

（3）现在将呼吸扩展到身体之外，想象一下，呼吸溢出身体并向周围扩展。

（4）在呼气时，首先排空胸部和上肺叶，然后继续排空胸部，直到腹部也开始排空。

（5）在呼气结束时，将肚脐向内、向上拉，就像你试图将它与脊柱接触一样。进行一次完整呼气，使每一丝空气都从肺部呼出。这有助于重置神经系统中的“战”或“逃”或“惧”反应。

（6）将这一系列动作练习 6 ～ 8 次后，把这种呼吸与中央通道连接起来。从你坐着或站着的地方向腹部吸气，在头顶呼出，然后反过来，从头顶吸气，向地面呼出。

第五脉轮：表达呼吸

表达呼吸激活了第五脉轮，即喉轮。当意识的这个方面被激活时，我们可以公开、诚实地倾听和发言，专注于最大限度地表现真性情，而不仅仅是发表主观或保守的看法或意见。

通过表达呼吸向世界宣扬、展示你自己，并作为灵性自我而不是保护性人格付诸行动。

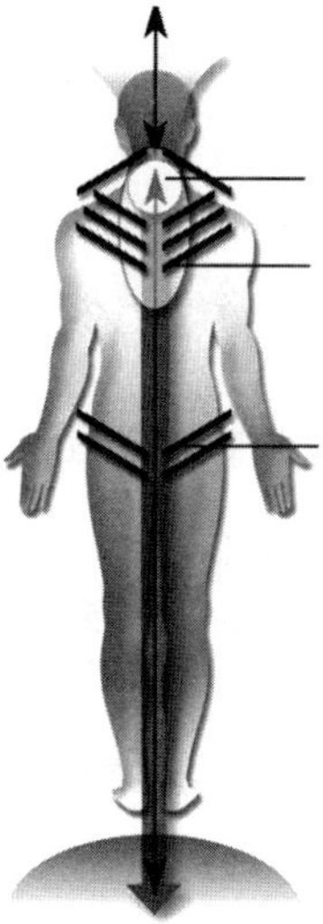

图 8-4　表达呼吸

练习方法如下（见图 8-4）。

（1）在根锁就位的情况下，进行太阳神经丛呼吸——挤压腹肌、胸肌，肩胛骨向后、向下，让空气充满腹部和心脏空间。

（2）将下巴放平，引向后颈。想象一下，把它“锁”在那里。使这个区域成为每次吸气和呼气的中心。收缩核心区域其他部位的所有肌肉，隔开喉咙。

（3）用意识从头顶吸气到喉咙，通过喉咙下面的整个通道将空气呼入大地，然后从大地吸气，通过身体吸至喉咙。让喉咙成为呼吸交换的支点，但也要确保自己能感觉到呼吸（你自己就是呼吸），空气一直在通道中上下移动，宛如温暖的液态光。

第六脉轮：视觉（内视）呼吸

视觉呼吸能激活脑中心和第六脉轮，即第三只眼。它将帮助你准确地感知并揭开保护性人格的面纱和灵性自我的真相。视觉呼吸培养了内在意识，这样你就能读懂有关自己身体微妙能量的信息。为了达到最佳效果，请将其与呼吸密码中的其他呼吸法结合起来使用，让第三只眼下方的通道更加稳定。

在这个练习中，我们首先偏离中央呼吸通道的基线，想象从额头前的一个焦点吸气，通过大脑中心，然后从后脑勺呼出（见

图 8-5）。在做这个练习时，使锚定点沿着收缩的中央呼吸通道，特别是心轮运动。

紧闭双眼，眼珠往上翻，这样你就能感觉到这个锚定点处的张力。在实际练习中，使这种张力放松的同时，也要持续关注这个区域，否则，张力就会重新出现。

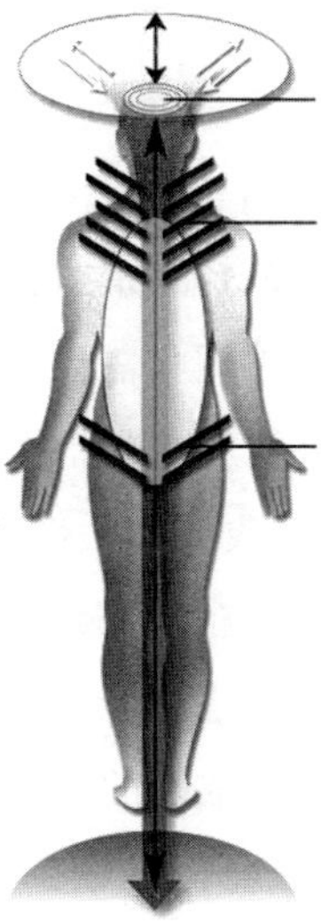

图 8-5 视觉呼吸

（1）从额头前吸气，吸到眼睛后面大脑中心的锚点。想象着，感受一下空气充满了大脑中所有细胞之间和内部的空隙，激活并滋养着它们。

（2）从后脑勺呼出气体，位置与呼入点相反。

（3）现在将这一过程反过来，从后脑勺向大脑中心吸气。

（4）从前额的中心位置将气呼出。

（5）重复几次上述动作，在每次呼吸交换中与中央通道垂直建立联系，从头顶吸气到大脑中部的锚点，然后将气体呼出到地下。

练习 2：千根小管呼吸

毫不夸张地说，我们是由上千根细小的能量通道组成的，在身体解剖学中，这些通道被称之为“经脉”，更大的那些则被称为“经络”。这种呼吸法能让我们把意识带到这些通道，使体内系统更加活跃，并使我们向所有肌肉和结缔组织中呼入“空间”，是治疗损伤和慢性疼痛的基础。除了中央通道，它还能使外部的组织活跃起来，包括手臂和腿。而且对展现天赋、才能和人生意义颇有帮助，因为它有助于消除障碍，唤醒共鸣、本性和才能等曾经那些你认为无法企及的东西，它是错综复杂的整合。

练习千根小管呼吸需要把身体想象成三个部分（见图 8-6）：从脚到胯、从胯到肩（包括手臂）从肩到头顶。具体方法如下。

（1）首先，收缩第一部分的每一块肌肉（从脚到胯）。

（2）然后让空气穿过身体的这一部分，从脚下开始，就好像你充满能量的身体是由无数根小吸管组成的，你正通过它们一点一点地吸食着非常浓稠的“奶昔”。

（3）继续在身体内收缩，以极大的强度吸气。当到达身体的第二部分时，呼气。但下面收缩的区域不要放松，相反，收缩第二部分的每一块肌肉（从胯部到手臂和肩膀）。在下一次吸气时，将能量一点一点向上拉，直到拉到肩膀的顶部。

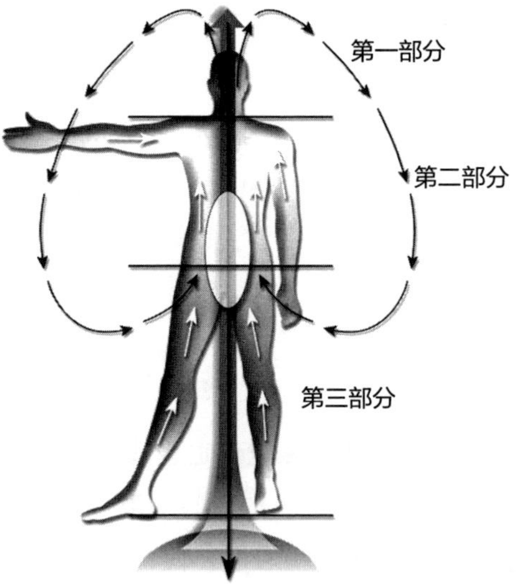

图 8-6　千根小管呼吸

（4）将空气呼入肩颈区域，但这一部分以下的区域仍然保持肌肉收缩。

（5）接下来，第三部分，也是最后一部分（从肩膀以上到头顶，包括脖子、脸、嘴和头皮）。吸气时，通过这部分的小管一点一点地吸引能量，直到把它吸到头顶。

（6）屏住呼吸一秒钟，然后从头顶呼出，不要放松任何一块肌肉。

（7）感觉能量向身体外部涌出并向下延伸——然后，突然释放！回想一下第三章中的环形人及其三维能量。

（8）深吸一口气，呼出，并放松地“啊”两声。要知道，新的能量正从头顶涌入你的身体，就像你站在瀑布中一样。感觉很好，你的体内系统正在得到能量的补充。

（9）重复练习 2 ~ 3 次。

（10）同时收缩这三个部分，从头顶吸气，通过整个身体呼出到地下。

千根小管是一种高难度的技术，但由于它有非常好的疗效，我想在这里把它介绍给大家。要想真正看到效果，必须定期进行练习，而且要格外注意细节。一旦掌握了它，你就有了一个强大的方法来消除身体细微能量流的干扰——真正让你的能量流看起来像环形人一样。所以，试一试吧。你会爱上这种呼吸法的！

练习 3：蕨叶呼吸

蕨叶呼吸是一种整合脊柱中细微能量流动的方法，它有助于维持我们当前正在尝试的改变。它会建立起精细的回路，虽然一开始听起来很复杂，但练习之后就会显得简单又自然了。

想象一片蜷缩的蕨类植物的叶子，看它是如何紧紧地盘绕在自己身上的。继续想，现在它慢慢展开，曲线变直，直到全部拉直。这就是我们要做的事情：将身体卷成一个圈，然后随着呼吸，慢慢展开。

在这一过程中，我们会接触到能量系统中的一个特殊位置——就在脊柱顶端的骶骨前面，腹部后面，根锁上方，东方人称之为“丹田”。我们要把握好这个位置，随着每一次吸气，在展开身体时，把它向上拉。我们以一个椎骨为单位，将脊椎展开，使每个椎骨在展开时成为曲线的顶点。下面是具体步骤（见图 8-7）。

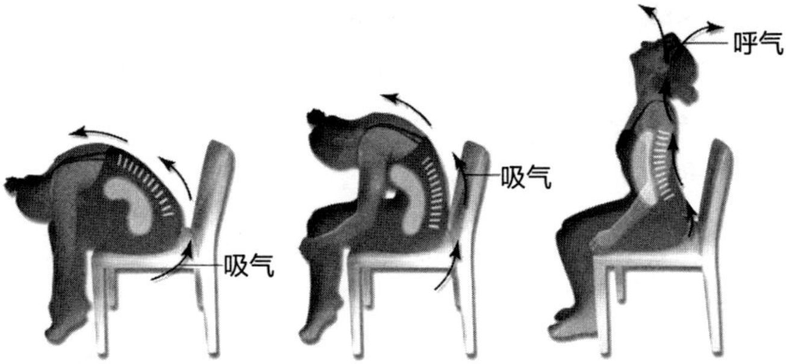

图 8-7 蕨叶呼吸

（1）坐在椅子上，或者盘腿坐在瑜伽垫或地板上。

（2）收缩根锁，找到丹田。将它看作一个小光球，在接下来的几个步骤中，把它从中央通道引上来。

（3）呼气，将下巴收在胸前。继续呼气，从胸部向腹部滚动。在腿上，像蕨类植物的叶子一样盘旋起来。在不弄痛自己的前提下，尽可能地绕成线圈。呼气，直到所有的空气都从肺部释放出来。想象一下你的脊柱像蕨类植物一样呈完美的螺旋状，而不仅仅像是车底的铰链。

（4）现在吸气，把手按在大腿上。将脊柱向后推，离手越来越远，每次展开脊柱的一部分。保持你的下巴一直往上收，直到你再次挺直腰板坐好。现在展开你的颈段，想象你每次展开一个椎体，一直到达头骨的底端。（注意：在将身体展开到挺直的过程中，要保持吸气。一开始可能需要呼吸 2 ~ 3 次；当你需要呼气时，就在那个位置停住再呼气，然后从你刚刚停住的位置继续吸气。）

（5）接下来，让鼻子朝向天花板，将眼睛向上并拢，从额头和头顶的中心位置直接呼气。

（6）现在从同样的位置吸气、呼气，再次将身体像蕨类植物那样卷起来，直到回到完全向前卷起的位置，下巴放在胸前，胸部向腹部下移。在此过程中，将吸入的空气排尽。让前额和头顶朝向地面，与展开的过程一样，可能需要分几次呼吸来做；如果需要吸气，就暂停下来吸一口气，然后在呼气时让脊柱继续向下翻动。

（7）重复以上步骤 2 ~ 3 次。

在这个练习中，最重要的是把意识集中在脊柱的每一个椎骨上，这样，整个脊柱就会一直在整合中。结合其他呼吸法——第一脉轮到第七脉轮呼吸法和千根小管呼吸法，重复这个练习，能够大大增加整合的效果。在做这些呼吸练习时，要熟悉它们的细微差别，你就会真正感受到不同的能量是如何在你的身体里共同起作用的。当你能感觉到真我就是身体中的能量时，你就是移动能量的高手就能移动生活中的能量，很快就能把你的生活变成你梦想中的样子。届时你将拥有创造者的身份，拥有强大的康复能力。让我们行动起来吧！

练习 4：康复呼吸

体内的疼痛，或者更确切地说是功能障碍和久治不愈的病症，是因为受影响部位缺乏能量流动。阻滞会导致能量过剩，就像河流中的大坝一样，让水堆积起来，从而导致疼痛。为了恢复能量流动，恢复健康，我们要清除堵塞物，让能量流动起来，让它通过循环并再次融入整个系统。

如果身体的某个部位很弱，就意味着通过该部位的能量不足，我们要通过加强意识，来增加该部位的能量流动，利用呼吸给它带来能量，冲破大坝。康复呼吸法会通过恢复某一身体部位的能量流动来治疗功能障碍。下面是具体步骤（见图 8-8）。

（1）挤压受到影响的部位。不要只是生硬地挤，而是像从内部一样拥抱它，有意识地与它接触，并暗示自己："我一直在，这次不会再错过你了，一定会接受你想告诉我的东西。我现在明白，我们是在一起的。"

（2）接下来，从挤压的这个部位表面吸气，让空气穿过这个部位，进入心脏，然后从通道的另一端呼出。从该部位之外呼吸意味着从最近的地方吸收能量。如果膝盖受伤了，就像千根小管呼吸法那样挤压膝盖，然后，想象着把能量从脚下方的大地吸上来，通过脚和小腿，到膝盖，然后到臀部、腹部，一直到心脏，再通过喉咙、大脑，最后在头顶呼出。如果疼痛或功能障碍是在臀部，则再次从脚以外的地方作为起点。如果问题出在肩部，就从手部以外的地方开始吸气，或者从头顶以外的地方开始，以感觉受伤部位与哪里有关为准。无论从哪里开始吸气，都要吸到心脏，并从通道的另一端呼出。

（3）在通过受伤区域引气时，挤压它所经过的肌肉组织。在呼吸的同时，对其进行挤压、拉伸。这样会将能量直接拉过肌肉组织，唤醒能量回路，即挤压、拉伸、呼吸。

（4）然后反过来从通道另一端吸气，通过心脏和受伤区域，再从之前的起点呼出。当空气通过这些肌肉时，保证空气所经过的肌肉得到充分收缩、伸展。

这些针对各个脉轮的呼吸法对身体、两性、心智、感情虐待等创伤也有疗效。此外，我建议进行呼吸密码练习时应特别注意，心里要感受到一种深刻而亲密的联系（如果觉得有困难，可以参考心灵密码练习）。在我与客户和病人分享这种练习方法后，他们减少了情绪上的负担，整个人的生活态度都发生了转变，实现了量子翻转。

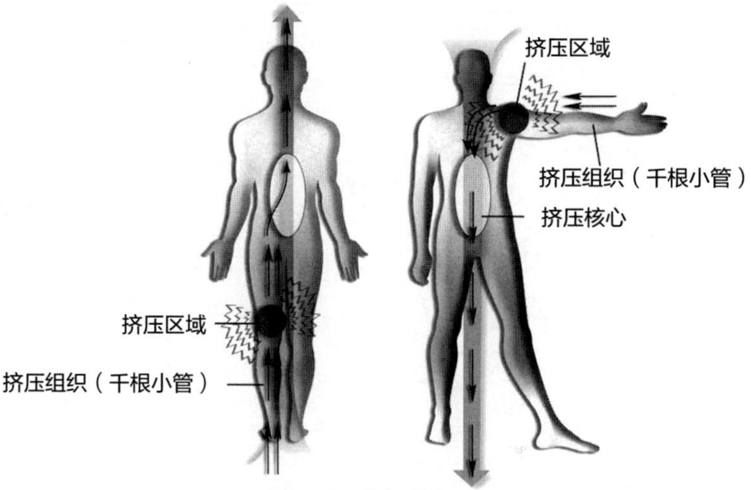

图 8-8　康复呼吸

与呼吸密码相关的脉轮：喉轮

呼吸密码与喉轮（即第五脉轮，梵文为 *vishuddha*，意思是“特别纯净”）有关，位于心脏和咽喉的中间。此外，如果让喉轮控制我们的声音和呼吸，它能表达出真我通道，因为它是灵性自我的代表。它与想象力有关。身为创造者，我们通常会在没有证据能表明我们的行为会获得好评或足够安全的情况下有所行动。当我们激活有意识的呼吸时，喉轮就会指导、推动整个过程。

表 8-1 总结了喉轮的一些关键特征。注意查看脉轮的能量特性是如何反映身体各部位的。

表 8-1　与呼吸密码相关的脉轮：喉轮

名称	第五脉轮，喉轮
位置	心脏和咽喉中间，颈部底端
颜色	蓝色
音符	强
关联身体部位	嘴，咽喉，耳朵，颈，声带，肺，胸部，下巴，导气管，颈背，胳膊，甲状腺，副甲状腺
模型“背面”症状	完美主义，无法表达感情，创造力受阻，咽喉痛，甲状腺疾病，颈部疼痛，耳鸣，哮喘
模型“正面”特征	善于沟通，轻松的冥想，艺术灵感，听力无障碍，“带着爱和怜悯听取真相，表达真相”，“完全表达自己”，“生活是内在世界的反映”
练习	· 第一至第七脉轮呼吸：1. 中央通道呼吸；2. 血管呼吸（佛肚呼吸）；3. 太阳神经丛呼吸；4. 心联动呼吸；5. 表达呼吸；6. 视觉呼吸 · 千根小管呼吸 · 蕨叶呼吸 · 康复呼吸
呼吸法（详见第八章）	表达呼吸
获取更大融合的瑜伽体式	· 眼镜蛇式（*bhujaṅgāsana*） · 犁式（*halāsana*） · 桥式（*setu bandhāsana*） · 调音式（*Oṁ, Ma, Ha*）

在整合喉轮的过程中，我们治愈了完美主义、创造力受阻，以及无法分享的深层真相。我们开始建立联系并感到自由。良好的沟通、轻松的冥想和艺术表现力是常见的效果。甲状腺疾病、咽

喉肿痛、耳鸣和哮喘等健康问题，也会随着喉轮的平衡而得到改善。

在进行呼吸密码练习的同时，配合下面介绍的瑜伽体式将帮助你激活、整合喉轮，使能量流动达到最佳状态。

呼吸密码瑜伽

眼镜蛇式也可以用于其他脉轮（最明显的是心轮），而且许多姿势都可以影响喉咙中心部位。我选择眼镜蛇式是因为它很容易做到。此外，它使中央通道的前侧上下有一条特殊的交流线或意识线。

眼镜蛇式

眼镜蛇式的具体练习步骤如下。

（1）腹部卧在瑜伽垫或毯子上。如果可以的话，并拢双腿，使大脚趾接触垫子或毯子；如果这样做不舒服，可尽量使双腿的宽度不超过臀部宽度。

（2）额头靠在地上，将手斜放在肩膀下面，手指朝前。

（3）手掌压在地上，脚面向下，激活双腿。激活心轮，将胃部和下腹部向上、向内拉。

（4）下巴略微收起，将头和心脏脱离地面，尽量让自己感到舒适，保持腿和脚面压在地上。背部拱成一个 C 字形，把肩胛骨往下拉，不要耸肩。

（5）将下巴抬向天花板和墙壁的交界处，露出喉咙。不要简单地将头向后拱，让颈部也参与进来并保持其长度。

（6）在这个位置呼吸，会感到气体在通道上下流动。

（7）结束这个姿势，慢慢地放下下巴，把胸部和头触到地面。将手臂伸到头顶或两边，将头转向一侧。深呼吸，放松身体，然后进入练习的下一个部分。

现在，在做眼镜蛇式的同时，结合呼吸密码练习和身体觉醒瑜伽进行练习。

（1）趴着的时候，双手放在肩下，双腿相触，挤压大腿内侧和膝盖。

（2）脚面压在地上，想象在你趴着的地方下面两英尺处有一个能量库。

（3）挤压心轮，当通过中央通道的前部吸气时，将腹部压在地上，将能量从脚底吸入核心部位，感受腹部开放的空间。吸气时，将肩胛骨并拢并向下挤压，通过肩膀前部拉动心脏和胸部，并打开喉咙。

（4）眼睛向上抬，感受这种张力，通过这个空间呼气，从头顶呼出。

（5）下一次吸气时，从头顶上方两英尺处开始，使空气进入大脑中心、喉咙和胸部，顺着身体前侧到腹部，将打开的腹部压向地面。

（6）呼气时，挤压根锁，并通过脊柱顶端、腿和脚呼出，保持腿部完全伸展。如同千根小管一样，脚面压向大地，用这个姿势感觉一下全身的线条。

整合喉轮的其他瑜伽体式

将犁式、桥式、调音式等瑜伽体式和眼镜蛇式一起使用，可以增强呼吸密码的效果。记住，挤压你想要引起注意力的部位是有好处的，但在体式中放松也可以。根据自己的判断，在每一个体式中进行呼吸密码的练习。

呼吸密码激活了每个脉轮，并促进了能量流动，我们才能够更充分地表达灵性自我，实现愿望、揭示真相，治愈生活中的各个方面。接下来要讲的化学密码是表达的另一个关键部分，来帮助我们理解表达是如何运作的，以及如何在体内创造最有利于表达的条件。

健康和活力在等着你！

第九章

09

化学密码：体现灵魂的炼金术

20 年前，约翰（John）走进我的办公室。他手里拿着一沓足有 9 英寸厚、无法便携的病历卡，都是测试结果、诊断报告、扫描结果、治疗方案、血液检查结果、骨科和神经科意见，以及对多种疾病的预测：关节炎、痛风、糖尿病、溃疡和溃疡性结肠炎、慢性头痛、颈部疼痛、背部疼痛、膝盖疼痛、甲状腺和肾上腺疲劳、湿疹、银屑病、反流和其他一些疾病。“他们说我只剩下不到一年的时间，”他用颤抖的声音说，“我听说你的诊所能奇迹般地帮助人们解决这些顽疾。”

他看起来是如此和善，为何不得善终？我对他的遭遇十分同情。“请坐，”我说，“让我们来一探究竟吧。”

我们谈了几分钟，看了他的报告，我注意到他会时不时地把手伸进口袋，抓起一个小东西，然后塞进嘴里。我的第一印象是他在用坚果种子来控制他的血糖，但这太诡异了，而且远比控糖所需的频率要高。

我不得不问：“约翰，你在吃什么？它是某种零食吗？”

“哦，哪个？不是，是盐。我喜欢盐……我就是爱它！”

“所以你每隔一分半钟就把盐放进嘴里？”我问道。

“是的，我每天早上都会拿一个袋子，往口袋里倒一些，然后时不时就往嘴里塞。”

我立即会意，这不是什么疑难杂症，而是对盐上瘾了！盐对他的内循环系统来说是有毒的，会造成脱水和炎症，这种过度刺激会导致高血压，并使他的 pH 值偏向酸性。此外，他还对其他刺激物上瘾：糖、苏打水、尼古丁和咖啡因等。

几个星期以来，我们通过自然手段对他身体的化学状况进行了研究，我在办公室使用生物能量疗法治疗他，清除与之相关的潜意识障碍。在接下来的一个月里，约翰大部分症状已消失，其余情况也在可控范围内，并且随着时间的推移逐渐好转。

七年后，他把头伸进我的候诊室，约翰状态不错，一扫颓势。我已经有几年没见到他了，听闻他搬到了佛罗里达州，但又回到城里来看望他的孩子。他想感谢我，并给我看了他刚出生的孙子的照片，他说现在的生活美好，未来可期。

“有零食（盐）吗？”我调侃道。

“不可能！我感觉好得不得了，不能乱来！”他回答。

什么是化学密码？

多年前，在布鲁斯·利普顿博士（Dr. Bruce Lipton）写《信念的力量》（*The Biology of Belief*）之前，他在我父亲、兄弟和我举办的研讨会上介绍了通过生物能量学进行自然治疗的方法。他分享了他在一个叫作“表观遗传学”的新科学领域的研究中的突破性见解。

简而言之，表观遗传学是对基因表达的研究，或者说探索是什么触发了基因以某种方式行事，以及基因如何受生活方式、年龄、疾病甚至思维模式的影响。表观遗传学领域已经开始回答一些回归本源的问题，即一种我们与生俱来的能力是如何影响和治愈身体的。

对我来说，最激动人心的发现也许是，身体中每个细胞的表面都有触角，或称之为“受体”，他告诉我们的基因如何根据它们从环境中直接接收到的能量和化学信息采取行动。无论是我们的基因构成、DNA 序列，还是我们从父母或祖父母那里继承的倾向性，一个细胞将根据它从其表面的受体接收到的关于其环境的“信息”采取行动。好消息是，我们对这些“信息”是什么，以及为细胞创造什么样的环境有很大的控制权。因此，我们可以有意识地、有目的地指导我们的基因如何行动。

像其他事物一样，我们的细胞依靠能量获取信息。然后，当身体根据来自能量场的信息产生化学物质（如激素、酶等）时，这种能量就变成了实物。这些化学物质反过来又创造了指导细胞功能的内部“环境”——整个身体的化学成分。当能量场发生变化时，身体的化学成分也随之变化。例如，能量场决定了甲状腺和肾上腺最终如何分泌激素；这些腺体的细胞通过细胞表面的天线状受体“感知”身体场中的能量。

因为它们是反馈循环中的平等伙伴，反之亦然：身体的化学反应会影响我们的能量。这意味着身体的化学反应要么促进，要么阻碍为体现灵性自我付出的努力。

在化学密码中，我们将学习如何创造一个环境，使身体进入平静、放松、平衡和高效的自然状态。当身体处于最佳状态时，能量场就会活跃起来，离线的回路可以重新上线，整合零散的能量，使身体有能力进行自我修复和创造性的工作，并允许灵性自我出现。换句话说，当身体处于最佳状态时，我们就已经准备好了在生活的各个领域大展拳脚。

其中，我们身体的化学平衡功不可没。

身体的化学平衡

本章开头所讲的约翰的故事，本质上是一个关于身体化学的故事。我特别强调了整个身体的化学平衡（即作为细胞环境的身体的酸碱平衡）。这一点很重要，因为在碱性环境中，细胞可以保持健康和活力，并有自我修复的能力，而在强酸性环境中，细胞（胃细胞除外）会开始分解或失控。

身体总是把能量放在生存的第一位。细胞被设计为飘浮在碱性环境中，并产生酸这一副产品。体内呈现过度的酸性环境，实际上会危及到生命，这种状态又被称为“酸中毒”，可能会导致身体主要机能出现故障。这种对碱性的偏好会导致身体使用所有的能量来中和酸度，防止系统失效。也就是说，在化学平衡恢复之前，系统会选择把所有的额外能量花在管理生死攸关的问题上，轻重缓急权衡之下，不那么致命的问题就会久治不愈。

身体的化学反应最终决定了治愈和转变的难易程度，因为身体的化学反应是整个系统与能量场反馈循环中的一个同等因素。事实上，身体的化学反应对实现生活中的所有愿望非常重要，因为它支持（或抑制）我们与灵性自我的联系，并决定是否能召唤出灵性自我的能力——我们受到鼓舞，从而得到提升，并开始采取行动，主动地在所有层面上进行自我修复。

这将我们引向一个关键问题：如何平衡身体的化学反应？

许多东西都会影响身体的化学反应。我把它看作一个复杂的自制汤池，其中有各种用于决定最终混合物的成分。这些成分包括一些显而易见的原料——食物、饮料、空气、摄入或吸收的物质和化学品等。其他成分则不太明显，如思想、情绪、信仰、意识和潜意识等。

有趣的是，大脑中容纳潜意识的“房间”也是制造身体化学池的地方。大脑中心的这个区域被称为“梵天之洞”“创造之洞”或“合作之洞”，被认为是创造性思维的发源地，也是产生新现实的起点。它是身体众多功能的指挥中心，所以这里发生的事情对身体的化学反应有重大影响。虽然激素、神经递质和突触反应的相互作用相当复杂，但这里有一个简单的思考方法：想象一下，你的大脑中间有一个小山洞，洞穴的地板是由大脑中一个叫作下丘脑的区域构成的，它接收来自身体内部世界的信息，并对该信息做出化学反应，调节化学平衡。现在想象你正坐在这个小山洞里，你把脚在地板上伸得越远，久越靠近垂体，垂体是控制激素系统的主腺。下丘脑和垂体之间有直接的关系：前者是后者的“通信中心”，交换关于需要的激素种类和数量信息。洞穴的墙壁是由丘脑制成的，它接收来自五感的神经冲动，报告外部世界的情况。坐在洞穴后面的是松果体——它的细胞含有杆状体和锥状体，类似身体上眼睛里的杆状体和锥状体。松果体和眼睛都能感知光子。由于大脑中心没有向外部世界开放，这个腺体可以感知比可见光更高的频率，比如能量体和灵性自我的频率。最后，在洞穴地板上的活板门下面是潜意识，我们否认、抵制或从意识中切断的经验就存放在那里，还有我们自己所有尚未觉醒的方面。这些细胞和腺体的所有反应不断地影响着我们的能量和生理机能。

一些关键成分通过丘脑、下丘脑和松果体的信息收集活动被输送到这个洞穴。这个洞穴内是将传播和传输推到高潮的身体化学池，通过脑垂体、脑脊液和其他神经将关键成分的信息发送到我们的细胞。我们的大脑和身体的细胞沐浴在身体化学池的大量信息中，并对它们做出反应。

身体化学池的成分不仅决定了疾病如何愈合，还决定了我们如何以及最终何时觉醒。了解到我们的灵性自我是作为多维的、永恒的能量存在的这一伟大真理，这有助于我们实现量子翻转。

接下来看一下身体化学汤池中的几种成分。

我们吃的食物

你可以把消化系统想象成一个烧木头的炉子。当你把木头放在炉子里时，它作为燃料被消耗掉，副产品是木灰。一旦一种物质被身体代谢后，随之产生的副产品也被称为“灰”。我们把碱性的副产品称为“碱性灰”，把酸性的副产品称为“酸性灰”。

我们食用的食物和饮料在被消化后会影响身体的 pH 值。有些东西，如咖啡，进入体内时是酸性的，代谢后是酸性的；有些东西，如某些蔬菜，进入人体内时是碱性的，代谢后也是碱性的。还有一些物品，如橙子和柠檬，进入时是酸性的，代谢后是碱性的；或者像牛排，进入人体时是碱性的，但代谢后会产生强烈的酸性灰。

为了创造和维持一个健康的细胞环境，我们必须吃富含碱性灰分的食物。否则，身体就会被迫从其碱性储备中提取酸性成分来中和，这样它就不会通过消化系统的其他部分，最终的结果是烧毁肾脏和结肠的组织，导致细胞分解和病变。当我们吃了很多酸性食物时，借来的碱就比最终放回去的还多。如果这个情况只是偶尔发生则问题不大，但从长远来看，不断摄入酸性食物会耗尽碱性储备，直到身体无法再创造一个缓冲区。长此以往，被设计为在碱性环境中漂浮的细胞就会开始分解，并发生病变。

脂肪滞留是人体酸性化学反应的结果。因为脂肪是碱性的，身体会保留脂肪和液体，试图稀释或中和体内正在形成的酸性状况。

这就是表观遗传学的作用。长期以来，人们认为某些疾病（包括糖尿病、心脏和循环系统疾病等）是可遗传的疾病。这可能有一些关系，但是，正如我们之前所了解的，触发基因行为的并不只是遗传 DNA，而是细胞存在的日常环境。在许多情况下，这意味着如果长期食用酸性食物，在体内营造酸性环境，就会诱发病症。

这是令人难以置信的！你认为不可避免的和不得不面对的疾病状况，实际上可以通过创造碱性的身体化学成分来避免，甚至逆转。

化学密码将为你提供工具，用于为你的身体化学创造一个新的“食谱”，并为你的细胞提供它们需要的东西，使其在最佳的碱性状态下运作。这种碱性状态不仅对单个细胞的正常功能是必要的，而且对从能量场到细胞表面、再到细胞内部信息的准确传递也是必要的，这样细胞才能产生化学反应，然后将信息传输到大脑。感觉系统就是通过这种方式，在生活中产生了准确的运动反应。

碱性食物主要是水果和蔬菜，其他食物会产生不同程度的酸性灰分。动物蛋白质酸化程度最高，其次是乳制品和谷物。咖啡因是高度酸化的，糖、苏打水、酒精和含有人工色素和香料的精加工食品也是如此。当然，尼古丁和其他容易上瘾的化学物质也会产生酸性物质，此外还有其他众所周知的有害影响。我父亲过去常说：“尽可能吃天然的食物。”然而，随着转基因技术的出现，这种解决方案也岌岌可危。一些研究表明，转基因食品会影响哺乳动物的肾脏、肝脏、心脏、肾上腺和脾脏，我把这归咎于它们没有被身体识别为“真正的食物”。许多人和我一样，认为自然化学键的改变会导致身体的不完全新陈代谢，或使情况更加严峻。因此会积累更多的酸性灰，这需要身体做出更大的努力来进行处理。因此，我们应尽可能地吃有机食品，而不是转基因食品。

饮食在身体化学成分的健康中扮演着重要角色，但还有另一个更大的影响因素——我们的所思所想。

我们的所思所想

思想创造化学物质。低频率的想法创造出酸性的化学物质，高频率的思想产生碱性的化学物质。爱的体验对我们的系统产生了最强的碱性作用。

例如，当我们处于压力之下时，我们的身体会产生化学物质（如皮质醇，一种“压力激素”）作为回应，以试图保护自己免受压力。长期升高的皮质醇水平会在体内形成一种酸性状态，因为“战”“逃”反应首先处理的是对生存的威胁，然后才是身体对过滤、清洁和愈合的需求。当我们感到快乐时，身体会产生不同的化学物质（如多巴胺，一种“感觉良好的激素”），身体化学反应会有不同的结果。

阿瑟·盖顿（Arthur Guyton）在《医用生理学教科书》（*Text book of Medical Physiology*）指出，网状激活系统（RAS）是对传入的刺激优先处理的守门员，它被我们自己的思维掩盖了，这导致我们内心的想法直接影响到我们的“战”—“逃”—“惧”反应，以及随后的身体化学反应，而没有任何调节。我们知道，思想确实可以掩盖营养均衡对身体化学平衡的有益影响。这意味着如果思想（有意识的或潜意识的）产生低频率的情绪，如愤怒、憎恨、怨恨、悔恨，或者是导致体内酸性物质堆积的首因——过度担忧，虽然我们可以通过吃碱性的饮食来调节，但最终仍然会在体内产生酸性状况。是的，长期或习惯性的忧虑会在体内产生更多的酸。这是无论吃多少碱性食物都不能够中和的。

如果是营养方面的不平衡，我们可以在几周内改变酸性的 pH 值。然而，我曾无数次测试客户的唾液和尿液的 pH 值，发现他们的酸性很强，但当我要求他们记录饮食摄入量时，才发现他们的饮食几乎是完美的，而且这样的饮食方式已经有一段时间了，肯定有足够的时间使他们的身体化学状况发生变化。（关于 pH 值测试工具的更多信息请参考本书的资料来源。）当出现这种情况时，我们的下一步将是调查他们经常出现的想法类型，以及由这些想法导致的情绪。有时，病人非常清楚自己处于一个挑战之中，并经历着压力、恐惧、担心和愤怒。然而，我们经常会发现，他们在意识层面上并没有消极的想法或感觉，他们更专注于疗愈、爱和宽恕，但他们的系统仍在酸性条件下运行。在这种情况下，大多是潜意识模式造成了酸度；为了解决这些问题，我们采用了清除密码的做法，即 B.E.S.T 释放法，以清除每个病人“陷阱门”下的潜意识紧急情况，重新设置丘脑或下丘脑关系的“指挥中心”。

潜意识在身体化学中的作用不能被忽视。身体必须得到信息——即紧急情况已经结束，现在是安全的。然后，当我们的意图放松时，才可以真正达到放松。例如，当我们去度假时，身体可以再次驻留在恢复性化学反应中，实际上就可以进行自我修复。

有意识的头脑不可能总是通过理解和宽恕过去的经历来做到这一点，所以我们必须通过清除密码的能量练习来建立新的神经回路，以便解决那些我们未曾察觉的潜意识干扰。化学密码增加了另一个强大的资源，因为当我们优化身体化学时，增加能量流并向灵性自我开放等我们采取的一些列行动将得到极大的加强和授权。

如果我们能在体内创造出一种支持性的、欢迎性的化学物质，化学成分就会稳定下来，成为能量场和身体化学间反馈回路的一个积极部分，在各种外部环境下都能使我们更容易保持在灵性自我的状态。换言之，我们能更好地处理压力，无论我们是在保护性人格还是在灵性自我中，都毋庸置疑。

化学密码的目标是构建身体化学池，与和平、和谐、快乐、幸福和自我修复等同起来。当外部环境发生变化时，内部化学物质越是与生活完整状态相关，就越能保持完整状态。身体状态的改变使整体状态更加具体化，我们就能够将更多的能量锚定在富足中——这才是我们生活的真正状态。

我的客户芭芭拉（Barbara）的故事就是很好的例子。膝关节疼痛、背痛、手腕疼痛、喜怒无常、昏昏欲睡和腹胀只是芭芭拉的部分症状。她还经历了抑郁、焦虑和失眠，并且在工作中无法集中精力。她发现自己对许多事情过于敏感，以至于她根本对什么活动或关系都兴致缺缺。有时还伴随着厌世情绪。

在对她的化学成分进行碱化的短短 10 天后，芭芭拉的关节疼痛得到明显改善。在三个星期内，她的焦虑得到了极大的缓解，而且她终于可以一觉睡到天亮，她的情绪波动和注意力问题也日渐改善。她说："就像我的身体焕然新生一样！"

几周后，芭芭拉被解雇了。她对自己的工作条件并不是特别满意：她觉得她的老板没有远见卓识，丝毫不考虑她对企业做出的许多贡献，在计划会议时，经常在最后一分钟取消会议，而且对芭芭拉改进公司的建议置之不理。尽管如此，芭芭拉还是没有想到自己会被解雇，而且还是通过电子邮件通知她的。她很难过，因为她的工作既是她的生计，也是她的追求。

"庆幸我一直在参加这个碱化计划，庆幸我知道这项工作。

我从未如此平和地接纳这一变故。”在过去，这样的变故会让她意志消沉，躺上几周甚至几个月。但现在，芭芭拉对自己在这个世界上的身份有了比以往更深刻的认识。在内心深处，她一直知道那份工作不是她的最终归属，一切都将柳暗花明。她的稳定不再来自外部世界，而是来自她的内心——这是一个非常好的地方。

在化学密码的练习中，我们将通过食物和思想情感来处理身体的化学问题，这是治愈、完整和真正照亮灵性自我所需要的。在这里，我将介绍我的碱性灰营养计划，并提供一些练习帮助你掌握自己的各种想法。你的身体化学很快就会达到平衡，特别是当你结合能量密码的其他部分进行练习时。

下面让我们从营养计划开始吧。

化学密码的练习

练习1：碱性灰营养计划

碱性灰营养计划规定了有益平衡身体pH值和激素的食物，以达到治疗和细胞恢复的效果。碱化的时间越长，我们就越年轻，

摄入75%～80%的新鲜水果蔬菜

在理想情况下，我们可以生吃许多水果和蔬菜。在初始阶段，你的身体可能不能产生适当数量的酶来消化大量的生食，当感觉不适时，就慢慢开始增量。老年人的消化系统和那些长期食用垃圾食品、快餐和油炸食品的人往往就是这种情况。但是慢

慢开始，即使你是老年人也会建立起更大的耐受性。我曾看到90多岁的人通过碱化饮食，在几周或几个月内使消化能力得到明显增强。

如果有些水果或蔬菜由于“过敏”而不能吃（如口腔溃疡、皮疹或鼻窦反应），那就吃你能吃的，这一反应表明你的酸性太强，需要你容忍任何生食的碱性作用。当你的pH值提高时，对更多的品种你都能耐受。身体产生的许多酶是以供求为基础的，如果这些是你饮食中的新食物，先把它们煮熟了再吃，会更容易被消化吸收。不过，还是要对自己的转变保持开放的态度，相信自己有可能很快就能吃到更多种类和更多新鲜的食物。如果你想让身体更有活力，就必须吃“有活力”的食物。你吃的食物也会对身体的代谢能力起作用，因为不同的食物需要不同的酶来消化，而消化某些食物的酶会被其他酶所干扰。例如，消化蛋白质的蛋白酶与消化碳水化合物的淀粉酶、麦芽糖酶、蔗糖酶和乳糖酶所要求的环境不同。当蛋白质和碳水化合物一起食用时，这些酶会使彼此的效力比单独食用或与其他更易消化的食物同食时更低。由于瓜类的水分含量高，最好在正餐之外食用，因为它们稀释了消化酶的环境，会减缓消化过程。这就是为什么当你在午餐时吃一块西瓜经常会感到胃胀。同理，也最好不要在吃饭时喝大量的水或其他饮料。

当你身患关节炎症、慢性鼻窦充血、过敏、肌肉疼痛和其他类型的慢性头痛时，或者当你的唾液pH值测试结果较低时，图9-1所示的准则可能会对你有所帮助。它们将帮助你的消化，增加你的碱性储备。

每当你的pH值测试结果偏低时，就需要在食谱中降低动物蛋白的比重，直到你的pH值上升，症状得到改善。

一天中也有消化某些类型食物的“黄金时间”。从清晨到中午左右，你的系统最容易消化果蔬。在尝试碱性化练习的时间段请少吃蛋白。你一天的正餐在下午（正午到下午六七点）最容易消化，此时身体正处于消化模式。然后，身体进入同化周期，它将摄入的营养物质吸收到细胞结构中，这个过程会一直持续到凌晨3点左右。在这段时间里，你的系统开始努力消除当天摄入的所有物质，并且在你早上醒来时，仍在清除消化的副产品——不需要储存的东西，并继续这一循环直到中午左右。理想情况下，我们在晚上7点或8点之后就不要再进食了。

可以提升 pH 值的食物组合

吃 75% ~ 80% 的蔬菜水果
只吃水果
蛋白质和蔬菜
淀粉和蔬菜

不要吃

蛋白质加淀粉
一餐超过 4 ~ 6 种食物
乳制品

图 9-1　pH 值较低时的食谱准则

你有时候在清晨时分醒来，有两个原因。一是你可能吃了太多食物，从而使系统在排泄周期中不堪重负。第二个原因是，根据东方传统观念，在消除周期中，你可能更容易获得更高频率的能量，从而在潜意识和细胞水平上提高你的意识水平，而有意识的头脑却在睡觉。因此，很多时候我甚至会建议患者禁食。

所以，当你在半夜醒来时，千万不要心烦意乱，也不要担心你会休息不好。相反，轻轻地开始中央通道呼吸和扫描，利用这个机会提高你的振动频率。然后在清醒时，跟踪 pH 值（唾液 pH 值测试结果解释见表 9-1）。如果它在理想的范围内，表示你正在提高你的频率。如果不是，就必须做出改变，使你身体的化学成分进入理想的范围，这样你就可以调整这个新的振动频率，把更多的灵性自我带到回路上。

表 9–1　唾液 pH 值测试结果解释

pH	颜色	迹象	碱度	饮食建议
7.2 ~ 8	蓝—蓝	担忧、焦虑、身心俱疲	储备可用	素食者添加米饭或谷物
8 ~ 6.4	蓝色—绿 / 黄	未来麻烦、长期压力	仍有部分储备	更多的糙米、蔬菜
6.4 ~ 5.5	绿—黄	未来麻烦、长期压力	仍有部分储备	更多的黑米、蔬菜
6.8 ~ 8+	绿—蓝	理想反应、较好的压力处理	储备充足	75% 果蔬 25% 谷类和肉
5.5 ~ 5.5	黄—黄	必须立刻改变	储备不足或不可用	逐渐增加烹煮过的蔬菜
5.5 ~ 6.4 ~ 8	黄—绿 / 蓝	不好不坏	储备充足，身体压力大	减少肉奶增加果蔬
6.2 ~ 6.8	绿—绿	不可取的	储备可用	增加烹煮过的蔬菜、减少肉、适量水果

注意事项：

1. 在测试 pH 值的前两个小时，除了喝水之外不要进食；

2. 撕下一条一寸长的试纸，用 pH 试纸蘸取口水并浸湿，不要碰到舌头和纸的末端；

3. 立刻将色带的颜色和图表数据进行比对（几秒后颜色就会改变，把号码记下来）；

4. 把半个柠檬放进嘴里，然后让柠檬汁充满你的嘴巴；

5. 吞四次以除去柠檬汁，然后用唾液在舌头下重复 pH 值测试，立刻重新检查色带的颜色，把号码记下来；

6. 理想的数值：6.8、8。

能量密码的范围值

如果在开始做这项工作时，你对那些我们现在已知的酸性食物感到渴望，不要认为你没有自控力，实际上有一个更深层的原因。它与我说过的那种普遍的“扩张—锚定循环”有关，这种循环随着我们的进化而发生。当我们开始整合和改变身体化学池时，能量场可能会发生扩张——这意味着能量场的某些部分会跳到更高的振动频率，意识也会相应扩张。我们会突然对自己感到陌生，因为我们在想比平时更高频率的想法，思想在深层次的细胞和振动层面上被打开了。

当这种情况发生时，我们的潜意识开始寻找一种更普遍的方式来与熟悉的能量相连。其结果是，我们渴望“安慰食物”来降低振动，使身体和心灵感觉更自在。这些“安慰食物”往往是高热量的食物（如肉类和乳制品、脂肪类食物、冰淇淋和油炸食品）和刺激性食物（如糖和淀粉类碳水化合物）。它们不仅在能量上更密集，还对身体有酸化作用，而这种酸度会降低我们能量的振动频率。（即使糖会使我们兴奋起来，但这种扩张只能持续很短的时间。长期吃糖会增加细胞活动，产生酸度，所以最终会出现酸败的情况，从而降低振动。）

撇开机制不谈，我真正想让你知道的是，这种欲望是正常的。如果你允许自己在一个特定的时间吃你想吃的，它不仅会停止欲望，甚至可以促进你刚刚扩展到某个能量水平的锚定和整合。因此，有意识地服从你的欲望，实际上有助于你在整合过程中前进。然而，你会注意到我说的是有意识地！当我们无意识地放纵自己时，我们会觉得自己偏离轨道或倒退了，并开始自责。我们告诉自己，我们是软弱的，没有意志力、没有自控力、不自爱。这种自我批评会让我们又变成保护性人格，这会浪费大量的时间和精力，并减缓我们的动力。如果我们用一种不同的、更有意识的方式来解释正在发生的事情，我们就不会责怪或虐待自己——这是我们前进的关键。

不自觉地长期纵欲也会使我们退步。我们有可能在情感上屈服于这样的想法，即我们永远无法与食物和平共处、无法照顾好自己。因此，你要对放纵期保持警觉。身体以 3 天、7 天和 21 天为周期工作。如果一种欲望或饮食模式持续了 3 天以上，那么你需要将 7 天作为节点来标记。继续使用你所学到的守则，帮助你在这 7 天期间回归正常。你不能用 21 天的周期来完成锚定工作。这一点很重要，因为许多研究表明，一个习惯在 21 天后就会生根发芽。如果你在欲望或酸性物质的饮食模式中待了那么久，就很难摆脱这个循环了。

理想情况下，当你觉得你想吃这些“安慰食物”时，可以稍微放纵一下，但只是一点点，而且是以一种管理有序的方式。当你深入到呼吸密码、指定的瑜伽体式和其他能量密码的练习中时，你就会自然而然开始规律生活了。这种平衡还有一个好处，那就是养成从唯一的地方（灵性自我）寻求安慰的习惯，因为它是真正的、可持续的。从长远来看，任何来自外部的安慰（食物或其他）在当下可能会起作用，但它不会持久。

练习 2：有意识地锻炼

另一种建立积极的身体化学反应并为灵性自我创造一个理想环境的方法是进行有意识的体育锻炼。

人们在锻炼的时候，往往没有完全进入自己的身体。许多人在跑步机或举重机上锻炼时，会通过听音乐或看电视来分散注意力，这样他们的身体就能在更长的时间内高效工作。他们说：“这有助于我完成锻炼。”如果你在运动时做中脉通道呼吸，实际上会更快地获得相同的结果，甚至是更好的结果。当你运动或训练时，通过有意识地进行中央通道呼吸，你可以走得更远、更快，而不会感到疲劳。这是因为当你把意识带到灵性自我时，实际上你已经开始从一个更大的能量来源中汲取能量，我把这种刻意的锻炼称为“意识锻炼”。

如果你同时移动身体并有意识地进行呼吸，你就可以开始建立连接有意识的集中（思想）、运动（身体）和呼吸（精神）的回路。这就是几千年前我们伟大的古代东方老师所说的心灵、身体和呼吸的统一，它在相对较短的时间内创造了身体化学的真正转变。

当你意识到这一点时，瑜伽才是有意识地锻炼的完美例子。身体觉醒瑜伽将中央通道呼吸和精神集中这种意识元素与传统姿势相结合。如果你不喜欢瑜伽，那么还有很多其他的方法可以做有意识的运动，为灵性自我建立一个回路。我们可以通过特定的方式来增加中央通道呼吸使人有意识地做其他常规的运动，如健美操、慢跑和举重。

图 9-2 所示为一个常见的运动——举重，图中显示了当你吸气和呼气时，能量流经中央通道的过程。

（1）举重时，从地面向上呼吸，通过根锁进入核心。

（2）放下哑铃时，通过中央通道呼气，然后从头顶呼气。

（3）现在反过来，从头顶吸气开始。

（4）重复，每次重复练习时，通过中央通道呼吸。

我教过几百个病人和客户进行这样的运动，让能量通过身体传递，结果令人震惊。不仅你的日常锻炼会变得更加愉快，因为你能在身体里感受到一种非常明显的令人振奋和力量增强的效果，而且你还有更强大、持续的能量。当然，通过将其添加到你的能量密码方案中，你可以成倍地加速整个生命的转化。

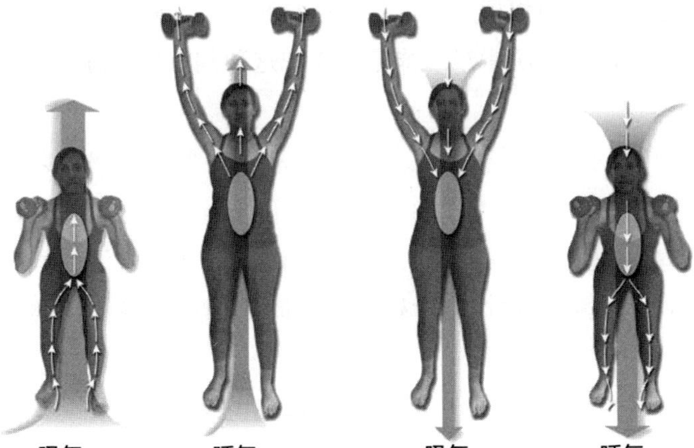

图 9-2　有意识地锻炼

练习 3：通过思考培养化学反应

这个练习将利用你的思维有意识地培养身体的碱性化学反应。你将专注于积极的、高频率的想法，并识别和重构任何反复出现的、导致酸性状态的低频率想法。这发扬了你在其他领域的努力，以创造健康的身体化学反应，并为你的细胞提供一个有利的环境，为你的灵性自我提供一个充满活力的“家”。

（1）从中央通道呼吸开始，固定你的锚点。

（2）现在把注意力集中在你生命中的一个胜利时刻——你大获全胜的时刻。详细回忆一下，注意你体内的能量是如何运动的。也许你在头上或肩膀周围点燃了，或者你的心膨胀了。轻轻挤压这个区域，以集中注意力的方式吸引大脑的注意力。

（3）现在以这种模式坐着，通过通道轻轻地上下呼吸，直到整个系统都能感受到同样振动的感觉，换句话说，直到你在心脏、头部或喉咙（或任何地方）的感觉现在也能在腹部、臀部、腿部等部位感受到。你想舒展你的整个身体，充满同样的感觉。

这是一个反射性的冥想呼吸练习。你正在呈现一个开放的状态，这样整个系统可以在相同的振动频率下共振，因为振动有助于加强身体的化学反应。你希望整个身体都参与到胜利的振动中，你想把它具体化。

你可以用其他更高的振动频率做同样的练习，比如灵感、爱和快乐。通过这种方式调到不同的积极的“无线电台”，并体现出它们各自的频率，这就是通过思想影响身体化学反应的方法。

请注意，这与“积极思考”不同，积极思考本身并不能治愈你。积极思考，即使意识和潜意识之间的活板门是敞开的，也只会让你避免消极思考，这会干扰你身体的自然愈合过程（如果活板门关闭，我们有意识的思考对健康和幸福影响很小）。虽然你在这个练习中积极地集中思想，但你所做的不仅仅是思考积极的想法、言辞肯定和独自做梦。你以一种提高组织振动频率的方式把这些东西的振动带到整个身体中，在那里“唤醒你”，并把它锚定在那儿，它能更强烈地影响“你是谁”和“你成为谁”的地方。

你也可以用这个练习把“怎么做”和“是”结合起来，也就是说把做梦的可能性和你真的可以实现那个梦的感觉结合起来。我们的目标或梦想往往比实际情况还要远大。我们想要实现目标或梦想，但同时内心又对自己没信心：“我是谁，我凭什么可以实现它？”“我怎么可能实现它？”如果我们不相信自己可以实现目标或梦想，那就意味着我们没有利用它的能量，或者它的能量在我们身体内并不存在。正如我们现在知道的，若它不存在，在我们的核心和能量场中，它要么根本不会发生，要么不会持续。当我们更加确定能在精微的能量和身体中感觉到它时，我们的能量就会变得可持续。为了到达那里，我们需要将目标或梦想的振动具体化，并将我们的能量流转移到创造我们所期望结果的模式中。这个练习会对这一切有所帮助。

将“怎么做”和“是”结合起来的具体步骤如下。

（1）坐着想象“是”，就那么一个字，好像整个宇宙都在说：“是。”对你，好像只有一个大大的“是”，继续，就好像你正处于最大的接受和满足的状态——一个巨大的扩张状态，在那里你可以感到完整和完满。

（2）坐在你最好的“是”的位置，注意感觉你身体里的能量是如何流动的。有没有什么地方把你的能量拉向某个方向？也许到处都有一种大而圆的扩张，或者一种轻松的感觉。

（3）现在想想你的目标。既然它仍然是一个目标，而不是已经显现出来的东西，就假设当你一想到它，你的能量就会转移。这意味着可能有一些与目标有关的潜意识干扰在，阻止你实现目标。也可能是因为你相信这会很难，或者认为永远不会有那么美妙的事情发生在你身上。不管你是否相信，你所得到的感觉和一句直截了当的“是”是不同的。

（4）注意身体对目标的渴望状态下的能量模式。在你的意识中锚定它，记下能量在哪里被强调。

（5）回到“是”的模式，然后慢慢地在两种模式之间来回切换，让它们在你的意识中开始相互连接。很快，它们就会完全找到对方，并雕刻出一条能量流的路径，其中包括在同样的能量模式中的目标和“是”。身体将开始适应这些组合模式，并认识到这是一种熟悉的存在方式。

当你有一个梦想但不知道如何实现它而犹豫不决时，这个联系将帮助你通过雕刻一条能量之路来实现你最大的“是”。

你需要明确你的目标或梦想是属于你的，它们是你的一部分。否则，你会梦到一些不同的东西。当目标或梦想为你的最高利益服务时，它们是“命中注定”的。无论你的意图、愿望和梦想是什么，永远记住一切都是首先发生在身体里的！

练习 4：大脑瑜伽

瑜伽就是在我们专注于身体某个部位的同时，通过有意识的呼吸来活动身体的某个部位。令人惊奇的是，同样的方法也可以用来激活大脑组织，我称之为“大脑瑜伽”。

来自大脑高级中枢和梵天穴的信息是身体化学平衡的关键，因此我们需要激活这个区域的组织并使之更加活跃，让它们更有效地相互交流。我们通过大脑瑜伽可以唤醒大脑的各个区域，有助于我们意识到灵性自我。

大脑瑜伽的一般指导原则是，移动眼睛时不移动头部。以下是练习大脑瑜伽的具体步骤。

（1）鼻子笔直向前，下巴平行于地面，将眼睛向上翻到让身体舒服的高度，就像在看天花板一样。你会立刻感到眼睛后面有些紧张。

（2）接下来，挤压你的其他锚定点——根锁、喉咙，同时保持你的眼睛向上翻（在整个练习过程中，你需要保持锚点收缩）。

（3）从地表深吸一口气，并通过中央通道将呼吸带到你的核心，以一种放松的方式去做，让身体感觉良好。然后，从你的核心呼气，通过中央通道进入紧张的眼睛后面和头顶。

（4）现在想象墙上有一个巨大的钟。当你的眼睛直直地向上看的时候，想想那是 12 点钟。现在把你的眼睛转到 1 点钟的位置。

看着 1 点钟位置，从头顶向下深呼吸，通过你现在感觉到眼睛后面的紧张，通过中央通道向下进入核心。从核心区呼气，穿过根锁，直到地表。

（5）现在把眼睛移到 2 点钟的位置，将呼吸从通道的地表端向上吸入核心。当你从那里通过通道呼气时，感觉到眼睛后面的新的张力，完成呼气，想象它从你的头顶呼出。

（6）将眼睛移到 3 点钟的位置，重复上述步骤，从头顶向下吸气，挤压锚点，然后通过身体呼气，进行腹式呼吸。

（7）以同样的方式围绕整个时钟，一次一个小时。

（8）一旦你完成了时钟，以一个名为阴阳呼吸法（梵语为 *nadi shodhana*，*nadi* 意为“通道”或“流”，*shodhana* 意为“净化”）的练习结束。将食指放在第三只眼位置，用拇指和食指交替地一次闭上一个鼻孔。右鼻孔张开，吸气，然后摁住右鼻孔，松开左鼻孔，呼气。然后向左吸气，关闭，向右呼气，最后从右鼻孔呼气。重复循环 6 次。

理想情况下，这项大脑瑜伽练习需要四个步骤——顺时针，逆时针，眼睛睁开，然后在每一个方向闭上眼睛。虽然你不必每次都做这四个步骤，但我建议你一旦开始锻炼，就可以沿着一个方向完成所有的练习，同时向相反的方向旋转一次以达到平衡，而不是只做几小时就停下来。

一旦你完成了这个练习，正视前方，你会立刻感觉到在你的大脑中心发生了一些不同的事情。你会有一个更大的自我意识，或者内在主体的角度来观察外部世界。大脑瑜伽还激活了大脑的关键区域，我们希望激活的第三脑室内及其周围被称为“梵天穴”的区域，它增加了循环和电磁能量的流动，培养了创造健康身体化学池的最佳环境。就像练习钢琴给手指带来越来越大的感觉和运动灵活性一样，大脑瑜伽能在大脑的关键区域建立感觉和运动交流。

与化学密码相关的脉轮：第三只眼

化学密码与第三只眼（即第六脉轮，梵语为“*ājñā*”，意思是“命令”）相关。这个能量中心位于前额中心、眉毛上方和眉毛之间。第三只眼与松果体和脑下垂体有关，这并不是巧合，正如我们在本章中所学到的，它们位于大脑的中心（梵天穴），管理身体的化学反应和意识的觉醒。化学密码中规定的营养建议和身心锻炼有助于激活这些腺体，稳定第三只眼，提高身体的活力，促进健康、活力和赋能。在这里，我们整合了松果体和垂体的能量。整合是我们发展第六感的方式，就像我们打算在生活中所做的那样。

有第六脉轮问题的人实际上无法“看清”他们内部和周围发生的事情。他们可能会忽略来自身体的关于能量或身体化学需要纠正的信号，也可能对低振动思维或关系模式视而不见，这些都会在身体中制造压力。他们可能很难相信自己的内心，不知道来自下丘脑的关于身体和能量场正在传递什么的信息，因为身体化学物质受损，自我调节能力下降。他们可能有头痛、头晕或眼睛问题。也可能会与抑郁或上瘾行为做斗争。

下表总结了第六脉轮的一些关键特征。请再次注意脉轮的能量特征反映在身体的哪些区域。

表9-2　与化学密码相关的脉轮：第三只眼

名称	第六脉轮，第三只眼，眉心轮
位置	前额中心、眉毛上方和眉毛之间

颜色	靛蓝
音符	A
关联身体部位	眼睛，颅底，耳朵，鼻子，左眼，左脑，鼻窦，脑下垂体和松果体
模型“背面”症状	噩梦，幻觉，头痛，学习困难，视力差，神经问题，青光眼
模型“正面”特征	魅力，高直觉，健康的视角，不依附，富有洞察力的创作，超越五感的感知，看到“索内斯背后”的意义。我是眼睛后面的那个人。
练习	· 碱性灰分营养素计划 · 有意识地运动 · 通过思考产生化学反应 · 能量密码，大脑瑜伽
呼吸法（详见第八章）	梦幻般的气息
获取更大融合的瑜伽体式	· 下犬式（*adho mukha śvānāsana*） · 肩倒立式（*salamba sarvāṅgāsana*） · 婴儿式（*bālāsana*） · 战士四式（*viparīta vīrabhadrāsana*） · 平衡式

除了本密码中的练习，下面要介绍的瑜伽体式有助于整合和平衡这个能量中心。

化学密码瑜伽

下犬式可能是最典型的瑜伽体式。这是新生最先学习的课程之一，也是任何传统练习方式中最常见的课程之一。它将内在的灵性整合到地球上的生命中。它对第三只眼也非常有益，因为它能将能量、注意力和血液流引向大脑。

下面是练习下犬式的方法。

（1）从双手和膝盖放在垫子上开始。双手与肩同宽，食指和中指向前。把你的整只手放在垫子上，这样你就可以感觉到你的手指和手掌心与大地完全接触。

（2）双腿分开与臀部同宽，将脚趾叠在下面，慢慢抬起臀部，然后是背部。尽可能地伸直你的腿，使身体呈倒V形。感觉脚掌和脚趾都落在垫子上（如果脚后跟着地，保证它们和每只脚的整个外缘都着地）。确保脚趾朝向垫子的前面或稍微向内转动。

（3）伸直手臂，让肩胛骨远离耳朵，拓宽肩膀顶部。向天花板轻轻转动内肘部，使双手完全接触垫子。

（4）稍微收紧下巴，不要让上背部拱起来，使颈椎（颈部）与脊椎其余部分保持在一条水平线上，看向你的肚脐。

（5）保持至少60秒（或尽可能久一点）。

（6）结束的时候，把视线转移到手上，弯曲膝盖，轻轻地把自己放回到地板上。

现在让我们在下犬式中整合身体觉醒瑜伽练习。

（1）保持下犬式时，想象你的脚在垫子下方两英尺的地方，锚定在地面的能量库中。通过抓地为每只脚注入能量。（如果有帮助的话，你可以抬起你的脚趾，将你的脚掌更牢固地连接到垫子上，然后放回地面。）

（2）活动你的双腿。如果你的腿是直的，抬起膝盖和大腿肌肉，把你的股骨头插入你的髋关节窝。如果你的膝盖是弯曲的，只需要拥抱腿周围的肌肉骨骼。你会感觉一切都被激活了。

（3）挤压根锁。通过你的腿向上呼吸能量，从脚底进入你的核心，就像"呼吸密码"中的千根小管呼吸法。吸气时，让你的核心充满能量。双手放在垫子上，但不要让肩胛骨向耳朵方向收缩。

挤压心脏周围的区域，将肋骨两侧（背阔肌）的肌肉向胸部中央包裹。感受如何将你的双手更加牢固地连接到地面上。

（4）当你从头顶呼气时，将你的眼睛使劲往上翻，感受到它们背后的紧张——也可以通过手臂，进入双手以外的地表。

（5）在你的下一次吸气时，保持你的眼睛往上翻，从你的头顶上方的两英尺处，以及从双手与垫子接触下方的两英尺处呼吸。让呼吸通过头部、大脑中心、喉咙和胸腔，同时让呼吸向上移动手臂，通过肩膀，进入心脏。让混合的呼吸一路进入腹部。挤压心脏，让它感觉良好！

（6）呼气的时候，挤压根锁收束，呼气时通过脊柱的尖端，通过腿和脚向下，保持双腿充分接触，脚的四个角全部压向地面。

整合第三只眼的其他瑜伽体式

你可以使用其他体式（如肩倒立式、婴儿式、战士四式、平衡式）结合下犬式来加强你的化学密码。记住，挤压你想引起注意的区域是有益的，但之后的放松体式也是如此。用你最好的判断力来练习这些体式中的呼吸代码。

你已经了解了很多关于你真实的本性，以及如何释放和（或）整合任何阻碍你体验真实自我的东西。你学会了处理思想、情感甚至是食物，以促进灵性自我的表达和扩展。在下一章的精神密码中，你会看到与核心、本质的自我连接完好的情况下生活是什么样的。

第十章

10

精神密码：合而为一之处

许多年前，我已经练习了一段时间的能量密码，目睹了我自己和我的学生身上发生的不可思议的身体变化，以及精神和情感的转变，我觉得有必要进一步钻研日常瑜伽练习。令我高兴的是，我发现瑜伽实际上加速了我的回路，解释和整合了有关身体的化学反应、能量场和灵性自我的信息。

每当我在瑜伽体式中感到身体某个部位紧张的时候，我就会挤压这个部位，然后我会吸一口气“穿过”它。虽然在瑜伽课上，我被指导“进入”一个紧张的区域，但“通气”却非常不同，因为它建立了沟通的回路，这是我以前从未做过的。当我这样做的时候，我发现紧张感会立刻释放，我可以更进一步地领悟这个体式，拥有更强大的力量、更持久的耐力、更轻盈的身体。我确实感身体觉更轻盈了，尽管它变得更强壮。

有一天，我早早起床，开了半个小时的车，到了我一直在练习的瑜伽馆。我的目的是上一个很特别的老师教授的课程，我特别喜欢他的方法。当我到达时，才发现那个老师不在，取而代之的是另一个老师，我很失望！尽管我一直在练习和教授能量密码，但我在驾驶过程中陷入了深深的期待——当我意识到事情不会按计划进行时，仍不可避免地产生失望万分的感觉。

我以前上过这位老师的课，并不是很喜欢他的课，也不是说他的课不好，只是他的速度比我当时想要的慢得多。在上课的前几分钟，我发现自己很沮丧，心想：这不是我今天需要的！然后，大约 10 分钟后，我想：苏，这太荒谬了。现在是早上 6 点，你 5 点就起来了，开了半个小时的车才到这儿。你要么会在接下来的一个小时里垂头丧气，要么顺其自然，并记住发生的一切都是好兆头。带着这样的想法，我进入了缓慢而有意识的课堂节奏。

当我随着指令的节奏放慢呼吸，进入我的核心，我意识到我们被引导的运动带来了全新有益的体验。当能量通过在三个不同位置的重复性流动时，我的意识能够完全释放，无论是在我内心还是在瑜伽室里。在听老师讲课的同时，我也非常适应内心深处的自我意识。

突然，我可以感觉到一种雾状的白色物质悬浮在我的身体里。如果我闭上眼睛，我可以“看到”这种能量形成了一种模式，与我的身体保持的姿势相对应。然后，当我慢慢地开始移动到下一个体式时，这个模糊的物质开始有意识地移动——如果我让自己足够平静，它实际上会引导我进入这个体式中令人兴奋的环节，这是我从未得到过的指导。在细胞层面，我觉得这是瑜伽起源的地方，某种内在的东西“知道”它。体式是由我们的本质引导的，通过有意将自身置于体式中，我们可以更容易地找到那个利用古老智慧的存在状态。

我见证了一个灵性自我，想要停止活动，与它同在——然而我知道，把这种能量带入意识的是我的专注、意图、臣服、呼吸和身体运动的完美结合，我想保持这种状态！我发现自己慢了下来，没有完全跟上教练的指示，因为我不想失去对我内心所发生之事的关注。具有讽刺意味的是，我发现以前觉得上课太慢的老师现在似乎教得太快了。

这种情况完美地说明了我们必须拥抱生活的节奏和事物传递的速度，相信正在发生的事情，并在其完美处合作。因此我们积极地开始使用脉轮和梵天穴的重要组成部分及其他高级大脑中心，这有助于提高我们作为创造者的运作能力，真正生活在合一的精神振动中。我们内在意识到什么在同时升起，我们信任并与我们的外在一起生活、一起工作。当我们学会呼吸，保持当下的状态，同时尊重内在世界和外在世界，我们就会开始以灵性自我的身份轻松地生活。

后来想起那节瑜伽课，我意识到，通过心灵、身体、呼吸和运动的配合，我已经能够体验到一个微妙的、全面的自我，我以前只能在完全静止的冥想中体会到。额外的回路正在连通，让我能感知自己更多的微妙能量频率——这个振动频率自动构建了新的回路，无须我的意识努力。在此之前，任何事物（比如瑜伽老师的暗示或房间里的其他人）都可能会分散我的注意力，而我也无法接收到拨入另一个“无线电台”的微妙现实。但最令人兴奋的是，如果我能找到这种程度的整合，我就可以教别人做同样的事情。

在这件事之后，我开始教我的学生如何寻找那雾状的白色物质，并在运动中进入深层的自我意识。这只是一个训练心智去感知我们是有形的灵性存在的问题，而真实本性的实相对我们来说是可见的。

什么是精神密码？

我经常遇到有人说："我的精神状态不太好。"这是不可能的，因为我们是由精神构成的，精神即能量，精神在身体里的表现就是呼吸。真正的灵性是一种时时刻刻将思想、身体和能量融合为统一力量。当我们以这种统一的方式融入自己，并从统一的地方采取行动时，"灵性"就变成了我们体验、表达和生存的东西，它与我们密不可分。

精神密码锚定了这个真理，并为我们提供随时与身体系统中不断上升的深层核心智慧相连接的工具。在精神密码中，我们可以超越感知并管理能量，使大脑停止感知与自身分离的能量。

这就是我们的终极目标：到达一个心灵和精神亲密协作、合而为一之处。这就是量子翻转，即将完整的灵性自我注入到保护性人格中，在这里，灵性自我通过思想和身体在这个世界上表达自己。这种融合的结果是我们作为灵性自我，充满爱、活力满满地生活着。我们不再试图去控制或取悦他人，我们本来就很好，生活得很安全且总是朝着对我们有利的方向前进。事实上，我们根本不需要想太多，生活只是我们的生活。在这个轻松的地方，我们能够活在当下，随时准备面对接踵而至的一切，不管它是以怎样的速度发生。更重要的是，我们能够创造而不是寻找更好的应对方式；我们可以毫不犹豫地创造生活体验，而这些体验反过来也揭示了更多我们的本质属性和存在的真正目的。

当生活在保护性人格中时，我们把五种感官集中在外部，偶尔会有预感或直觉。但当我们收回对内心世界的关注时，一个更深层次的真理浮出了水面。从第二脉轮升至中央通道，这个真理一直都在我们身边，但我们的思想因思考生活"应该"如何察觉它而分了心。

当思想开始融入灵性自我，并对其深信不疑时，它会更迅速地感知和转化这些不断出现的进化冲动。每个想法、行动和反应都迅速被一种更深层次的认识所覆盖。我们的反应与之合作，从本质上共同创造和展现新的可能性。这就是我们用能量密码培养的东西——构建更多的回路来感知这些冲动，直到感知它们的自然本能，对大脑来说，它们比所有外部提示都更“响亮”。然后，基于心灵接收到的信息，我们有意识地选择行动（或不行动）来巩固这一行动。这种生活方式，按照我们自己固有的智慧和真理，就是作为灵性自我存在。

我教书、旅行了 30 年，和成千上万的人交谈过，但我从未听一个人说过他或她因为直觉而后悔。这话我听过好几百遍了，有人本能地否认了这一点，后来说：“天哪，我真后悔了！”我们应该“自己算算”！

我们都有过不知所措的时候，如果能够将注意力引导到核心，我们可能会感觉到一种冲动升腾而起，它将引导我们沿着最高路径前进。但我们没有受过这样的训练，所以无法感知这种直觉。相反，我们可能会根据保护性人格中受限制的精神、情感或感官信息做出决定。这些选择的结果各不相同，但它们通常不是我们在获得完整的内在认知的情况下被引导做出的结果。有了精神密码，我们走向身体、思想和精神的完全整合，在那里我们的方向是明确和确定的；在那里，指令从内在毫不费力地来到我们面前，因为那是我们真正生活的地方。

然而，即使你已经完全整合了身体、思想和精神，你偶尔也会寻找一种根本不存在的直觉。你感觉不到任何冲动，内心空荡且黑暗。这是因为你活在你自己创造的虚空里，所以不要总觉得自己无能、不够好，或在某些方面还不完美，从而阻碍你去追寻真理。

进入创造的虚空

很多人认为人生经历是直线前进的。但实际上它更像是多个圆圈，如果堆叠在一起，看起来就像一个上升的螺旋。每绕一圈，我们就占据了一个更高的循环制高点，更接近我们的潜能，这就是我们进化的方式。我称这一循环系统为“生命周期”和“更大的进化周期”。当一个周期结束时，就会进入下一个周期。

这个循环有三个阶段（见图 10-1）。首先是创建阶段。我们有一个新的冲动或灵感，并主动实现它。在这个阶段，我们给世界带来了新的生意、关系、孩子，一件艺术品或一段音乐。其次，是维持阶段，在这个阶段，“项目”正在为它的目的服务，而我们从中获得了好处。在这里，我们在这里贡献了些什么，并感受自己的存在。甚至可能功成名就。最后，一旦项目完成并达到目的，我们就会有成就感，需要继续前进。如果不依附于我们在持续循环中的经历，我们会更容易通过最后的阶段，即解构阶段，在此项目接近尾声时，我们必须放手，以便开始一个新的周期。

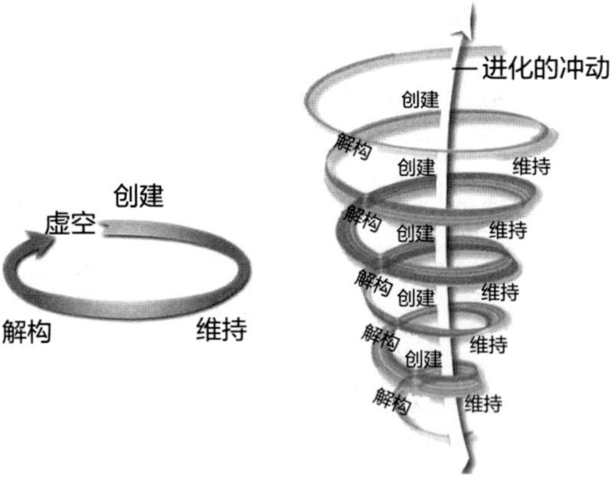

图 10-1　生命的循环

毫不奇怪，解构阶段中有我们经常会遇到的困难。如果我们没有意识到自己正处于一个循环之中，而下一个新起点就在拐点附近时，是很难放手的。如果我们在经历这个周期时没有完全展现自己的深刻真理，也没有意识到这一真理是如何促进我们的进化和扩张的，情况就更是如此了。你有多少次，不忍与变心的恋人、疏远的朋友或破裂的工作关系挥手告别？

我们可以看到这种不愿放手的情绪在人际关系中表现得最为明显。你有几段维持得太久的恋人、朋友或工作关系？有多少次你不愿离开，即使你知道离开是为了最后的胜利？当我们建造某物时，我们希望它能永远存在。但尽管爱是永恒的，物质世界的感知也只会持续到它们的周期完成。

循环往复并不是我们的主观选择，我们不能跳过那些让我们不舒服的阶段。然而，我们可以选择以保护性人格或灵性自我去经历这些阶段。当然，我们的目标是唤醒回路，以灵性自我的身份出现在生活中，臣服于圆满的体验中。然后我们可以说：“我出现了，我付出了我的一切。发生之事皆是冥冥中自有注定。”另一方面，如果我们保留且不付出一切，就会更难放手、更难继续前行、更难接受下一个循环的创造性冲动。

一旦意识到这个进化循环的发生，我们的创造力自然是源源不断的，也就会更加容易认识到，这一循环是安全发生的，并允许每个进化冲动起来去感知它。

即使我们在生命周期的各个阶段完完全全地接纳生命，但当我们知道一个周期的结束并不是真正的结束时，仍然可能会进入到创造的虚空中。虚空是一个静止、开放的空间，在这里，一个循环结束，另一个循环开始。在这里，我们可能会在内心寻找直觉和接下来会发生的事情，但通常是一无所获。

这是正常的。当我们到达虚空时，表示我们已经到达了旧的循环的边缘，超越它，就将进入我们尚未审视的部分。即使是作为灵性自我，没有参照点也是不能被直觉所指导的。我们只需要舒适地坐在虚空中，学会在未知中降服它，为下一循环的创建阶段做好准备。当我们在这“虚空”中感到舒适时，就可以在量子翻转中充分展示灵性自我。

认识到这一点是至关重要的，因为矛盾的是，虚空是十分丰富的！它不可能识别其中的任何特定事物，因为没有什么缺失的。因此，我们的工作就是赋予浩瀚宇宙中的事物意义和身份——换句话说，就是从各种复杂的可能性中创造出我们所渴望的东西。

本章中的练习和工具将帮助你停止对过去的执着和纠缠，并安然地通过虚空，进入下一个循环的创建阶段。你越容易做到这一点，越容易立足于灵性自我的本质中，并建立能量回路来表达你真正的自我。恐惧、质疑或不确定性不会让你回到保护性人格中。最后，精神密码是学习生活在一种优雅的状态中，相信你的生活正在按照它的需要展开，并可以即时看到正在发生的任何事情都是有益的，都能指导你不断成长。通过拥抱你所有的经历，而不是以痛苦、悲伤、怀疑或其他方式来对抗生命的自然循环，你可以更快地成长和融入，并实现你真正的目标。

精神密码练习仍然能使过度活跃的头脑平静下来，转变为灵性自我，真正地与它同在，并认同其不断上升的冲动。精神密码带我们超越了迄今为止的能量医学研究。我们将认同能量，并以它为生，创造一个完全不同的现实。我们越是知道没有分离——我们实际上是由精神能量构成的，我们就越能认同它，越能更快地采取行动，不必三思，不必质疑，不必怀疑，也不必在我们安心尝试新事物之前与他人达成共识。当我们有意识地将来自灵性自我的信息转化为物质生活时，我们就成为了真正的创造者。

精神密码练习

练习 1：寻找你的冥想方式

为了训练大脑，让它承认它的工作是管理真实的你，它必须开始倾听真实的你。我们正在寻找的这个“你”是一个存在于内心深处真实的、真正的灵性自我。为了过上最真实、最充实的生活，你的头脑需要不断地、始终如一地为自己服务，并始终以它为参照。为了做到这一点，你必须教导头脑，它的工作不仅仅是思考问题；它需要放慢脚步，才能真正地去做自己的工作，去感知真实的你在揭示什么。

你可以通过每天花一些时间打断大脑当前的思维习惯来做到这一点。最后，记住，思维就像小狗一样，是需要重复训练的，然而能量场却是可以瞬间改变的。你的目标是指导大脑和能量场一起工作，实现高效持久的变革。你不必长时间进行这种训练，但只要开始就必须定期练习。最好的方法就是通过冥想来减缓如吊扇般快速转动的思维，如此一来才能加强协作。

在冥想中，我们从外部世界收回注意力，使它转向内部，去倾听真实的自己，即灵性自我。这与我们在其他的能量密码中练习的东西相似；只是现在，我们不再感知能量场（好像它是与我们分离的东西），我们专注于训练和驯服心灵（这只是我们的工具），让它学会自动感知和解释真实的我们，就像瑜伽课上发生在我身上的那样。

让思维从大脑中解放出来，甚至放慢它的速度，这绝非易事。这与作为保护性人格的头脑想要做的事背道而驰。你可能更适合做一些冥想联系。有些人更适合视觉学习：当他们看到画或写的东西时，他们记得更清楚。有些人适合动觉学习：当他们把某件事付诸行动，在身体里经历一次，就学会了。而另外一些人适合听觉学习：让他们通过听指令或解释学习效果最好。

以下是基于三种主要学习方式的具体冥想方法。它们利用你已有的回路，持续地、有规律地练习，在理想的情况下，每天坚持20分钟，将有助于训练你的头脑在需要倾听灵性自我时保持静止，并建立更多的回路，使你与你的内在指导保持一致。

如果你是一个视觉学习者：

（1）舒服地坐着，把点燃的蜡烛放在面前，设定一个5分钟的计时器。

（2）做几次深呼吸，然后挤压你的锚点：根锁、心脏、喉咙和眼睛。

（3）开始缓慢、温和的中央通道呼吸，并在整个运动期间维持这样的呼吸。

（4）现在只需看着蜡烛火焰。你的目标是在这5分钟内与火焰同在。这意味着你需要打断那些不可避免地进入你脑海中的想法。当一个想法开始出现时，说："现在除了烛火之外，其他的事情稍后再做考虑。"你甚至可以在下一个想法冒出来之前喘息片刻！

我们冥想是为了训练思维，减少思考，这样才能感知内心升起的深层存在，从而有意识地把注意力放在外部世界选择的东西上，而不被过度活跃的思维所控制。像"我不知道我做得对不对""我做不到"或"这太疯狂了"一类想法是常见的，也是好的，因为它们说明了思维是如何运作的。所以，当想法再一次进入时，简单地说："不，你现在不能这么做。现在，你只要蜡烛的火焰。"给你的头脑一个视觉焦点将帮助它更容易进入正确的角色，从而感知真正的灵性自我！

如果你是一个动觉学习者：

（1）舒服地坐一会儿，慢慢呼吸，不要试图推动呼吸在中央通道上下移动。只需跟随呼吸，注意它是如何通过鼻子自然移动的，向上进入鼻窦区域，向下进入喉咙和下肺。

（2）做几次呼吸，轻轻地慢慢地挤压心脏，然后挤压喉咙。继续轻轻地跟着呼吸。真正关注挤压的区域和呼吸的感觉，就好像你和它们都在你身体里一样。例如，你可能会注意到鼻孔的冷暖感觉，或者鼻窦区域明显的空气流动。当你呼气时，你可能会感觉到喉咙里发生了什么，或者肺部是如何呼气的。有时呼吸会更明显地上升或下降。尽可能多地注意每一个瞬间和动作的感觉。

（3）现在开始有目的地延长呼吸，慢慢吸气，数到 4、6 或 8，然后呼气到相同的次数。最终，你会努力将呼吸减慢到 10、12 或 14 次，甚至更长，但无论你从哪里开始，要点是吸气和呼气的时间长度相同，并在呼吸通过身体时感觉呼吸。一开始，计数是有帮助的，甚至是必要的，但当你有规律地继续这个练习时，就能够让你的系统在不计数的情况下感觉和感知有节奏的呼吸。

通过让大脑以这种方式追踪呼吸的工作，动觉学习者打断了大脑典型的“失控训练”模式，并给它机会降落在灵性自我的核心能量流上。

如果你是听觉学习者：

（1）安静地坐在不会被打扰的地方。

（2）闭上眼睛，说出或唱出一个你自己选择的词语，带着一种特别的能量共鸣反复吟唱。一些常用于冥想练习的词语是“*Om*”（或“AUM”），这是“宇宙之音”“*Sat Nam*”，意思是“真理、身份”或“我就是真理”。你也可以选择一句话如“我就是我”，或者“我就是”。

（3）最好不停地默念或吟唱数十次你选择的词语，或者至少坚持 5 分钟。通过练习，你会开始感觉到你的思维随着吟唱的声音占据你的意识而退缩，甚至可以增加练习时间，直到你的练习持续大约 20 分钟。如果你心不在焉，就轻轻挤压根锁，回来，重新开始。

对于听觉学习者来说，背诵是一个非常有用的工具，可以帮助他们更轻松地进行冥想。单词或短语的重复创造了一种恍惚的效果，促进了头脑的静止。当你发出的声音在你的身体里回响时，你会感觉到自己在身体里，这让你更加意识到自己是“幕后之人”。这给你提供了你所需要的视角，你不再认为那是心灵。即使是静静地“说”或在内心“预演”你的咒语，也会激活对听觉学习有良好反应的回路，大脑也会变得安静。

一旦你完善了你的能力，在冥想的时候，慢慢地驻留在你身体的核心，有目的地放松所有的肌肉紧张，你便能从这三个练习中受益。

正如我们前面所讲的，每个脉轮都与一个特定的音符相关，在其相同的频率上振动。这就是为什么我们总是被哼声唱、口哨声或歌声所吸引——因为这些声音让我们感受到了振动频率。尤其是古典音乐，它让我们进入一种全盘激活的状态，在这种状态下，我们感到愉悦并充满活力。这是因为许多不同的振动频率同时被击中，以一种令人愉悦和满足的方式激活了脉轮。因此，通过诵读和吟唱来调和振动，可以为不同的能量中心和它们的意识水平带来一种综合感。

“我尝试冥想，但是我的大脑思绪纷飞”是我从学习冥想的人那里听到最多的评论，这很正常。不假思索地拥抱这种体验吧，在你的灵性自我和思维之间建立一种更好的关系，爱在其中。

即使每周进行 3 ~ 4 次，这些冥想练习也有助于停止胡思乱想，这样你就可以体验超越思维的自我，从而进入我们一直寻找的一种深层存在状态。我们需要亲柔地让吊扇叶片速度慢下来，以便“介入”我们的思想，看看是否有什么东西存在于它们之外。

接下来的练习结合了几个独立的强大元素，共同创造了一个移动的冥想，促进了向灵性自我的转变。

练习 2：使用中央通道呼吸法在大自然中行走

在大自然中，你更放松了。压力消失了，你感觉更舒服了，更像是“真实自我”，仿佛一切都是顺理成章。你可能会感到轻松愉快，也可能会清醒过来。当我们在大自然中行走时，它的能量会使我们平静下来，恢复活力，一种不会被虚假所扭曲的自我认知就会浮现出来。

到目前为止，我们的大部分工作都是在冥想中完成的，因为我们要与能量场和中央通道呼吸一起工作。这个工作让我们活跃起来，帮助我们在潜意识中建立回路，支持这个真实的、必不可少的自我侧写。仅仅通过静心冥想来接触灵性自我的美妙宁静是不够的（尽管这是一个很好的开始），我们还必须通过行动把灵性自我带到这个世界。我们必须以灵性自我的身份生活，并融入日常生活，改变我们在现实世界中的全部体验，而不是简单地让真实自我只存在于冥想的真空中。

在大自然中行走是驱动能量密码的最佳妙计。自然界的振动频率就是灵性自我的振动频率。我们不与自然分离，自然就是我们的本体。当我们徜徉自然时，更容易找到真实频率，并进入内心的和谐。中央通道呼吸法提高了我们对能量场的认识，为唤醒灵性自我构建了新的回路，并整合了分散的、停滞的能量场——它使我们无法作为整体生活。当我们把这两者结合起来，再加上规律的运动，在身体、大脑和呼吸中就会产生一种强大的力量。

举过头顶两英尺，手臂伸直，打响指，记住那个位置。这个脉轮是高频能量的家，是我们的生活目标。

（1）现在使用你的四个基本能量密码锚点，进行中央通道呼吸，当你通过中央通道呼吸的时候将北极星作为额外的锚点。感觉会是一如既往的良好。

（2）练习在振动上使内部世界与外部世界的美丽环境的感觉相匹配，让外部世界与内部世界连接起来。这是个很棒的练习！就是因一个老师告诉我“每天在大自然中待一个小时”而受益匪浅。

自然界的元素对应着我们系统的各个方面和进化周期的各个阶段。例如，水是情感体的元素，与进化周期的创建阶段有关。其中，流动的水有助于阻滞情绪的通畅以及创造力的流动。土是根轮的元素，是进化周期的维持阶段；在大自然中行走，你会有巨大的抓地力和平衡力。火元素与太阳神经丛中的精神身体有关，是进化周期的解构阶段，它可以烧穿旧的范式，照亮心灵中阴暗的地方。空气元素（以风的形式存在）与创造的虚空相关联，它允许膨胀并帮助打破密集的能量，以允许新的周期出现。

这些元素有助于我们整合能量。例如，当印第安人围着火堆跳舞时，他们深入到文化的联结之中，共享彼此的记忆，同时燃烧密集的能量和精神障碍，以此来换取清晰的视野。当我们站在狂风呼啸的山顶时，我们可能会觉得时间好像停止了，好像已经踏入了虚空之中，但是我们仍然囿于长达百万年的山脉循环之中。

当能量被整合、更多的回路就位时，我们就能更准确、更全面地解释进化的冲动。欲望来自内心升起的憧憬，选择基于灵魂深处更高的境界。而看起来很有创意的想法也是建立在整体基础上的。然后我们就可以行动起来，把这种完整性和整合运用到日常生活中，并作为灵性自我全身心地投入生活。

所有这些都可以从沿着海滩或穿过森林的简单散步开始！

练习3：正念无思的存在

当失控的心灵运转时，我们其实并不在这里，我们在未来或过去的某个地方，或者只是无意识地循规蹈矩，并把自己置于特定的环境中，因为这是我们预见的或熟悉的。我们相信自己的预感，并且在生命还没来得及展开之前就已经得出了结论。要改变这种状况，必须培养“无思”的新格局。我的生活就是一个很好的例子。

从预测到存在

几年前，在我开始以我的灵性自我生活之前，从我睁开眼睛的那一刻起，我的身体就承受着即将到来的一天的所有压力：经营我的诊所、管理其他医生和员工、处理病例、传承父业，火力全开，昂首向前。在我的脚落地之前，就已经进入了高性能模式。因为我创造了一种充满活力的模式，在我的身体里表现出高度的压力水平和忙碌，我的一天别无选择，只能如此。

这机械化的生活，没有增长的空间，没有创造的空间或自发的快乐，没有空间让灵性自我出现和被了解。如果继续这样下去，你将永远与理想生活失之交臂。

为了摆脱这种生活模式，我们必须深入核心，完全活在当下。毕竟，当你活在当下，任何问题都会迎刃而解。你可以利用不同的能量来发挥优势。

今天，我的目的是在我有任何思考之前醒来，开始新的一天。如果我发现我的大脑开始尝试去理解、解释、预测、分析，或分类任何东西，我就直接进入中央通道呼吸。当我把思想完全集中在灵性自我的呼吸和爱的存在上时，我就参与到了生活的循环中。

当我的学生为一些即将到来的事情焦虑或烦恼时，我会请他们问问自己："此时此刻，我还好吧？""我知道明天可能会很糟糕，下周要发生的事情可能会很有挑战性，但现在，我还好吗？"有意识的头脑必须承认："现在，此时此刻，我很好。"那么下一刻呢？下周呢？答案是一样的。

当你经历这些时刻时，你会开始在潜意识层面上觉醒，如果现在就清醒过来，你会没事的。只有当你超越自我，总是着眼未来而不是活在当下时，你才会感到焦虑或害怕。

以下是培养正念无思的存在的具体步骤。

（1）当你早上醒来时，在起床前，做一个中央通道扫描，注意你的身体在哪里被激活，或者是否有哪个区域比其他区域更能吸引你的注意力。

（2）挤压任何被激活或能量流动不畅的区域。慢慢地、轻轻地呼吸，通过中央通道，整合它。

（3）参考脉轮图表，看看身体和能量系统在这个区域与意识的哪些方面有关。有意识地在余下的时间里给予这个领域更多关注。注意它是如何在你的生活中显现出来的，也许你需要加强它。

（4）当你把脚放在地板上，走进这个世界时，看看你能在一天的活动中保持多久的完整状态？当你从床上走下来、照镜子、刷牙、上厕所等，看看你能完全沉浸在日常生活中多久，不要去想未来或过去，纯粹地享受你正在做的事情。你越是活在当下，就越能像灵性自我般快乐地生活。

一开始你可能会觉得必须慢步行走才能保持现状。然而，当你构建的回路越多，就越能轻易地、迅速地以"活在当下"的状态继续。

这是一个需要培养的好习惯，练习它的最佳时间是早上，在大脑尚未完全进入机械化模式之前。此时，意识和潜意识彼此之间最为协调，更容易发展出新的功能模式。你能在一天中更多地进入到正念无思的状态中，建立起更多的回路来维持内心深处的宁静，即使你正在运动。

当你融入当下并拥有所需回路时，你就能够停留在当下的生理状态中，即使你在思考未来。你甚至可以带着一种完美的舒适感面对未来，你会知道你到达未来的每一个时刻时具体该做什么，因为你会以与现在相同的方式面对它。没有条件、限定、判断、拒绝或恐惧地面对未来。

练习 4：以混合模式吸引灵性自我

在你的身体和生活中，最快、最直接的改变途径是在能量水平上。这是因为能量的移动速度比其他任何东西都快，自然也比思维模式和信念的改变要快！思想的巨大力量可以引导光子，并在这个三维世界中显现“现实”。在这一练习中，我们将与思想和能量一起努力，以更接近于识别和体现灵性自我。

我们如何定义自己，对我们能在生活中创造什么有切实的影响。每当我们使用“我是”这两个字时，就在能量计划中创造了一个强大的指令模式，我们的物质世界会将这个模式作为它的指导方针。因此，正确认识我们所说的“我是”是非常重要的。

现在，我希望你能意识到，当你说“我是”时，身体内部的生理感受。当我们宣称“我是”时，身体里就会涌出某种能量，不管我们想要确认的是什么特质。“我是”的陈述使我们与保护性人格保持一致，与“我是”的陈述在能量上感觉不同，后者将我们更深入地锚定在灵性自我中。

我想让你知道，当你声称自己是“灵性自我”时，能量流的模式是什么样的。“灵性自我”是我们体内不可撼动的神圣，而保护性人格则是相对的感知、判断和限制性信仰的世界（这个练习允许两种能量模式相互关联）。注意身体中的能量模式在哪里喷涌。流向何处？在哪里整合？强调了什么？又有什么在这个新身份面前消失无踪？

一个明显的模式是，身体的外部肌肉（负责“战”或“逃”的部位）会在我们进入核心时放松。当我们把注意力集中在身体的中央通道，在核心深处锻炼肌肉并呼吸时，这些外部肌肉会自动放松。随着灵性自我和内在引导的整合，我注意到眼睛周围的肌肉产生了的巨大变化。当我开始构建由内而外运行的通道，而不是由外而内响应时，常常就会感到放松。当我的第三只眼睁开时，我的顶轮区域开始连接到能量存在的世界。

当你全面进入核心时，你可以把注意力放在眼睛上，肌肉会更容易放松，你可能会觉得你在眼睛后面毫不费力地“坐”下来。我自己也注意到这一点，于是我开始有意识地聚焦目光，转向灵性自我。在化学密码中，大脑瑜伽的时钟式呼吸有助于激活灵性自我的本质能量。在传统瑜伽中，这种引导目光的做法被称为“凝视点（视线焦点）”，是被用来加强指导的一种姿势，以唤醒与眼睛位置相关的大脑高级中枢。

这个练习将帮助你开始整合保护性人格和灵性自我，最终帮助你成为一个强大的、热爱真实的、绝对的、神圣的你。

（1）首先，激发你的保护性人格，想一些你不擅长但希望自己擅长的事情。例如，你可能希望自己赚更多的钱或身体健康强壮，或者想想你今天需要做多少事情，但是你认为时间可能不够。

选择一些你觉得不太舒服、能力不够或者准备不够充分的地方。因为这些想法的存在，从而在身体上感受到的压力就是所谓的保护性人格。

当你专注于这些场景时，感觉你的身体正在发生的变化。你的脖子被锁住了吗？你是否感到一股能量穿过你的心脏，或者你的双腿没有力量？花一分钟的时间来探索你体内发生了什么，并记住这种感觉。

（2）现在，为了进一步发展自我意识，深入身体的核心，把集中的力量传到脊柱、腹部和心脏周围的区域。从那里开始呼吸，深度放松外部肌肉。当你这样做的时候，对自己说："我是。"当你像这样集中精力时，能量就会变成一股截然不同的能量流。

（3）注意此时你的脑海中有哪些不同的想法和情绪出现，然后感受你身体内正在发生的能量变化。你是否突然感觉到踏实、或心脏中心巨大的扩张感？花些时间在这上面，让你的思想感知到所有来自内心深处的微妙变化，并做一个心理盘点。

（4）现在，混合两种模式。深深地呼吸能量流，从灵性自我的核心开始，通过中央通道进入保护性人格。将两者合二为一，你将产生一个全新且积极的能量模式，同时脱离一个与限制思想有关的旧模式。电磁能量将以更融合、更接地气和更坚定的方式流动。你将观察到自己一天中的限制想法，同时仍然感觉自己处于舒适范围内。这种感觉会很好！你倾向于将自己与外部世界进行比较，一个新的基线、一套新的回路将会因灵性自我的指引而出现。

以这种方式连接两个孤立的能量模式，给你的潜意识提供了生理证据，形势已经明朗——这个问题不再是一个威胁。从生理学上讲，你在向潜意识展示你的力量，因为当你回想过去时，身体会更加放松。这是非常强大的！如果潜意识有转换能量的经验，它就会开始获得成功的反馈。我开始觉得“我可以改变这个，我只是从保护性人格的练习中汲取了喉咙和肩膀上的这部分巨大能量，并把它转移到灵性自我中”。

精神密码练习将身体固有的交流系统从单向出口匝道转变为双向高速公路。我们可以感知到能量在不断地流动，然后立即邀请它进入另一个流，以与一些更有灵感的、胜利的或扩展的东西相连。我们想要不断地移动身体的能量，以寻求期望体验的东西，这就是我们有意识地改变和创造生活的方式，也是真正的创世论。当我们知道身体是如何工作并能充分利用它的天赋时，我们就完全有能力通过身体创造我们热爱的生活。

我们可以通过确认自己想要什么，通过“我是”和其他创造性的陈述，同时体现灵性自我的能量模式，来溶解先前的僵化能量。这意味着你不再以一个由外而内、颠倒的方式来改变你自己的生活，而是开始以唯一真正有效的、由内而外的方式生活。

与精神密码相关的脉轮：顶轮

当顶轮变得更完整时，我们从恐惧的、不断思考的心灵转移到超意识的、正念无思的头脑——换句话说，从保护性人格转变为灵性自我，停止强制性思维，我们变得平和、专注、开明、放松和公正。当这种情况发生时，我们开始认定自己是灵性自我，保护性人格的虚假自我就会崩溃、瓦解、削弱或动摇——突然间，我们人生中第一次无所畏惧！我们不介意自己不能再继续躲藏，不再执着于维持以自我为中心的形象（这是行不通的）。在一场争论中，为自己辩护或总结陈词似乎并不重要。突然间，我们就可以和那些挑战我们的人在一起了。那些可能会引发争论的语句，如“你不懂我”或“你某方面做得不够好”等不再困扰我们。因为我们锁定了自己的能量，并与我们真正的精神来源连接在一起，我们不会因他人的行动（或反应）而分散、迷失我们想要的焦点或意图，我们已经建立了基本的灵性自我能量，所以不再需要以保护性人格生活。我们只是停留在自己的内心中，充满爱地活在当下，因为我们知道每件事都是以神圣的方式发生，最终都是为我们服务的。

当我们成为灵性自我时，所有的不安全感、麻痹感和自我怀疑都随保护性人格一起消失了。我们知道自己是谁，也清楚对我们来说什么是重要的，并且知道如何采取行动。我们没有任何羞愧、不情愿和尴尬。我们乐于做真正的自我，并以那个自我的身份在世界上充满爱地活着。

当我们的顶轮没有融合时，我们会感到困扰，会认为自己是孤立无援的——与他人、与精神甚至与我们的能量分开。这可能会导致意志消沉或自我斗争、强迫性思维、抑郁、焦虑和其他与精神相关的疾病，如癫痫和阿尔茨海默病。相反，当顶轮融合时，我们的能量系统就像千叶莲花一样绽放。我们不断地扩张、不断地接受、不断地进化到最自然的状态——活在充满爱的当下的灵性自我。表 10-1 总结了顶轮的若干关键特征。

表 10-1　与精神密码相关的脉轮：顶轮

名称	第七脉轮，顶轮
位置	头顶
颜色	紫、白

续表

音符	B
关联身体部位	颅骨上部，皮肤，大脑皮层，右眼，右脑，中枢神经系统，松果体
模型“背面”症状	抑郁，强制性思维，困惑，对污染物敏感，慢性疲劳，癫痫，阿尔茨海默病
模型“正面”特征	神圣人格，磁性，奇迹成就，超越，自我和平，更高协作，内在视觉“我是神圣的存在”“我就是它”“生活是我的写照”
练习	寻找你的冥想方式；使用中央通道呼吸在大自然中行走；正念无思的存在；以混合模式吸引灵性自我
呼吸法（详见第八章）	中央通道呼吸
获取更大融合的瑜伽体式	· 摊尸式（*śavāsana*） · 头倒立式（*śirṣāsana*） · 兔式（*sasangāsana*） · 双角式（*prasārita pādottānāsana*）

在精神密码练习中，可以结合一以下瑜伽体式整合和平衡顶轮。

精神密码瑜伽

“仰卧式”是大多数瑜伽课结束时练习的姿势，也是大多数人的最爱。通常译为“摊尸式”，意味着这是一种完全静止和诚服的姿势。它对中枢神经有巨大的好处，并与顶轮有关。

摊尸式

以下是传统摊尸式的练习方法。

（1）仰卧在垫子或地板上，双脚分开与臀同宽，双臂放在身体两侧。双脚张开，双手放松，手掌面向天花板。让你的脖子稳定在自然的曲线上，后脑勺靠在地板上。

（2）有意识地放松全身，从脚开始。让完全柔软和屈服的波浪向上移动到你的腿，进入你的臀部、核心和心脏。感觉十分放松的能量从你的手臂流至手腕和手。然后放松你的上胸部、喉咙、颈部、面部和头皮，感觉能量更自由地穿过整个身体。

（3）让呼吸放松到正常的节奏，不要太深也不要太浅，把注意力转向内部。如果身体的任何地方没有完全放松，追踪它，并下意识地软化它。然后完全放开，进入超越所有活跃思维的领域。

（4）保持这种放松状态至少 5 ~ 10 分钟（时间允许的话，尽可能保持久一点）。

（5）当你准备结束这个姿势时，先轻轻地摆动手指和脚趾。左右移动头部，感觉后脑勺与垫子接触。当你觉得准备好了，把膝盖收在胸前，然后滚到一侧。以胎儿的姿势进行一两次呼吸，然后慢慢地将自己调整到坐姿。

接下来在摊尸式中结合精神密码练习和身体觉醒瑜伽。

（1）在做这个姿势时，仰卧在地板上，想象你脚下两英尺处有一个巨大的能量池。

（2）当能量流通过你的身体向上移动时，有意识地让它跟随中央通道，随着核心中的圆环场流上升而上升。

（3）开始中央通道呼吸，随着身体每个部位的放松，更充分地进入你的核心和大脑中心。

允许思维释放到思想之外的地方，让这种无思的状态深深地锚定在你的系统内——骨盆底。

（4）放松身体的各个方面，就像通过千根小管呼吸法放松每一块肌肉一样，从脚开始，一直到整个身体，但心脏和根锁是最后放松的地方。

（5）在这个宁静的空间里花上几分钟，让灵性自我上升到意识的表面。

（6）当你准备结束这个姿势时，首先从核心部位移动，轻轻挤压四个锚定点，并进行中央通道呼吸。释放一个安静的耳语，一个深藏于内心的“Ma”的声音，将在这个重要的时刻强调灵性自我的揭示性表达。

（7）一旦核心被激活，就可以开始移动你的小肌肉群（手指、脚趾等）。记住，你是用能量密码从内到外构建新的回路，这种做法可以增强这些回路。

整合顶轮的其他瑜伽体式

除了摊尸式，还可以使用头倒立式、兔式、双角式等来增强精神密码的运作。记住，挤压想引起你注意的部位是有益的，但放松姿势也是有益的。判断如何结合这些体式练习与身体觉醒瑜伽，首先激活核心，然后是放松核心。

祝贺你！能量密码计划的第七套（也是最后一套）内容就此结束。你现在拥有了所有需要的工具和知识，实现了自己的量子翻转，已作为灵性自我来生活。所有这些能量密码都唤醒了你对灵性自我的感知、体现和表达的能力，那是你成为真正的创造者的经验。

接下来，在第三部分中，我将展示如何使能量密码成为易于实现的日常实践，更好地加速你自己的量子翻转。然后，我们再从模型的正面来看生活是什么样的，在那里你将开始以真正的创造者的状态生活。

第三部分

一种新的生活方式——具象生活

第十一章

11

量子翻转，一天一次

在本书的第一部分，我们获得了一种看待量子翻转的新方式。我们了解到自己实际上是一种能量的存在，正走在一条觉醒自我辉煌的道路上，生活中的一切都反映了我们需要在哪里觉醒。在第二部分中，我们通过能量密码计划学习了如何觉醒，了解到一种与自己相处的新方式，也学会了如何回应生活。在第三部分中，我们将研究一种新的生活方式，这种方式不仅可以帮助我们一劳永逸地实现量子翻转，还可以不断地为模型的正面构建回路，这样每天都能够体现出更多的灵性自我。

既然你已经体验到了“唤醒”灵性自我的感觉，那么你很可能想要以最简单的方式将你所学的一切结合在一起，这也会给你的生活带来巨大的改变。这就是本章的内容：为了让你现在就开始使用能量密码，并将它们作为一种新的习惯和生活方式，我将教你几种清晰、简单的方法来实施这些密码，让你积极、有效地运作，这有助于你在物质形态中完成你的命运，体现灵性自我。

即使在最繁忙的日子里，你也可以用多种不同的方法将它们纳入到你的日程中。如果你能进行很好、很周密的安排，那你可能会喜欢简短、正式的程序。如果不是的话，我将分享其他相对随意的、可调整的（但同样强大）的方法。你只需选择最适合自己的方法，然后开始实施，这才是最重要的。你需要从现在开始就有意识地与真正的你的能量存在接触。

从今天开始，你要有意识地活出真实本性，作为一个有灵性、有身体体验的灵性存在。在这个世界上，没有什么能让你的生活有更大的改变。这些练习的目标是不断地、始终如一地构建回路，尽你所能引入高频能量来降低能量垃圾的密度，从而将灵性自我注入并激活你意识和身体中那些尚未觉醒的部分。一旦你经历了这种注入和整合，你将一往无前！然而，重要的是要记住，这并非“一劳永逸”的事情。量子翻转和生活在模型的正面不仅仅是通过认知理解而发生，它们还能通过具体的实施方法发生。

与其他任何的练习一样，训练心灵去感知你作为一种能量存在的真实本性需要奉献和自觉。它需要一些时间（虽然不一定是很多时间）彻底整合你的整个系统，通过在你的整个系统中构建新的回路，以充分体验身体内的灵性自我。如果你用心去做这些练习，你会立刻感觉到不同，虽然完全整合并不会在一瞬间发生。耐心点，你将以完美的速度和行动整合你的个人发展和你在公交站达成的协议。

别担心，你会感觉很好的。一旦拟开展定期练习，就会形成动力。细胞记忆与肌肉记忆相似：一旦你开始在新的、更高的（灵性自我的）振动上产生共鸣，所有整合的练习都将出现。换句话说，你不会每一天都重头开始；相反，每次你进行能量密码练习时，都会从上一次中断的地方继续。练习变得自给自足。

你致力于觉醒的振动和神圣本性的具象化将增加这种复合的

振动效果，因为真正虔诚、充满爱的振动是灵性自我的振动。你的奉献精神把你带到了你想去的地方。你真诚的、衷心的、珍贵的意图会产生一种与目的地相同的能量。在能量上，它是与原始大脑上方的高级中枢的振动相匹配的。通过这种方式，你甚至能够在意识到它经历了这段旅程之前就到达目的地。通过你真诚的奉献来体现这种振动……你在那里！

我在这里再强调一遍我在本书开头所说的话：在短短的几个月甚至几周内，你可以成为一个全新的自己——更健康、更快乐、更有能力。但这只有在你充分运用所学知识的情况下才会发生。因此，我邀请你以奉献、激情和目的来接受这份工作，去扩展和体现自己。我保证，你会感激你所做的。

那么如何将这些更好地应用到你的日常生活中呢？我经常从学生那里得到这样的问题："我什么时候做这些练习？"我告诉他们的（也是我将告诉你们）的第一个选择是"从不！"

从不！

作为一名医生，我以科学的方式进行了研究，并能够系统化（并不断地复制）一种通常被认为是神秘的、难以触及的存在状态。在我的研究中，我发现这些练习几乎可以与其他任何事情同时进行！虽然我并不建议你像我一样热情地对待这项工作，但我确实认为你应该每天都尝试使用能量密码。

当我们在扩展感觉神经回路时，几乎可以同时做其他任何活动。你把这些简单的构建神经回路的练习与日常活动结合得越多，它们就会变得越自然、越轻松。

挑战你自己，看看你能够在多少次不同的日常活动中“从不”做“中央通道呼吸”和“主体—客体—主体”这两个基础练习。看看你每天可以花多少时间利用这两种练习构建回路，让它成为你的“必修课”和“归宿”。

当我在开发能量密码，并努力在任何地方建立回路时，我会使用一个简单的方法（如驾驶前伸手系好安全带）作为一个提醒和练习的机会。当我越过肩膀去系安全带时，只需要稍微扭动身体，然后挤压心脏，在中央通道上下吸气和呼气，就建立了一个新的回路，且没有对我的一天造成任何干扰。然后我又更进了一步：当我把车开出车道，转过头看向车窗外的时候，我会有意识地转动脖子，收紧下巴，在我转动脖子的时候，将注意力放在眼睛后面。然后将呼吸引向大脑的中心，从头顶建造到高级中枢的回路，开辟一条从心脏到创造者的高速公路。

为了将能量练习实践融入你的生活，以创造一种新的生活方式，你可能会想到给自己一些友好的提醒，把便利贴贴在你经常能看到的地方——浴室的镜子、冰箱、汽车的仪表盘。也可以在你的智能手机或其他数字设备上设置一个周期性的闹钟（例如每15分钟、30分钟或60分钟），或者简单地将某些活动与能量密码练习结合起来，这样无论何时，二者都能同时进行。我的一个学生养成了每次上厕所都做中央通道呼吸的习惯，虽然她一开始用这种方法是为了使尿路感染自愈（它确实在24小时内自愈了），但后来她将其作为新的能量密码疗法的一部分。她说：“何乐而不为呢？这就是充分利用时间！”

以下是一些额外的、非正式的方法，你可以将能量密码练习融入你的生活，而不必在日常生活中“抽出更多的时间”。

久坐后活动

如今，“久坐有害健康”是一个非常重要的健康警告，所以我们被建议要经常活动，不要久坐。一些专家说，我们每坐半小时就需要站立 8 分钟，、处走动两分钟。我建议你在久坐后起来活动时做身体觉醒瑜伽。做瑜伽比仅仅站起来做伸展运动要有益得多，它有完全不同的效果。瑜伽将身体置于神圣的几何形状中，允许高频能量自动流经身体，调谐到灵性自我的无线电台，而并不需要付出多少努力。在每次休息时，你可以只针对一个脉轮来练习相应的一个体式（并且每天都要针对全部的七个脉轮进行练习），或者在每次休息时快速浏览一下哪个脉轮需要注意，然后选择相应的体式。在休息时，你也可以用莫特步或移动力量步法代替瑜伽，这可能会对中枢神经系统和电磁系统有巨大的作用。

久坐后起来活动的另一个方法是做呼吸练习。当你从椅子上站起来时，可以练习蕨叶呼吸：当你准备站起来时，把自己向前蜷缩，然后在你慢慢站起来时放松你的脊柱。作用同样强大的还有千根小管呼吸法。

如果你不能站着休息，你可以将右手向后伸，抓住椅背右侧；右脚向前，左脚向后放在你的身后，或者椅子下面。收缩四个锚点，用左手伸向右膝（在身体上交叉），把下巴转到左肩上。做一次大的中央通道呼吸，然后通过双腿和身体，并从头顶呼出，再次回到中立的坐姿。从头顶深吸一口气，当它进入身体通过心脏时挤压，然后通过腿部向下呼出，进入大地。在另一侧重复。就构建回路以活跃这些重要的体现途径而言，用呼吸来移动能量几乎与实际站立的作用相同。

你可以选择任何适配你当天所需的呼吸练习，如“创造智慧的容器呼吸”，个人力量的“太阳神经丛呼吸”，爱和喜悦的“心相干呼吸”，说出你真相的“实现呼吸”，或强调你内在愿景的“远见呼吸”。每种呼吸都有助于将更多的生命力带入身体的核心，以整合和保存能量，而不是分散和失去能量。

密切关注身体内部

最后，虽然这一章实际上是关于构建回路的积极措施，但我想提醒你，你总是希望 “密切关注身体内部”，并练习“把它带到身体里”，作为你在任何时候（以及每一次）受到情绪触发并在能量场中感到电荷的反应方式。这是通向你的意识进化和治愈你的生活最快、最直接的途径，因为通过身体的感觉，你直接从灵性自我那里明确了现在最需要努力的方向。

当我们以“从不”的态度来对待生活时，就会看到，每一个经历或时刻都是一个构建回路的机会，它将促进我们的愈合、扩张和进化。换句话说，我们将作为灵性自我觉醒。这可以归结为我们希望这种转变以多快的速度发生。如果你像我和我的许多学生一样，非常渴望在模型的正面开始庆祝生活，那么你会一直处于专注的状态！这没关系，但你绝对不能过于专注。

这种内在的参考、呼吸和可视化实际上会使你更有存在感——无论是对你所处的时刻，还是对你的整个生活。它唤醒你，使你保持警觉，防止你陷入机械化或死记硬背的生活方式。因为你将不断地把注意力转向核心，你将有机会获得更多的资源，使你有更大的能力以优雅、轻松和有意识的方式处理各种经历，这也让你更容易去爱。下面让我们来看看将能量密码练习纳入日程的一些更正式的选择。

早晨和睡前程序

构建回路的一些最佳机会往往发生在早晨醒来时和晚上入睡前。在半睡半醒的状态下，意识和潜意识之间的活板门最为开放，两者最容易相互沟通。当意识和潜意识联系起来时，我们深层的真理就会浮现在意识的表面，在那里它可以指导我们以最真实的方式完成内心的愿望。我希望你把能量密码练习作为每天的例行公事，以中央通道扫描开始一天的工作，并在爱的变革振动中结束一天的工作。

晨起扫描

在开始一天的工作之前，当你还躺在床上的时候，执行精神密码中的正念无思练习。扫描中央通道，挤压并整合任何需要你注意的区域。通过利用这些能量来设定你一天的优先事项，确定一天中要关注的进一步建议，通过定期呼吸促进能量在特定区域流动。假设你在扫描过程中感到脖子疼痛，那么就挤压你的脖子以回应这种意识，并开始通过该区域呼吸，将其与中央通道连接起来。设定你的意图，释放和减轻你的完美主义，让你在通过喉咙区域呼吸时，尽你所能地表达情绪，将它与中央通道连接起来。你的身体正在揭示你下一步需要关注的东西，以促进你的进化。

睡前感恩

晚上，当我爬到床上时，我总是说："哦，我爱床！"你不也爱床吗？它是进行睡前感恩的完美场所，因为上床后我们会感到安全和受到庇护，而且还可以构建回路，这是在其他地方都没有的一种体验。在爱的存在和呼吸的状态下做出的努力是最有效的。爱是打开潜意识和意识之间活板门的振动，存在是完全地专注于你的意识与头脑，而呼吸是使能量或精神在身体里流动。在你舒适的床上培养自己不问缘由地去爱的能力吧。

一个完美的睡前程序是“心灵密码”中讲到的“创造爱，接受爱”练习，它是对“正念无思的存在”的补充，与早上的例行公事一样，在入睡之前，躺在床上做这个练习。让爱和深深的感激之情充满全身，通过中央通道呼吸，把这种振动固定在你的能量场中。注意在中央通道的能量流动过程中哪里有中断，在你进入亲切的睡梦中时，在这个区域构建回路。

你可以通过在上床前至少做一次两侧的移动力量步法来放大这项运动。

每个人都在谈论感恩的重要性，但我想谈这一点是因为，它涉及你作为自己的创造者生活。当我们做类似上述的练习时，我们有目的地将产生感激之情的事物带入脑海——不是为了在外部世界取得任何结果，而是为了学会如何“感激”。我们表达感激之情是为了塑造灵性自我的振动频率（快乐、爱、欣赏和存在）。最终，我们希望一直能这样。一旦我们能够通过思考自己所欣赏的东西来唤起感恩的频率，就可以采取下一步行动，如无意识唤起感恩的感觉——这反过来又帮助我们达成“今天在我的生活中发生什么并不重要，我正在进行感恩”的倾向，“而且任何人都无法改变它”。了解并感受到我们是自己内部世界的主人，无论外部环境如何，这始终是一种力量。

10 分钟练习

如果你每天能抽出 10 分钟来练习能量密码，有几个高度整合的方法可以帮助你充分利用这段时间。在理想情况下，我们若想精通能量密码，不要选择一味地用头脑思考，而是要让真正的能量引导头脑去做该做的事情。我们越熟悉能量密码练习，就越容易找到我们最需要、最合适的方法，并立即使用它。尽管如此，还是要进行一些不同的例行练习：它们几乎不会占用你的时间，却仍然能为你提供结构化的支持。

10 分钟正念无思的中央通道呼吸

在练习正念无思的过程中，我们会阻止思绪因专注于过去和未来而失控，我们会有意识地将思绪全部集中在当下，摒除杂念。这与机械化模式恰恰相反。我们重新踏入每一天、每一刻，没有期待，对各种可能性持开放态度，只是简单地观察我们面前和内心正在发生的事情。

我将鼓励你们以自己的方式连续练习 10 分钟。这一方法在繁忙工作日的间隙尤其有效，因为此时你的大脑仍处于快速运转状态。当你这样做的时候，使用四个锚点，并添加中央通道呼吸。让内在的能量通过中央通道移动，而不是仅仅想象能量在身体内部上下运动。要开始认定自己是灵性自我，你要进入这个通道，把你的全部注意力放在成为那股能量上，放在你的内心上，不去想其他任何事情。试着挑战自己："我能否放松思想，用四个锚点对齐核心，然后放松所有的肌肉，但仍关注对齐的核心存在，通过中央通道呼吸？我是否可以坚持整整 10 分钟呢？"

10 分钟脉轮呼吸练习

呼吸密码练习基于一种传统呼吸法（梵语为 *prāṇāyāma*，意思是“呼吸控制”）。每一个独立的呼吸，循序渐进，在体内建立一个意识，最终让你真正觉醒到你的灵性自我，所以这不仅仅是一个深呼吸。在这 10 分钟的练习中，你可以简单地完成 6 个基本脉轮呼吸练习。每次练习给自己 90 秒的时间（大约呼吸 5 ~ 10 次）。呼吸密码的具体练习方法见第八章，这里不再赘述。

你可以在工作的任何时候轻松地进行呼吸密码练习：10 分钟的工作休息时间、等待某人参加午餐会议时、等待孩子从空手道课上出来时，或在通勤列车的站台上等车时。换句话说，这并不需要你闭目静坐，全神贯注地集中注意力，否则这样一来你就无法在公共场合进行练习。显然，如果你是在操作重型机械或做手术，我不建议你做这些练习，但除此之外，应该没什么问题。

10 分钟大脑瑜伽

大脑瑜伽练习激活了大脑重要的高级中枢，保持头部静止，转动眼睛，并使用中央通道呼吸。对于这 10 分钟的练习，我建议在前 6 ~ 7 分钟做大脑瑜伽，然后用最后 3 ~ 4 分钟做几个中央通道呼吸和锚定密码中的瑜伽体式。我们要确保在整个身体中整合转化。如果你感到头晕，请在家里进行练习。

10 分钟蕨叶呼吸

做 5 ~ 7 分钟蕨叶呼吸，然后做中央通道呼吸和锚定密码中的几个不同的瑜伽体式。蕨叶呼吸法可以调动丹田（一个主要的能量库），并整合脊柱中的能量流。这种微调整合是维持你正在进行的所有能量密码转变的关键。

30 分钟练习

每天固定的 30 分钟练习会为你带来快速而有力的转变。这里列举了一些 30 分钟练习，你可以根据身体需要进行选择，希望能为你提供一些正式的结构来构建回路。

呼吸—冥想组合

在这个练习中，你将根据你的主要学习方式（视觉、听觉或运动学），选择你认为最自然的冥想方式。首先，你要做脉轮呼吸法练习。这种“生活冥想”是我在过去十余年里教授冥想课的重点。它让我们把日常生活对灵性自我的感觉结合起来——这样，每天都会有一种综合的冥想体验。这对我的病人、客户和学生都有很大的帮助。我认为，以其他方式对待冥想，会增大内部世界和外部世界的差异。我们在这里是为了把这一切结合起来，而不是排斥其中一个。

这个组合练习将帮助初学者和经验丰富的冥想者从冥想中获得最大的益处，这样我们就能将冥想的所有奇妙体验注入到我们的神经系统中。

下面是具体的步骤。

（1）坐在椅子上，或盘腿坐在地板或瑜伽垫上。

（2）做“10 分钟脉轮呼吸法”。

（3）接下来花 5 分钟做“闪亮的头顶呼吸法”（梵语为 *kapalabhati*，也称为“火之呼吸”）。它本质上与其他呼吸法相同，但它需要以更快的速度进行，对你系统中的电磁回路有清洁作用。

开始时完全用鼻子呼气，通过将腹部向脊柱收紧，将所有的气息从腹部排出。然后放开，让腹部自动吸入更多的气体。再次通过鼻子用力呼气。重复一遍，然后加快速度。你会注意到，你实际上只专注于用力呼气；吸气是反射性的，当你在呼气之间暂时放松腹部肌肉时，吸气就会自行解决。为了完成这个呼吸练习，用几个深而慢的中央通道呼吸将呼吸与中央通道连接起来。这些中央通道呼吸可以作为交替鼻孔呼吸（清理脉络调息法）进行，以达到大脑平衡。

（4）现在释放结构化的呼吸，放松你全身紧张的肌肉，在接下来的 15 ~ 20 分钟里，用你选择的方法进行冥想。

（5）当你从冥想中出来时，向两侧各做两个脊柱扭动（两侧交替进行）、伸展和弯曲，因为这些可以让身体整合并记住你刚刚经历的事情。仰卧在地板上，弯曲膝盖，在中央通道上下呼吸，并将其轻轻地落到左边，同时向右转动脊柱、颈部和下巴。放松，然后在另一侧重复。如果你因为任何原因不能躺在地上，你可以坐在椅子上练习。用椅子的后背来支撑你，膝盖朝前，将你的脊柱、颈部和下巴向右旋转，然后向左旋转。

对于脊柱弯曲，你可以躺在地板上（或坐在椅子上），收缩身体前侧，蜷缩成一个球，尽可能紧地将膝盖抱向胸部。对于脊柱的伸展，可以使用骆驼式，或者趴在地板上，将胸部向上抬起，手臂沿两侧伸展。（你也可以小心翼翼地在靠着椅背伸展，一直向上抬起胸部以保护你的背部。）

瑜伽也能让能量在身体里积极运作。但是，我们经常以几分钟的推尸式结束一堂完美的瑜伽课，然后起身离开。然而，如果我们在结束之后坐在那里冥想一会儿，就会把刚才在瑜伽垫上做的伟大成果整合得更多。因为你在瑜伽馆里不一定能做到这一点，所以我强烈建议你搬到瑜伽馆外的一个安静的地方，或者当你坐在车上，在准备离开停车场前做一个简短的冥想。

在这种美妙的状态下，多花 10 分钟时间进入你内心深处的自我，对你身体的循环代谢非常有益。在你开车之前一定要确保你完全清醒！

30 分钟的身体觉醒瑜伽

瑜伽本身是高度整合的，尤其是当它与能量密码中的正念呼吸结合的时候。我在本书的第二部分给出了有助于打开每个脉轮并增加能量流动的基本瑜伽体式，你可以按照给定的顺序来完成这些体式，或者将它们整合到你的能量密码练习中，再按顺序激活所有的脉轮。为了方便，我在图 11-1 中列出了讨论过的所有姿势，按照它们最受影响的脉轮进行排序。

第一脉轮	第二脉轮	第三脉轮	第四脉轮
幻椅式 战士一式 金字塔式 树式 站立前屈式	船式 鸽子式 自行车式 坐姿脊柱扭转式 喷火式	骆驼式 弓式 东方伸展式 新月式 喷火式	三角式 穿针式 鱼式 脊柱扭转式
第五脉轮	**第六脉轮**	**第七脉轮**	
眼镜蛇式 犁式 桥式 调音式	下犬式 肩倒立式 婴儿式 战士四式 平衡式	摊尸式 头倒立式 兔式 双角式	

图 11-1

我将这些体式组合在一起，做了一个简短但高效的身体觉醒瑜伽练习，帮助你建立恢复性的回路，这是重塑你的保护性人格和激活你的灵性自我所需要的。

30 分钟的呼吸治疗

如果你受伤了、身体虚弱或出现疼痛或诱发了其他的健康问题——表明你身体的某个区域可能存在能量阻塞或流量不足的问题，你可能需要每天花费 30 分钟在受影响的区域进行呼吸治疗。你可以通过第一脉轮和第二脉轮区域进行深呼吸，然后将其带到当你想到自己的症状时，能量就会变得很虚弱的区域。你也可以做 B.E.S.T，释放任何可能导致问题持续存在的潜意识干扰和无法解决的情绪。让你的身体告诉你需要清除哪些情绪，因为解决方案可能会以有机方式展开。如果你有膝盖疼痛，请确保在进行呼吸练习时向膝关节施加足够的压力以突出膝盖的感觉，将呼吸拉过关节区域。在身体各个部位进行特定的练习是一种理想的方式，你可以每天都做两三次，即使是很短的时间也完全够了。请记住，无论情况如何，该过程都是相似的。

能量总是试图通过身体向上移动，因此，阻滞总是在疼痛或无反应区域之上。坚持用你选择的呼吸法自下而上地通过该区域，以获得最好的结果。在最后的呼吸练习中，可以加入千根小管呼吸法来完成。

本章所有的练习都放大了灵性自我。对身体来说，整合的感觉很好——身体希望自己的血液恢复流动。它具有自我疗愈、自我调节和自我照明的能力——回归它真正灵性本质和原始设计。换句话说，身体被设计来做我们现在要求它做的事情。它只需要我们的思想和意愿的一点点帮助，就会依靠自己的动力站稳脚跟。我们的工作是促进能量流动，然后顺其自然。

当我们正在寻求的转变是关于能量流动而不是关于改变时，转变往往来得更容易。这是因为保护性人格更容易接受流动，而不是接受改变。只要我们被确定为保护性人格，改变就是不受欢迎的。但是当我们确定为灵性自我时，就会感觉到变化，并将其视为感觉良好的能量流动。当我们进入身体的核心，允许这种流动，身体的弱点就开始加强，因为流经身体的是一种驱动生命的力量。

既然你已经有了一套清晰实用的技术，可以构建回路，并将感知和生活化为“灵性自我”。接下来我们将探索一旦构建这些回路，生活的实际情况会是什么样。这就是量子翻转之后模型正面的生活！

第十二章

12

正面生活：活出灵性自我

在我戏剧性地敞开心扉 7 年后，一位朋友邀请我在科罗拉多州铜山举行的女性会议上发表演讲。演讲结束后，听众中有人来找我，问我是否有兴趣在来年的演讲者会议上做演讲。“当然。”我说，彼时我并不知道我将面临的是什么。

不久之后，组织者联系了我，问我是否有示例视频，以便他们可以看到我的演示文稿是什么样的。我没有，但是正着手制作，因为托尼·罗宾斯（Tony Robbins）团队的某人也要求我提供同样的东西，以便我可以和那里的教练们交流。因此，我急忙制作好视频并将其发送出去，而且很快就有了回应。他们不仅要我讲话，还希望我在活动的第一天早上做开场的主题演讲！

我对这个机会感到兴奋，于是开始思考，我考虑了想说什么和怎么说……但是令我惊讶和沮丧的是，我的脑海中空空如也！我竭尽所能，但仍是一头雾水。我将在全国演讲者协会的年度大会上向 2000 名左右的专业演讲者致辞，这是该协会当年最大的活动。这种“大脑一片空白”的状态却挥之不去！我的旧回路提醒我必须采取行动，因此我继续尝试。在深受困扰时，我甚至都没有想到用另一种方法来解决这个问题。

在本章中，我想让你们了解一下当我们开始真正成为畅通无阻的“灵性自我”的漏斗时，生活是什么样的。虽然模型正面的生活对我们每个人来说都是独一无二的，但会有一些共同的特征影响我们的整体观点和互动。

生活的正面：大局

正面生活最重要的特点是，我们不再认同心灵，而是认同灵性自我。我们谈论的是“我的思想”，而不再是外部世界的“我的灵魂”。我们不再努力控制思维，因为思维自然而然地适应了它作为观察者和促进者的角色。在这里，我们只是处于一种流动的状态，与宇宙建立信任关系的一种状态。

一旦到了正面，我们就能知道自己的内心世界才是真实的世界，外部世界只是内心世界的反映。因此，无论发生什么，我们都知道，我们只需要做真正的自己。

我们的思想与更大的利益是一致的，我们可以从正在发生的一切中看到更大的利益。毫无疑问，我们知道每件事都是为了自己和其他人的发展，无论发生什么，“都是为了我们”。因此，爱是自动的，没有评判或拒绝，只有完全地接受和完全地同情。

我们相信自己的欲望，因为知道它是通过爱过滤出来的。我们不再害怕表达自己的想法，我们为实现自己的愿景，采取大胆而充满爱心的行动。我们知道自己是由善组成的，所以毫不犹豫地任由欲望和行动驱使，并全身心投入！

记住，公交站对话的最终目的是体验爱。因此，在理想状态下，我们会把生命中的种种不顺看作是过关斩将的挑战。家庭关系、财务状况和工作都影响着我们的生活，因此有了公交站对话中的底线挑战，以此让我们发现自己的伟大和爱的能力。每当伤害出现时（例如我得知父亲的遗嘱内容时），我就把爱的存在把它带到我的身体里，建立了爱的回路，让爱再次在我的家人身边流动。（甚至有一天我收到了一个装有妈妈茶杯的包裹，这让我很高兴！）这对我们所有人来说都是可能的。

有时候很难相信，我们可以选择“爱”，并让它在生活中真正发挥作用。我再次邀请你尝试一下。我们中的大多数人（包括我自己）并非是在一个被教导“爱是明智的，是可能发生的”环境中长大的。但是，当你以这种方式接受自由意志的力量时，将开始体验作为世界上一个强大的爱的存在的自我。这种爱将是真正无条件的，因为除了你自己有意识地选择之外，不需要再创建任何条件去体验它。

目的之路：对世界产生正面影响

在这里，我们要成为生活的创造者，主宰现实。生命中的一切都是能量，你是独一无二的。你经历的一切都是你内心世界的完美反映，也就是说你自己才是决定和揭示你内心天地的人。这是你的任务——认识到自己强大的真相，并允许它从内在展开。使用能量密码，构建回路，使你身体里的能量流动更加顺畅。你在核心中认识真实的自己，学会从内在感受自己的真相。你将拥有更多爱的的能力时，学会以灵性自我生活。你将更多的能量注入细胞，你真正的创造潜能被唤醒时，细胞间的空间就会充满活力。

最后，你与精神完全连接，打开你的系统去拥抱更强大的自己，因为你体现了你是由爱构成的真理，心之所向，一往无前。

自在你从公交站落地的那一刻起，此后的每一次经历中，生活都为你提供了你所需之物，让你扩展对爱的认识。世界是在爱中创造的，你生活的目的就是去发现内在的造物主；你正走在一条逐渐展开的康庄大道上。

你就是生命本身的呼吸，如果你想要灵性自我活得好好的，你就必须向它注入更多的生命的呼吸，而不是向外部世界注入呼吸。当你恭敬地、认真地、虔诚地将你的注意力向内投入中央通道，并通过它上下呼吸时，实际上是在为你所在的环境甚至整个人类做出巨大的贡献。

要想对这个世界产生大的影响，你不需要任何追随者，不需要有什么宏大的、外部导向的目标或任务。你只需要更多地问询本心，即灵性自我，剩下的将从那里开始。

当你将全部注意力转向内心，不需要很长时间就会发生转变，因为你正在觉醒的自我超越了时空。例如，你被告知要花 5 年时间才能实现的项目，可能在一年之内就会获利。灵感和资源会源源不断地涌现，推动你在正确的道路上前进。复杂的情况可以轻松解决，并符合各方的最佳利益，每个人都是赢家。

当你生活在自己内在的爱、和平、富足及和谐的振动中，你就会收获同样的回馈。一旦你允许自己“无论如何都要爱”，外部世界就只能反射出无条件的爱的形象。这可能需要一点时间，但它终将大行其道。当你生活在一个充满感恩和欢乐的空间里，这个空间容纳所有人，欢迎所有人，你在其中可以看到你自己——作为创造者，你终于迎来了想要的生活。

你可以把“灵性自我”看作相互联系的自我，正如我在授课时曾说的那样:“没有什么是我们没有的。”当我们生活在那个空间里,就能自动从连接的振动频率看到这种联系。事实上,我们从保护性人格诞生起就一直在寻找这种联系。我们一生都在试图通过我们的关系、活动,甚至期望来寻找这种联系,但最终发现,不可能有答案,因为外部世界仅仅是反映了我们是如何体现“连接频率”的。我们越倾向于激活自己作为灵性自我的单一任务,它在我们生活和世界中的存在感就越高。我们找到了一直寻找的这种联系。它是一个无线电台,让我们体验作为创造者的全部潜能,并以最真实的方式生活。还有什么比这更有意义、更有目的性呢?

现在,我们一起走到了这一段旅程的终点,我想分享一些重要的提示,以帮助你们把在这里学到的东西带回自己的世界,那就是:

亲密无间,允许自己内心深处变得脆弱。倾听内心,听听你首先需要解决的问题,然后在不评判它或写一篇关于它的故事的情况下解决它。这种与你真正的灵性自我的亲密联系将让你意识到工作将在哪里以最有效的方式完成,并支持你开始以更高水平的真实性参与和表达这个世界。

顺其自然,建立一种神圣的关系。宇宙的表达方式是你能拥抱的最深刻的事情之一,因为你就是宇宙。

最后,付诸行动。尽可能经常地去做,快乐地、全心全意地去做。这是你们将要做的最重要的工作。

当你想与别人分享能量密码时,把这本书推荐给他们,然后与他们进行丰富而有意义的对话。当我们在成长中互相支持,就会建立充满爱意的信任,并为这个世界的本来面目创造一种外部体验——为我们的光辉前程而铺展开来。

永远不要低估一个人对真实自我说“是”的力量。现在是时候选择你的人生经历了。你自己的觉醒激活了你周围的能量场,而你的振动与共振具有巨大影响。认识到你的力量作为一个神圣的、充满活力的爱的存在，是你的命运。

这不是我送给你的礼物，而是你给世界的礼物，因为当你融入它并体现它时，你就会以一个创造者的身份，带着你来自灵魂深处的爱，充分发挥你的力量，让整个世界因此受益。

致谢

在撰写《能量密码》一书时，我受到了很多人的帮助。首先，我要感谢索洛文学社（Solow Literary）的邦妮·索洛（Bonnie Solow），感谢她出色地管理了这份手稿，并将其交给西蒙（Simon）和舒斯特（Schuster）公司审查。她对这部作品以及对我的信任确实改变了我的生活。最重要的是，我十分有幸能有这位至交。

每本书都需要一个出版团队，《能量密码》也非常幸运地拥有每个成员都十分有才华的团队。首先是我出色的编辑萨拉·佩尔茨（Sarah Pelz），她思路清晰、待人亲切，又颇具专业知识。我们还非常荣幸能与本书的联合编辑莱斯莉·梅雷迪思（Leslie Meredith）合作，莱斯莉对科学的敏锐和出色的指挥精心打磨了这个编辑项目，锻造成心灵、思想和灵魂的美妙炼金术。我为这两位杰出女性的贡献感到骄傲。

我深深地感谢那些与我亲密无间的人们，如同天使般，从我觉醒之初就为我保留了神圣的空间。感谢马西·希莫夫（Marci Shimoff）从一开始就对此书提供了热情指导和鼓励，她在编写内容方面的专业知识，还有她的爱和光，都使我受益匪浅。感谢苏珊娜·劳勒（Suzanne Lawlor）在我的生活中坚定不移地追求真理，奉献神圣之爱，简直就是挥洒奇迹的天使。我还要感谢亚历克桑德拉·莱斯利（AlexSandra

Leslie），感谢她对所有前景的高瞻远瞩。

一个了不起的作家的天赋是不可估量的，我很幸运地得到了一个完美的人选，这个人选需要将传统和灵感以及东西方的观点结合起来，真正地仔细斟酌、融会贯通和推陈出新。布鲁克斯·诺尔格伦（Brookes Nohlgren），她的天才之处在于为《能量密码》制定了一个叙事流程，创造了这本书；她的可贵之处在于奉献、掌握并分享这些内容，为一个更美好的世界服务。布赖纳·海恩斯（Bryna Haynes），一位极为优秀的内容编辑，她的智慧、奉献、准备以及编辑方面的补充和专长值得赞许。

因为我四处游历，所以“需要一个村子”来过我的生活。我身边的莫特研究所团队成员都自称“乡下人”。我很庆幸时刻都能称他们为“我的朋友”和“心爱的团队”。克丽丝·康林（Kris Conlin）一直是负责我的书稿的细节和组织的左膀右臂，也是我忠实的编辑伙伴。我永远感谢她的正直和坚毅。没有她，这本书就不会诞生。感谢安德里亚·斯坦普夫（Andrea Stumpf）为我提供写作帮助并为拍摄本书图片担任模特，使这个项目锦上添花。我永远感谢她的开朗、热情和善良。感谢莫妮卡·特纳（Monica Turner）出众的才华和对本书的奉献，为我们之间长久的友谊干杯。感谢格伦妮丝·皮尔斯（Glynis Pierce）对莫特学院的空中交通管制和对我的关怀。感谢布雷兹·伍德洛克（Breeze Woodlock），这么多年来一直在我身边。

我最初的灵性之旅和“光”的觉醒是我生命中最宝贵的时刻。这些朋友在我心中留下了永远的烙印。梅拉妮·米尔斯（Melanie Mills）、玛丽·安·舒里格（Ann Shurig）、丽贝卡·安德森博士（Dr. Rebecca Anderson）、阿丽尔·阿齐兹（Arielle Azeez）、比尔·西拉斯（Bill Psillas）、迈克尔·赫尔曼（Michael Hermann）、基思·查恩（Keith Chaon）和温蒂·伍德兰（Windy Woodland），以及已故的朱莉娅·摩西（Julia Moses）。

感谢迈克尔·贝克威思（Michael Beckwith）与我会面，并指点我、鼓励我在这里揭示这一切。感谢琳内·麦克塔格特（Lynne McTaggart）和乔·迪斯彭扎博士（Dr. Joe Dispenza）对我的鼓励，让我承担起这个巨大的项目，并将其带给全世界的读者。

感谢薇姬·克纳普克（Vicki Knapke）博士和我30多年来最好的朋友斯科特·库珀（Scott Cooper）博士对B.E.S.T.和莫特学院的热爱，感谢他们在我游历期间不断提供的关怀和治疗。

多年来为我的瑜伽研究和发展提供空间的瑜伽馆，在我的工作中有着举足轻重的地位，每当我教授身体觉醒课程时，都会想起这些瑜伽馆，谢谢你们。瑜伽中心的希瑟·托马斯（Heather Thomas）和卡伦·福克斯（Karen Fox），瑜伽健康学校的戴夫·西姆斯（Dave Sims）、玛莎·帕帕斯（Marsha Pappas）和尼基·迈尔斯（Nikki Myers），还有盛开的生命瑜伽工作室的莉莉·凯斯勒（Lily Kessler）。

我衷心感谢拉杰·马图里博士（Dr. Raj Maturi）和卡西·斯托坎普（Cassie Stockamp）热心地为本书拍摄的瑜伽体式示范。我也感谢瑞安·佩宁顿（Ryan Penington）完美的创意和专业的视频拍摄。同时我还深深感谢水晶节奏（Crystal Cadence）的杰拉琳·格拉斯（Jeralyn Glass）和音乐之心（Music of the Heart）为本书提供音乐伴奏。

许多病人、客户和学生的故事都让我将问题阐释得更清楚。我们会继续用能量密码来一一解答其他的病人和学生提出的许多问题

家庭始终是我们觉醒、体现和解放的本原。我们的起源和选择都揭示了我们的灵魂目的。一个人怎样才能更好地感谢自己的父母，而不是生活在自我中呢？没有言语可以超越：“爸爸妈妈，能拥有你们是我的福气。”因此，我郑重感谢我的兄弟们，泰德博士和汤姆博士，以及他

们的妻子，我亲爱的嫂子詹娜和安娜，感谢他们这些年一直坚持着父亲的梦想，谢谢你们对我的爱，我也非常爱你们。

当然，还有我心爱的埃莉莎·津伯格博士（Dr. Elisa Zinberg），谢谢她一直陪伴在我身边——每一次步履不停、每一个决定和每一个发现；我也深深地爱着苏菲和格雷西，谢谢你们对我的鼎力支持。露西，我永远爱你，深深地感谢你。

关于作者

苏·莫特博士是一位国际演说家、生物能量医学大师和量子领域专家。她通过名为“体现”的过程，教导人们重新训练神经系统和微能量系统。她通过能量密码和身体觉醒瑜伽研讨会和静修会，以及身体觉醒瑜伽视频系列，阐明了量子思想、能量医学和通过神经冲动的重塑进行治疗之间的关系。通过使用思想和深呼吸，重新安排通过身体的神经冲动。她重新训练了大脑，转移了旧的记忆模式，然后教我们如何超越大脑以进行可持续的治疗。她的最终目的是唤醒人体内的神性，为此，她在墨西哥、巴厘岛、秘鲁、埃及、印度、爱尔兰和复活节岛以及美国各地举办瑜伽、冥想和自我治疗静修会。

苏博士在几部纪录片中都有出现，包括《奥普斯》《死亡》《治疗是发现天赋》和《女性》。她在执照委员会和人类服务组织中工作了 30 余年，作为该专业领域的杰出领导者，她在自然保健和转型领导领域获得了许多杰出的成就奖。

她是莫特生物能量学研究所的创始人和愿景者，该组织致力于传授自我修复技术和基于量子科学能量的新生活方式，提升自我意识和掌握生命密码。莫特研究所以国际治疗和健康教育为目的，自 20 世纪 80 年代以来，为数十万人提供了持续的课程和治疗。苏博士是“生物能量同步疗法（B.E.S.T.）”的大师级教师，这是一种强大的能量医学治疗方式，由苏博士的父亲开创。

作为一名医生，30 多年来苏博士服务了数以万计的病人，并不断地从丰富的临床经验中汲取灵感。她还从古老的冥想中思考如何改变生活，为如何破解生命密码上下求索。通过连接科学、精神和人类潜力的世界，启迪了对科学、前程、精神和保健方面感兴趣的受众。在过去的 30 年里，她最大的快乐是与数十万观众分享她的发现。

作为一个在自助保健领域久负盛名的演讲者和促进者，苏博士每年超过 250 天的时间都在讲台上授课、主持研讨会或发表主题演讲及其他演讲。她有几十张 CD、DVD 和在线支持材料可供参阅。作为转型领导委员会的积极分子，她与许多资深的教师、治疗师和领导人通力合作，致力创造一个更好的世界。

在演讲之余，苏博士享受着她宁静的生活，就在印第安纳州的印第安纳波利斯附近，一处幽静的乡下，家庭成员还有她的伴侣、两只迷你的雪纳瑞。她也会偶尔在纽约长岛小住。